AUTOUR DES "HYMNES" DE RONSARD

AUTOUR DES "HYMNES"
DE RONSARD

Études rassemblées
par
MADELEINE LAZARD

Editions Slatkine
GENÈVE
1984

ISBN 2 - 05 - 100634 - 2

Avant-propos

La publication des *Hymnes*, dont le premier livre paraît en 1555, le second en 1556, répond aux vœux unanimes de la Pléiade, soucieuse de restaurer tous les genres antiques pour contribuer à la rénovation de la poésie nationale. Elle traduit aussi la volonté que Ronsard a maintes fois affirmée de rivaliser avec les grands modèles de l'Antiquité et d'oser «tracer un sentier inconnu pour aller à l'immortalité», revendiquant ainsi la liberté dans l'imitation et l'originalité dans la création de genres nouveaux. Non content d'être le Pindare, l'Anacréon, l'Horace, le Pétrarque français, il ambitionne aussi d'égaler les Anciens dans le domaine de la poésie scientifique et philosophique.

Sans doute l'hymne, qui n'est pas mentionné par Du Bellay dans *la Deffence*, connaît-il à l'époque la faveur des milieux humanistes et les *Psaumes*, traduits en français par Marot, ont-ils dû inciter le poète vendômois à s'essayer dans la poésie religieuse. Il n'en reste pas moins que l'«invention» du genre hymnique français revient à Ronsard qui devait en fixer les caractères essentiels.

L'oubli, et même le discrédit dont les *Hymnes* furent longtemps victimes auprès de la postérité contrastent avec l'accueil enthousiaste que leur réservèrent les contemporains. Le Romantisme, en imposant la notion du divorce entre philosophie et poésie — essentiellement vouée au lyrisme —, contribua à accentuer la défaveur d'un genre difficilement accessible à qui méconnaît la conception que la Pléiade s'est faite de la poésie et du rôle du poète.

Une vaste culture, puisée aux sources de l'Antiquité gréco-latine et qui englobe l'ensemble des connaissances humaines, lui semble indispensable à l'épanouissement de toute vocation poétique. L'*Hymne de la Philosophie* — tenue au XVIᵉ siècle pour la synthèse de tous les savoirs —, où Ronsard dénombre les sciences qu'elle embrasse, donne la mesure de l'ampleur du projet des *Hymnes*. Mais la culture du poète, si approfondie et si variée qu'elle soit, n'en fait ni un philosophe, ni un savant, ni un professeur. Son propos n'est pas d'exposer des doctrines ou d'instruire en quelque discipline particulière un public supposé averti.

Prophète et devin, «interprète» des Dieux dont il tient le don de poésie qui lui octroie le privilège d'avoir part, sans la posséder, à la science divine, il réfléchit sur les phénomènes naturels et occultes, cherche à entrevoir les secrets de nature et s'interroge sur la condition humaine. Echappant au didactisme, la parole poétique des *Hymnes* s'efforce, selon l'expression d'A.M. Schmidt, d'exprimer une intuition originale de l'Univers, mais aussi d'en restituer, à travers ses contradictions et ses obscurités, l'harmonie primitive, manifestation de la présence et de la puissance d'un Dieu dont elle célèbre les louanges.

Faciliter l'accès à cette poésie difficile pour en faire saisir l'étrange grandeur, tel est le but des divers articles de cet ouvrage. Il importait de s'interroger d'abord sur le genre complexe de l'hymne, souvent tenu pour un genre bâtard. Aussi avons-nous repris en tête du recueil l'article toujours actuel de M. Dassonville, publié dans la B.H.R., en 1962, «Eléments pour une définition de l'hymne ronsardien». La conception que Ronsard se faisait du genre et son évolution, la classification, les caractères essentiels et la structure des *Hymnes* y sont étudiées pour en déterminer la nature spécifique et les constantes.

Si les *Hymnes* relèvent de la poésie philosophique, il serait vain d'y chercher un système ou l'adhésion à une doctrine clairement définie. Ceux de 1555-56 ne permettent sans doute pas de déceler toute la variété et toutes les contradictions des idées philosophiques de Ronsard mais, comme le montre H. Weber, le font apparaître peu soucieux d'accorder exactement au dogme chrétien les grands thèmes aristotéliciens ou néo-platoniciens. S'il s'en inspire, il reste avant tout poète, revendique à ce titre le droit à la liberté dans l'expression d'une «vérité» et prend ses distances à l'égard des spéculations des philosophes.

Le temps est un des grands thèmes de la poésie de Ronsard. Selon Françoise Joukovsky, les deux concepts du temps et de l'éternité sont sans cesse appréhendés l'un par rapport à l'autre dans les *Hymnes* dont le rythme s'accorde au temps poétique, distingué du temps cosmique ou humain. La contemplation constitue le trait d'union entre philosophie et poésie, la poésie du temps s'épanouissant en poésie pure.

Faut-il tenir Ronsard pour un poète-philosophe? L'intérêt des *Hymnes* réside-t-il uniquement dans leur élaboration artistique? En analysant la structure des mythes qu'ils proposent, leur sens et leur fonction, J. Céard définit la mission du poète: explorer la condition humaine, en dénoncer l'ambiguïté pour entrevoir, à travers les voiles de la fable, la relation de Dieu et des hommes, pour l'«épier» — le mot est de Ronsard — et quêter, par le chemin poétique du mythe qu'il réactualise, une unité cachée.

Quel peut-être alors le rôle de la mythologie dans la haute poésie d'un auteur né chrétien et français, mais aussi nourri de pensée antique et d'images culturelles rivalisant avec les modèles païens? L'étude de G. Demerson s'attaque à ce problème.

Dans les *Hymnes* où l'expression de la mythologie ronsardienne est la plus originale, le mythe n'a pas pour rôle d'orner un exposé didactique mais de contribuer à l'ostentation lyrique, soit qu'il participe de la rhétorique de la louange, avec ses allégories transparentes, soit qu'il porte, par l'investigation, à la contemplation des épiphanies du Créateur dans sa création. C'est donc par les symboles que la mythologie évoque les secrets du monde, suscite l'émerveillement et la ferveur.

Les théoriciens antiques n'ont assigné à l'hymne ni forme ni objets particuliers. Ils le conçoivent comme un éloge. L'hymne ronsardien s'emploie à louer Dieu, ou plutôt à célébrer, à travers la diversité des éloges, les «effects divins» puisque de Dieu on ne peut saisir qu'ombres et figures. La poétique du personnel des *Hymnes* se ramène ainsi, selon M. Simonin, aux procédés rhétoriques de *l'amplification* et de *l'ornatus* et peut aider à éclairer le projet ronsardien.

L'étude détaillée de quelques hymnes en fait apparaître la variété. Celle que propose D. Ménager de l'*Hymne du roy Henry II* s'attache à l'idéologie monarchique ainsi qu'à sa mise en scène. Elle tente aussi de montrer comment un poète «rusé» impose au roi et au lecteur un style de discours qui lui redonne toute initiative.

H. Moreau s'efforce de mettre en lumière, dans *Les Daimons*, le rôle de la «fantasie», mode de perception du monde, instrument de la représentation poétique.

Le caractère singulier de l'*Hymne du ciel*, court, clairement construit, sans exubérance ornementale, l'un des plus faciles à décrypter, exemplaire du projet d'explorer l'univers et de rechercher ses secrets, est dégagé par I. Pantin, ainsi que l'utilisation originale par Ronsard de son modèle néo-latin.

L'analyse que Cl. Faisant fait de l'*Hercule Chrétien* renouvelle l'interprétation de la pièce des *Hymnes* la plus déconcertante, où l'on a vu généralement la manifestation d'une volonté de «récupération» du paganisme. Si Ronsard utilise ici la méthode de l'allégorisme, c'est, selon Cl. Faisant, dans un sens diamétralement opposé au principe de l'exégèse typologique. Son intransigeante condamnation de la mythologie paraît en contradiction avec la conception qu'il s'en fait d'ordinaire, celle d'une «théologie allégorique» destinée à transmettre un enseignement ésotérique. L'originalité troublante de sa position spirituelle dans l'*Hercule Chrétien* rend compte d'une pensée religieuse plus profonde et plus cohérente qu'on ne l'a dit et l'œuvre réalise pleinement l'idée qu'il se fait du genre de l'hymne.

Nous ne nous dissimulons pas les lacunes de ce recueil, nécessairement limité à l'approche de quelques aspects des *Hymnes*. Pour les questions de stylistique ou de métrique notamment, qui n'ont pas été abordées, nous renvoyons à l'excellente introduction du *Ronsard* d'Albert Py. Dans le très abondant guide bibliographique établi par J. Céard, le lecteur trouvera recensées toutes les éditions des *Hymnes* et les ouvrages critiques qui leur sont consacrées, avec des commentaires destinés à faciliter ses recherches, sur l'ensemble de l'œuvre ou sur des aspects particuliers.

On ne s'étonnera pas de certaines divergences
d'orientation ou de points de vue que peuvent présenter les différents articles, chaque auteur gardant pleine
liberté au sein d'une équipe amicale. Le vœu commun
a été de faire connaître un des visages méconnu du
génie de Ronsard. Echo sonore de son temps au même
titre que celle d'un Hugo, son œuvre, où s'harmonisent des influences esthétiques et des courants spiri-
tuels très divers, amorce et exploite toutes les tendan-
ces de la production poétique du siècle. Les *Hymnes*
ouvraient une voie neuve à la poésie scientifique et philosophique, à une poésie de célébration inspirée par le
sentiment religieux. Ils trahissent aussi, avec une inten-
sité particulière, les anxiétés secrètes du poète qui
s'interroge sur la condition de l'homme et sur sa place
dans le monde.

                                                    M.L.

Eléments pour une définition de l'hymne ronsardien*

par
Michel DASSONVILLE

Peu d'œuvres de Ronsard ont été à la fois mieux accueillies et plus complètement oubliées que ses hymnes. L'érudition historique et mythologique, «la doctrine et la majesté poétique», la variété audacieuse des arguments, l'originalité provocante éblouirent les contemporains autant qu'elles gênèrent la postérité. Sort commun à l'œuvre entière, dira-t-on. Mais qu'on se souvienne que jamais, pour aucun recueil, l'enthousiasme n'avait été aussi unanime et que pour aucun l'oubli n'a été plus durable[1]. De sorte que ce qui fut

---

* Source: Bibliothèque d'Humanisme et Renaissance, t. 24, Genève, Droz, 1962. Voir aussi, du même auteur, *Ronsard. Etude historique et littéraire*, Genève, Droz, vol. III (1976), ch. iv, «Les Hymnes» et vol. IV (1984), ch, v, «*Ut pictura poesis*».

[1] Henri Chamard a réuni quelques-unes des appréciations contemporaines des *Hymnes* dans son *Histoire de la Pléiade*, II, pp. 205-206. Il remarquait en note (II, p. 177) que «les hymnes n'ont été jusqu'ici (1939) l'objet d'aucun travail spécial» et, «en attendant l'étude approfondie que mériteraient ces poèmes», il énumérait quelques-unes des grandes études ronsardiennes. Depuis lors ont paru plusieurs études qui concernent les *Hymnes*, notamment celles d'Albert-Marie Schmidt, *La poésie scientifique en France au XVIe siècle* et surtout son édition critique de l'*Hymne des Daimons*, Paris, 1938; celle de Germaine Lafeuille consacrée à *Cinq Hymnes philosophiques de Ronsard* (thèse de Harvard Univ.,

autrefois le chef-d'œuvre de Ronsard n'est pas loin
d'apparaître aujourd'hui encore comme son plus grave
échec.

Ce discrédit n'est pas inexplicable. Quoique la lecture des hymnes ne soit pas aussi «inintelligible et parfaitement ennuyeuse» que le disait Saint-Beuve, il faut
convenir qu'on n'y trouve ni l'évidente facture savante
des *Odes* ni le charme élégiaque des *Amours*. Nous ne
sommes pas plus sensibles à l'idolâtrie monarchique de
certains d'entre eux qu'à la cosmogonie allégorique
des autres et il semble bien que ces longues suites
d'alexandrins à rimes plates desservent les conceptions
hautaines du poète quand ce ne sont pas celles-ci qui,
par leur vieillissement, éclipsent son art souverain.
C'est au point qu'on se demande pourquoi Ronsard a
intitulé *hymnes* des pièces qu'on rangerait parmi les
odes[2] ou parmi les discours[3]. En effet, certains hymnes
qui s'apparentent aux discours par la simplicité de leur
forme métrique, développent des thèmes épiniciens qui

1952, non publiée mais microfilmée). On se rappelle aussi les articles de Charles Dédeyan, *Henri II, la Franciade et les Hymnes de
1555-1556* (*BHR*, IX (1947), pp. 114-128), de Gabriel Raibaud, *Sur
les rimes des premiers Hymnes de Ronsard* (*Rev. Universitaire*, 53,
(1944), pp. 97-105) et de Jean Frapier, *Inspiration biblique et théologique de Ronsard dans l'Hymne de la Justice* (*Mélanges Chamard*, 1951, pp. 96-108). Mais l'étude d'ensemble fait encore
défaut.

[2] Et que Ronsard lui-même y avait rangées: *L'Hymne à
Saint Gervaise et Protaise* (*Odes*, III, II; Laumonier, *Œuvres com-
plètes de Ronsard*, t. II, p. 5); *l'Hymne à la Nuit* (*Odes*, III, IX;
Laum., *O.C.*, t. II, p. 21.

[3] *L'Hymne de la Justice* (Laum., *O.C.*, t. VIII, p. 47) ou
L'Hymne de l'Or (*ibid.*, p. 179). A propos de ces deux hymnes,
voir Jean Frappier, art. cité.

ne dépareraient pas les *Odes*[4], d'autres abordent, en strophes isomorphes et en un mètre court, des sujets de *Discours*[5]. Si bien qu'on est tenté de considérer l'hymne comme un genre bâtard où Ronsard a rangé simultanément des odes écrites en forme de discours et des discours écrits en forme d'odes. Nous sommes persuadé que cette apparente indétermination est l'une des causes principales de la défaveur des hymnes et que l'impossibilité qu'on a éprouvée à définir le genre hymnique[6] n'a pas permis d'en apprécier équitablement la grandeur et la beauté.

*

Ronsard était déjà le «Prince des Poetes françois», il avait déjà publié les cinq livres d'*Odes*, le livre des *Amours* et la *Continuation des Amours* lorsqu'il publia en 1555, «soit à la fin d'octobre soit plutôt en novembre»[7], le premier livre des *Hymnes*. L'œuvre, dédiée «a tresillustre et reverendissime Odet Cardinal

---

[4] *L'Hymne de France* (Laum., *O.C.*, t. I, p. 24), *L'Hymne de Henri II, Roy de France* (*ibid.*, t. VIII, p. 5), *L'Hymne triumphal* (*ibid.*, t. III, p. 54).

[5] Par exemple l'*Hymne de Henry III* (*ibid.*, t. XV, p. 61).

[6] Il faut en attribuer la responsabilité première à Ronsard. Nulle part on ne trouve en son œuvre, ni d'ailleurs dans la *Deffence*, une définition de l'hymne alors que nombreux sont les éléments fournis pour l'ode, l'épopée. Quant à la pièce:

«Les hymnes sont des Grecs invention premiere...»

elle définit mieux le cantique, hymne religieuse ou psaume catholique que Ronsard compose au début et à la fin de sa carrière. Le mot «*hymne*» est équivoque et il l'est resté dans la langue moderne. Voir ci-dessous, pp. 00 ss.

[7] P. Laumonier, Introduction au t. VIII des *Œuvres complètes*, pp. VI-VII.

de Chastillon», contenait dix-sept pièces dont neuf hymnes. Il n'est pas inutile d'en rappeler ici les titres et les dédicaces:

1) *Hymne du treschrestien Roy de France Henry II de ce nom*[8];
2) *Hymne de la Justice a...* Charles Cardinal de Lorraine;
3) *Hymne de la Philosophie a...* (Odet), Cardinal de Chastillon;
4) *Les Daymons* a Lancelot Carle, evesque de Rhiez[9];
5) *Hymne du Ciel* a Jean de Morel Ambrunois;
6) *Hymne des Astres* a Mellin de Sainct Gelais;
7) *Hymne de la Mort* a Pierre Paschal;
8) *Hymne de l'Or* a Jean Dorat;
9) *L'Hercule chrestien a...* (Odet) Cardinal de Chastillon[10].

Il faut remarquer immédiatement que chacun des hymnes a son dédicataire et que l'ensemble est réparti en fonction du *rang social* des dédicataires: d'abord, le roi; puis, deux cardinaux, Charles et Odet; un évêque, Lancelot Carle; un gentilhomme de la Chambre de la Reine, Jean de Morel; un aumônier du Roi, Mellin de

---

[8]   Nous renvoyons le lecteur à l'édition des *O.C.*, publiée par Laumonier parce qu'elle respecte, entre bien d'autres choses, l'ordre dans lequel les pièces furent publiées. C'est cet ordre qui importe ici.

[9]   Cette pièce n'est pas désignée par Ronsard comme un hymne; nous verrons qu'aucun doute n'est possible.

[10]   Voir vers 11-12:

«Doncques, de Christ le nom tressainct et digne
Commencera et finira mon *Hymne*.»

Sainct Gelais; l'historiographe de Henri II, Pierre Paschal; et le maître humaniste, Jean Dorat; enfin, pour
clore, un dernier hymne à Odet à qui est dédié le
recueil[11].

Ainsi donc il suffit de comprendre que les différentes pièces du recueil de 1555 sont classées selon le rang
social des dédicataires pour éviter d'accuser Ronsard
de désordre. N'est-ce pas aussi la même préséance qui
règne au début des livres d'odes? Ne retrouve-t-on pas
le même ordre protocolaire dans le *Second Livre des
Hymnes* (1556): d'abord, «Madame Marguerite, sœur
unicque du Roy», puis «Gaspard de Couligny, Seigneur de Chastillon et Amiral de France»? La remarque est d'importance au début de cette étude où nous
essayons de définir rigoureusement l'hymne ronsardien. On concevrait aisément que le poète qui aborde

---

[11]   On peut s'étonner de l'absence parmi les dédicataires de
deux hauts personnages également chers à Ronard: Marguerite de
France et Michel de l'Hospital. Mais Ronsard avait remercié
L'Hospital par l'Ode VIII du Ve Livre des *Odes* et Marguerite par
l'Ode III du même Livre. D'ailleurs, il se réservait: en 1556,
lorsqu'il publia le *Second Livre des Hymnes*, tout entier dédié à
Marguerite, il lui offrira plus particulièrement l'*Hymne de l'Eternité* (Laum., *O.C.*, VIII, pp. 246-254) et l'*Hymne de Calais et
Zethes* (*ibid.*, pp. 255-272). Dans cette dernière pièce on lit le motif
de la discrétion de Ronsard (et peut-être l'excuse d'un oubli qui
avait pu paraître ingrat):

«Je scay que je debvrois, Princesse Marguerite,
D'un vers non trafiqué chanter votre merite
....
Mais vous le desdaignez...»   (vv. 9-10 et 15)

La sagesse de Marguerite s'offusquait, paraît-il des éloges pom-
peux des poètes. Les livres des *Hymnes* dans l'édition collective de
1560 respectent les mêmes préséances si l'on observe qu'après un
hymne liminaire (*l'Eternité*) à Marguerite de France à qui Ronsard
dédiait les *deux* livres cette fois, on retrouve la même hiérarchie
entre les dédicataires.

des sujets si savants (la philosophie, le ciel, les astres) et si profonds (la mort, la justice) ait disposé ses pièces selon la logique, plaçant au début les plus métaphysiques, à la fin les pièces de circonstances. Ou vice versa. Il n'en est rien.

Cette première constatation nous amène à souligner une relative désinvolture de Ronsard à l'égard des sujets qu'il aborde. La constitution du recueil obéit à des nécessités mondaines plus qu'à des considérations savantes. On objectera peut-être que les dédicaces étaient interchangeables et que Ronsard aurait pu concilier les exigences protocolaires et les exigences logiques. L'objection porte à faux parce que les dédicaces des hymnes ne sont justement pas interchangeables. Nous verrons qu'il existe entre le dédicataire et l'argument de l'hymne une affinité, une adéquation qui est l'un des éléments de la définition du genre.

Si banale que semble cette premières constatation, elle nous engage à éviter de grouper et de définir les hymnes de Ronsard d'après leurs arguments. Cette erreur de méthode a été commise par les plus anciens et les plus savants commentateurs du poète.

L'hymne qui n'était destiné qu'au culte des dieux et aux mystères de la religion a été employé par Ronsard à toutes sortes de sujets[12].

Ce jugement de Goujet présuppose une définition de l'hymne et recèle une critique à peine discrète d'un poète qui «brouilla tout». Plus récemment, Joseph Vianey trouvait l'unité du genre hymnique dans une tonalité particulière, un souci encomiastique qui le caractériserait.

---

[12]   *Goujet, Bibliothèque française*, tome XII, p. 229.

> Les hymnes du premier livre sont tous des éloges (blasons) mais au lieu de blasonner des êtres petits et charmants, le poète blasonne de grands personnages ou de grandes choses[13].

Paul Laumonier n'était pas tout à fait opposé à cette définition qui rangerait Ronsard parmi les disciples, infidèles, de Marot. Il relevait, lui aussi, la présence «de véritables hymnes-blasons, considérablement étendus et ennoblis»[14]. Mais l'incomparable éditeur de Ronsard n'était pas satisfait de cette définition trop vague et qu'il savait incomplète. Bien des hymnes sont rebelles à cette identification avec les blasons marotiques[15]: outre les distinctions qu'il établit dans l'Introduction au tome VIII des *Œuvres Complètes* entre ces hymnes-blasons d'une part et les hymnes encomiastiques du premier livre et épiniciens du

---

[13] *Chefs-d'œuvres poétiques du XVIe siècle*, pp. 214-215. J. Vianey était visiblement gêné par les hymnes du *Second Livre*, quoiqu'il eût pu considérer l'*Hymne de l'Eternité* comme un autre blason!

[14] Intr. aux *O.C.*, VIII, p. XVI. Voir aussi M. Raymond, *Influence de Ronsard...*, ch. V et VI. Il semble bien que cette conception ait été déjà celle des poètes de la Pléiade, satellites de Ronsard. «R. Belleau qualifiait de «petites hymnes» les blasons qui suivaient sa traduction d'Anacréon et qui, pour la plupart avaient déjà paru dans des recueils antérieurs de Ronsard... Du Bellay de son côté, s'excusant dans le sonnet LX des *Regrets* de ne pas traiter les grands sujets de «louanges» contenus dans les *Hymnes* de Ronsard, mettait en regard l'épitaphe-blason qu'il venait de composer pour son chat Belaud:

«Mais bien d'un petit chat, j'ai fait un petit hymne.»

(Laum., *loc. cit.*)

[15] D'autant que la «louange» ne suffit pas non plus à définir le blason! Cf. l'introduction à l'Anthologie des *Poètes français du XVIe siècle* où A.-M. Schmidt a analysé blasons et contreblasons (1949).

second livre, Paul Laumonier eût voulu faire intervenir dans la définition du genre la variété des formes et des sources d'inspiration.

> En dehors de ces poèmes en vers alexandrins ou dé-
> casyllabiques à rimes suivies, tels que l'*Hymne de
> France* (1549), l'*Hymne de Henry II* (1555), l'*Hymne
> du Printemps* (1563), Ronsard semble avoir réservé ce
> nom d'hymne aux odes d'inspiration chrétienne,
> comme celle-ci (il s'agit de l'*Hymne triumphal* (1551)
> et celle qu'il a consacrée à *Saint Gervaise* (1550);
> cependant l'*Hymne à la Nuit* n'a rien de chrétien,
> mais son titre vient d'une pièce de Pontano[16].

C'est avouer implicitement qu'on ne saurait limiter l'hymne ronsardien à être un poème en alexandrins ou en décasyllabes à rimes plates, ni un éloge, ni une pièce chrétienne... Approches de la définition d'un genre qui paraît insaisissable.

Gustave Cohen s'est essayé à cerner l'hymne ron-sardien dans une définition qui a l'avantage d'être plus élaborée mais qui ne se révèle pas plus satisfaisante:

> L'inspiration des hymnes est en général politique,
> religieuse et philosophique...

Et l'*Hymne de Pollux et Castor*? Et l'*Hymne de Calays et Zethes*?

> ... en ceci ils ne diffèrent pas des odes mais la forme
> est autre: pas de strophes.

Et l'*Hymne à Saint Gervaise*? Et l'*Hymne à la Nuit*? Et l'*Hymne triumphal*? Et *Les Etoiles*?

> partant, en dépit des modèles grecs, pas de souci de
> l'accompagnement à la lyre; des rimes plates,

excepté dans les quatre que nous venons de citer et dans quelques autres encore:

---

[16]   Laum., *O.C.*, t. III, p. 54. n. 1.

> avec un respect nouveau... de l'alternance des rimes masculines et féminines

mais ce respect n'est pas antérieur à 1554, peut-être 1553;

> enfin, l'emploi de l'alexandrin[17].

Et l'*Hymne de la Philosophie*? Et l'*Hercule chrestien*? Et *Les Etoiles*? Et l'*Hymne à Henry III*?

Insatisfaisante, puisqu'elle élimine arbitrairement le quart des hymnes, cette définition conviendrait d'ailleurs aussi bien aux *Discours*, aux *Poèmes* et même à certaines *Elégies*.

C'est ce qu'a bien vu Henri Chamard. Dans le cours professé en Sorbonne (1931-1932), l'historien de la Pléiade avait défini les hymnes selon leurs arguments et distingué successivement des hymnes religieux, mythologiques, historiques, scientifiques, philosophiques, moraux et des hymnes de la nature. Pratiquement, il les regroupait sous trois chefs: 1) *héroïques*, qui disent les exploits des héros et entretiennent des rapports étroits avec les hymnes pindariques; 2) *didactiques*, parce qu'ils trouvent leur point de départ dans la science; 3) *symboliques*, parce que leur idée maîtresse s'exprime d'un bout à l'autre sous forme de mythe. Mais ces derniers — voyez la *Justice*, l'*Or* — ne sont-ils pas aussi didactiques? Et n'y trouve-t-on pas un éloge quasi pindarique? Et sous quelle rubrique rangera-t-on les hymnes qui célèbrent des héros (1) mythologiques (3)?

Reprenant la question dans son *Histoire de la Pléiade*[18], H. Chamard distinguait «dans ces œuvres

---

[17] *Ronsard, sa vie et son œuvre*, p. 163.
[18] Tome II, p. 179.

disparates deux groupes» d'hymnes: héroïques et didactiques. Or, sans entrer dans les détails, ne peut-on objecter qu'une telle classification tend à rapprocher jusqu'à les confondre l'hymne héroïque et l'épopée, l'hymne didactique et le discours? C'est sans doute pourquoi il admit dans l'article qu'il écrivit pour le *Dictionnaire des Lettres françaises*[19] que l'hymne ronsardien est un «genre indéterminé» dont la matière est faite de «sujets variés» et dont la forme qui ne contient «rien de lyrique», obéit à «une métrique simple» semblable à celle des «discours» puisqu'elle se réduit à «des alexandrins ou (à) des décasyllabes à rimes plates».

On hésite à écrire que des études aussi minutieuses menées par des historiens aussi renseignés n'ont abouti qu'à cette définition. Si on a pu confondre certains hymnes, la plupart, avec les blasons marotiques, certains autres avec des odes[20], si on a pu les considérer comme «la promesse des *Discours*»[21], si quelques-uns d'entre eux comparés à la *Franciade*, ont été identifiés à de «petites épopées»[22], ne faut-il par approuver Henri Chamard d'avoir conclu avec prudence que l'hymne ronsardien est «un genre indéterminé»?

On s'est heurté aux mêmes difficultés quand on a essayé de définir l'hymne ronsardien par des modèles. A.-M. Schmidt a distingué les hymnes narratifs, d'ins-

---

[19] Paris, 1951. Tome II: *Le XVIe siècle*, p. 386. On ne peut que regretter l'absence, en cette œuvre, d'un article consacré aux hymnes ronsardiens, alors que la plupart des autres genres cultivés par Ronsard sont étudiés en autant de paragraphes spéciaux.

[20] Laum., *Ronsard, poète lyrique*, p. 199.

[21] Chamard, *Histoire de la Pléiade*, II, p. 207.

[22] Laum., *O.C.*, VIII, introduction, p. 12.

piration homérique et alexandrine, des hymnes rituels
et invocatoires, d'inspiration orphique et marul-
lienne[23]. Mais qui ne voit qu'en chaque hymne de Ronsard s'harmonisent ces deux inspirations? Gustave
Cohen avait raison, à cet égard, d'affirmer que «les
Hymnes de même que la *Continuation des Amours* ne
sont plus que d'un Ronsard français»[24].

Il faut bien admettre, malgré qu'on en ait, que ces
définitions sont insatisfaisantes et que l'hymne ronsardien moins encore que l'ode ou le sonnet, ne peut se
définir par ses sujets. Comment n'a-t-on pas songé à
appliquer aux hymnes une observation magistrale que
Chamard avait faite en sa *summa poetica*:

> Il est très remarquable, en vérité, que la nouvelle poé-
> sie, loin de se définir par les sujets traités, se définisse
> par les formes que revêtiront ces sujets. Rien n'atteste
> mieux à quel point la Pléiade est hantée par un rêve
> esthétique et comme, par là même, elle est en plein
> accord avec l'esprit et les aspirations d'une époque où
> l'Art est souverain[25].

Ajoutons cependant qu'il est bien évident, et Chamard
le reconnaissait lui-même, que l'hymne a un contenu.
Mais nous voudrions ignorer provisoirement ce contenu, pour vérifier si l'hymne, en tant que genre littéraire, obéit à une définition purement formelle.

*

Posons d'abord nettement le problème, quitte à
être simpliste. Ronsard a écrit et publié de son vivant

---

[23]   *La poésie scientifique en France au XVIe siècle*, tome II,
p. 72.
[24]   *Loc. cit.*
[25]   *Op. cit.*, t. I, p. 196.

vingt-quatre pièces qu'il a intitulées *Hinne* ou *Hymne*, auxquelles il convient d'ajouter trois hymnes publiés pour la première fois dans l'édition posthume[26]. Ce sont toutes ces pièces, sans discrimination préalable, qu'il nous faut envisager. Certes, de 1549 — date de publication de l'*Hymne de France* — à 1585, on admettra aisément que l'esthétique du poète a évolué et, avec elle, la conception qu'il se faisait du genre hymnique. Mais c'est sans doute dans les toutes premières années de sa production, soit de 1549 à 1555, que le poète a peu à peu fixé la nature spécifique de l'hymne. Sollicité par de nombreux modèles, séduit par des inspirations tour à tour chrétienne et païenne,

---

[26] Ce sont, par ordre chronologique de publication: 1) l'*H. de France* (1549); 2) l'*H. à Saint Gervaise et Protaise*; 3) l'*H. à la Nuit* (1550); 4) l'*H. triumphal* (1551); 5) l'*H. de Bacchus* (1554); 6) l'*H. de Henry II*; 7), l'*H. de la Justice*; 8) l'*H. de la Philosophie*; 9) *Les Daimons*; 10) l'*H. du Ciel*; 11), l'*H. des Astres*; 12) l'*H. de la Mort*; 13) l'*H. de l'Or*; 14) *L'Hercule chrestien* (1555); 15) l'*H. de l'Eternité*; 16) l'*H. de Calays et Zethes*; 17) l'*H. de Pollux et Castor* (1556); 18) l'*H. de Charles de Lorraine* (1559) et sa *Suyte* (1559); 19) l'*H. du Printemps*; 20) l'*H. de l'Esté*; 21) l'*H. de l'Automne*; 22) l'*H. de l'Hyver* (1563); 23) *Les Estoilles* (1575); 24 l'*H. du Roy Henry III* (titre de 1578); 25) l'*H. de Mercure* posthume, 1587; 26) l'*H. des Pères de Famille à Saint Blaise* (1587); 27) l'*H. de Saint Roch* (1587). Deux pièces — *Les Daymons* et *Les Estoilles* — n'ont pas été désignées expressément par Ronsard comme des hymnes; elles ont été rééditées en 1617 par Nicolas Richelet qui les a rangées parmi les hymnes; plus récemment A.M. Schmidt a donné l'édition critique de l'hymne des *Daimons*. Nous verrons que ce sont en effet des hymnes. Mais il n'y a aucun motif pour inclure en cette liste *Le Temple des Chastillons* et la *Prière à la Fortune*, publiés parmi les *Hymnes* de 1555. Ronsard n'avait-il pas coutume de ménager des paliers et des surprises dans ses recueils? N'y a-t-il pas des Chansons parmi les sonnets des *Amours*? *Temple* et *Prière* appartiennent à des genres différents de l'hymne; cf. H. Franchet, *Le poète et la gloire selon Ronsard*, pp. 105-109.

obnubilé peut-être par l'ode qui était encore le seul genre antique qu'il eût cultivé, influencé plus que par tout autre par le lyrisme d'apparat de Pindare, le poète éprouve quelque difficulté, semble-t-il, à distinguer l'hymne de l'ode. Tâtonnements d'un génie qui cherche sa voie et qui tout à coup la trouve, en ces années 1553-1555 où s'affirme aussi l'originalité de son lyrisme[27]. Avec l'*Hymne de Bacchus* apparaît la dernière ébauche, si l'on nous permet de considérer ce chef-d'œuvre comme l'esquisse quasi-définitive du genre hymnique. Toutes les pièces du premier et du second livre des *Hymnes* respecteront la même formule[28], et l'*Hymne de Charles de Lorraine*, et les hymnes saisonniers. Il faudra attendre *Les Etoiles*, l'*Hymne de Henri III* et les hymnes posthumes pour voir réapparaître des pièces au mètre court, en strophes isomorphes comme celles qui furent publiées avant 1554. Nous essaierons d'expliquer[29] cette mutation brusque — nous ne disons pas: ce retour en arrière. Bornons-nous pour l'instant, aux dix-huit hymnes publiés entre 1554 et 1563. Ne présentent-ils pas un ensemble de caractères communs par lesquels se définisse le genre? Peut-être nous sera-t-il donné de voir apparaître un à un dans les hymnes antérieurs à 1554 ces caractères essentiels? Peut-être même pourrons-nous conclure que, malgré d'apparentes, de

---

[27] Nous reprenons tout ceci en détail dans le livre que nous préparons sur les *Hymnes de Ronsard: étude historique et littéraire*.

[28] Une différence évidente toutefois: l'*Hymne de la Philosophie* est en décasyllabes. Ceci nous incline à penser qu'il est d'une composition antérieure à l'*Hymne de Bacchus*.

[29] *Ci-dessous* page 00.

très apparentes différences, les hymnes postérieurs à
1563 s'intègrent eux aussi dans la définition?

*

L'hymne ronsardien est d'abord et avant tout un
présent. Au lieu d'être tourné vers la «tourbe» afin de
clamer les mérites ou les exploits d'un Prince ou d'un
ami, comme il arrive souvent dans les odes, le poète
s'adresse personnellement au dédicataire pour lui
offrir un présent «haut, de bonne etoffe»[30], un «present d'excellence»[31]. Il ne doute nullement que son
geste sera connu de tous et de la postérité et assurera
ainsi au dédicataire une immortalité pour le moins
cicéronienne. Nous trouvons ici une prétention fréquemment affirmée, dans les *Odes* et les *Amours*, la
conviction que le poète est capable, par son art, de
conférer l'immortalité. Mais cette prétention est justi-
fiée par le fait que le poète ménage dans l'hymne quelques passages où il s'adresse directement à Dieu ou aux
dieux pour les prier d'être favorables au dédicataire.
Intercesseur entre le ciel et la terre, le poète a
l'audience des divinités, il peut se les rendre agréables,
et attirer leurs complaisances sur tel de ses amis ou de
ses protecteurs[32]. Son hommage suffit à provoquer la

---

[30]   *H. de la Philosophie*, vv. 10-11. Nous donnerons toujours
les références d'après l'édition des *O.C.*, pub. par Paul Laumonier.

[31]   *Ibid.*, v. 3. Voir aussi *Les Daimons*, v. 56; *H. du Ciel*, v.
10; *H. des Astres*, vv. 15-18; *H. de la Mort*, v. 40; *H. de l'Eternité*,
vv. 13-14, 142; *H. de l'Automne*, v. 86.

[32]   *H. du Printemps*, vv. 121-130; *H. de l'Esté*, vv. 227-232;
H. de l'Automne, vv. 445-466...

bienveillance du dieu[33]; sa prière est la plus sûre des conjurations[34]. Ainsi l'hymne est-il un merveilleux présent que nul ne pourrait dédaigner sans blasphème[35].

Qui songerait d'ailleurs à refuser un présent aussi personnel, aussi minutieusement choisi? Car il existe, nous l'avons déjà suggéré, un rapport étroit entre l'argument de l'hymne et le dédicataire[36], au moins dans l'intention du poète! Ainsi Morel reçoit-il le *Ciel* parce qu'il en est «digne»[37] et Odet *La Philosophie*, présent «de valeur semblable / A la valeur de sa Vertu loüable»[36]. l'*Hymne de l'Eternité* sera donné «a une qui merite / Qu'avec l'Eternité sa gloire soit escrite»[39]. Robertet du Fresne recevra l'*Hymne de l'Eté* à cause de son amour pour les Muses[40]; il n'est pas jusqu'aux

---

[33]   *H. de l'Hiver*, vv. 41-42.

[34]   *Les Etoiles*, éd. Laumonier-Lemerre, t. IV. p. 259.

[35]   «Est-ce pas un beau don? que lui donroy-je mieux?» se demande le poète dans l'*H. à Henri II*. N'est-il pas patent qu'
        «Un Roy tant soit il grand en terre ou en proüesse
        Meurt comme un laboureur sans gloire...»
si les poètes ne l'ont pas chanté? (vv. 731-744).

[36]   On sait depuis P. de Nolhac les difficultés qu'éprouva Ronsard quand il décida de changer la dédicace de l'*H. de la Mort*. Voir aussi Samuel F. Will, *The dedication and rededication of Ronsard's Hymne de la Mort* dans *PMLA*, 46 (1931), notamment pp. 436-440.

[37]   *H. de Ciel*, vv. 10-12.

[38]   *H. de la Philosophie*, vv. 11-12.

[39]   Vers 13-14. Les derniers vers de cet *Hymne de l'Eternité* décrivent assez bien l'attitude que nous avons dite,
        «Je te salu' Deesse...
        Concede moy ce don, c'est qu'apres mon trespas
        ....
        Je puisse voyr au ciel la belle Marguerite
        Pour qui j'ay la louange en cet hymne descrite.

[40]   Or l'Eté, fils du Soleil, n'est-il pas frère des Muses?

Daimons qui ne soient «un present venerable» et agréable, semble-t-il, à Lancelot Carle curieux de démonologie[41]. Il en est de même pour chaque hymne; par l'intercession et le vœu du poète chaque dédicataire entre dans l'éternité sous l'égide d'une divinité bénéfique: Henri II béni par la Victoire, Charles par la Justice, Odet par la Philosophie, Lancelot Carle épargné par les daimons qui seront envoyés «sur le chef de ceux qui oseront mesdire de (son) honneur»; le Ciel sera ouvert à Morel le platonisant et les Astres favorables à Mellin qui «congnoit (leurs) puissances»; la Mort sera heureuse et profitable» à Ronsard[42] et l'Or comblera Dorat...

                              ... car cet Hymne,
        De qui les vers sont d'or, d'un autre homme n'est
                                                    [digne
        Que de toy, dont le nom, la Muse, et le parler
        Semblent l'Or que ton fleuve Aurence fait couler[43].

Je sais bien qu'on m'attend au seuil des «hymnes épiques». Y trouve-t-on l'attitude décrite? Oui, si l'on prête attention aux dires du poète. Ne déclare-t-il pas au début de l'*H. de Calays et Zethes* qu'il ne célébrera pas Marguerite à qui déplaît la louange directe (vers 18-26)? Il choisit donc dans le répertoire antique la fable de «Calays et Zethes» qui, on s'en souvient, délivrèrent Phinée, prophète aveugle, des «Harpies cruelles» au cours de l'expédition des Argonautes. N'est-ce

---

[41]   Cf. A.-M. Schmidt, *op. cit.*, et H.-M. Molinier *Mellin de Saint-Gelais*, Paris, 1910, pp. 161-167.

[42]   Par délicatesse Ronsard ne donne pas la Mort à autrui quoique l'hymne, comme les autres, ait un dédicataire. Même exception pour l'*H. de l'Hercule chrestien*.

[43]   H. de l'Or, vv. 3-6.

pas transparent? Et en louant ces «Dieux excellans», «en suivant (son) sujet» Ronsard n'évoque-t-il pas l'intervention de Marguerite qui délivra le «prophète» du harcèlement des courtisans excités par Mellin[44]? A l'instar des «fils Boréans», Marguerite jouira d'un renom immortel pour cette généreuse intervention. Quant à Pollux et Castor, ils sont la préfiguration de l'affection qui unissait Gaspard de Coligny à son frère Odet, Cardinal de Chastillon. Célébrer les uns équivalait à célébrer les autres; louer ces demi-dieux ne pouvait que les rendre favorables aux Chastillon et immortaliser cette union fraternelle.

Pour indirecte qu'elle soit, la louange n'en est pas moins intéressée, à tel point que certains hymnes peuvent paraître des œuvres officielles; mais aucun n'est une pièce de commande au sens péjoratif du terme. Ce qui n'empêche pas qu'ils obéissent toujours à des convenances. Convenances de temps qui permettent d'en dater assez souvent la composition; convenances de personnes surtout. Les mythes même que certains développent (mythe de l'Age d'or dans l'*H. de la Justice*, mythe de l'Empyrée dans l'*H. de l'Eternité*, mythe d'Hercule, de Calays et Zethes, de Pollux et Castor) sont choisis en fonction d'un accord avec le thème qui les encadre et ce thème est approprié au

---

[44] Remarque de moindre importance, sans doute, mais qui confirme encore les préoccupations mondaines de Ronsard dans ces recueils: si Mellin reçoit un présent dans ce premier livre d'hymnes, en gage de réconciliation officielle, Ronsard pouvait-il dans le même livre offrir un présent à Marguerite qui l'avait défendu à la Cour? Le premier livre est tout de conciliation (Henri II, Mellin, Morel y sont tour à tour loués): le ton du second livre est différent: si Marguerite y est remerciée, les courtisans et — indirectement — le roi y sont amèrement égratignés par le poète déçu.

dédicataire. Il y a là une structure interne qui permet d'affirmer que le récit, quand récit il y a, est subordonné au thème, élément essentiel de l'hymne.

Or le récit a beau être emprunté à quelque source antique ou même médiévale, sa subordination à un thème inouï le renouvelle et leur synthèse constitue, selon Ronsard, un argument pratiquement neuf. Le poète insiste si fréquemment sur l'originalité de son dessein qu'il faut bien y voir un autre trait caractéristique du genre. Cette prétention n'est cependant pas propre aux hymnes. Elle appartient au Ronsard de cette époque bien plutôt qu'au genre qu'il inaugure. N'avait-il pas choisi, dès avant de l'écrire dans la préface aux *Quatre premiers Livres des Odes* (1550), d'être le «coureur qui galopant librement par les campaignes Attiques et Romaines (oserait) tracer un sentier inconnu pour aller à l'immortalité»[45]? Il est plus significatif de constater que Ronsard n'a pas renoncé au «style haut»[46] et que l'hymne est, dans sa pensée, un genre au moins aussi audacieux et aussi savant que l'ode. Et derrière lui nous grimpons vers «quelque source sacrée / D'un ruisseau non touché...»[47] Son but est d'aller là «où personne n'aproche».

je veux avecq' travail brusquement y monter[48].

Certes la voie est «estroicte, incongneue»[49] et le «sen-

---

[45] Laum., *O.C.*, t. I, p. 43. Il est inutile de rappeler combien de fois s'affirme dans les *Odes* cette volonté «d'originalité provocante». (L'expression est de Laumonier, *Ronsard, poète lyrique*, p. XXIII.)

[46] F. Desonay a fait bon compte de l'interprétation traditionnelle dans son *Ronsard, poète de l'amour*, t. II, pp. 96ss.

[47] *Hymne de la Mort*, vv. 24 ss.

[48] *Hymne de l'Hiver*, vv. 4-5.

[49] *Les Daimons*, vv. 52-54. *Hymne de l'Eté*, vv. 8-10.

tier nouveau»[50]. Quel poète célèbra jamais l'hiver ou la mort? Hélas! Ronsard doit avouer avec franchise qu'«aux Anciens la Muse a tout permis de dire»[51] et qu'il reste bien peu de sources inviolées. A tout le moins le sentier sera-t-il difficile, «l'argument fort haut»[52] et touchera même souvent au ciel où le poète entrera dans les secrets divins[53]. Tel est le présent que Ronsard offre au dédicataire. Ce rêve orphique anime chacun des hymnes. Dans sa clairvoyance et son omniscience poétiques, Ronsard, guidé par les Muses, inspiré par Calliope «des Muses la plus faconde»[54], révèle aux doctes, dans ses hymnes, les plus hauts mystères du monde.

Aussi, qu'il soit neuf ou qu'il ait été chanté par les Anciens, l'argument est-il difficultueux. Calliope n'a jamais récompensé de ses dons qu'une élite[55] où les poètes occupent les meilleurs places. L'hymne est donc une pièce inspirée — ce qui nous laisse présager un certain lyrisme, une «fureur», une spontanéité jaillissante — dont l'argument constitue une véritable révélation. Mais, qu'on me permette d'insister, la science qu'y

---

[50]   Tout le début de l'*Hymne de la Mort* serait à citer (vv. 1-40).

[51]   *Hymne de la Mort*, v. 4.

[52]   *Les Daimons*, v. 57.

[53]   Cf. *H. des Astres*, vv. 5-9.

[54]   Que la science (infuse) soit une récompense des Muses est un leitmotiv dans l'œuvre de Ronsard. On l'entend surtout dans les *Hymnes: Philosophie*, vv. 1-9; *Daimons*, v. 55; *Ciel*, vv. 9-10; *Astres*, vv. 1-14; *Mort*, v. 15; *Etrnité*, vv. 1-2 («suivant les pas d'Orphée»); *Eté*, vv. 11-14; *Automne*, vv. 13-30, 56, 68.

[55]   *H. de la Philosophie*, vv. 4-6. Sur la difficulté de l'argument: *Daimons*, vv. 51-54; *Astres*, vv. 7-9; *Mort*, v. 39; *Eternité*, v. 11; *Eté*, v. 11; *Hiver*, v. 1-7; *Etoiles*, vv. 7-10.

étale le poète n'est pas le fruit de ses observations, raisonnements et déductions. Il n'y a pas de commune mesure entre les efforts et l'étude réels du poète d'une part, et l'argument de l'hymne. Celui-ci lui est fourni gracieusement et brusquement en récompense de ses veilles. C'est un don du Ciel, reçu en une sorte d'extase; c'est le résultat d'une inspiration calliopéenne que le poète se mérite, mais ne découvre pas par ses travaux[56]. Tout se passe comme si la révélation de la vérité récompensait l'effort, la marche solitaire par un sentier étroit, l'ascèse intellectuelle à laquelle le poète s'astreint. Et la science est grâce! Cette conception n'est pas éloignée de la théorie platonicienne de la réminiscence[57] quoiqu'elle s'en distingue assez pour ne s'y pas confondre. L'une des différences essentielles me semble bien être que cette révélation n'est pas offerte à tous les hommes, et que tous les doctes même n'y sont pas admis — leurs efforts n'étant pas suffisamment méritoires, sans doute, aux yeux de Calliope. N'est-il pas étonnant de reconnaître, de biais, la conception érasmienne de l'humanisme aristocratique[58]?

Voilà qui fonde en tout cas la valeur du présent que fait le poète en ses hymnes. Admis par les Muses au

---

[56]   voir à ce propos le début de l'*H. de la Philosophie*, vv. 1-9 où est décrit ce double don: de Calliope au poète, du poète au dédicataire. La déclaration est d'autant plus intéressante que l'*H. de la Philosophie* (écrit encore en décasyllabes) nous semble contemporain de l'*Hercule chrestien* (que Ronsard composait en 1553, selon la lettre de Pierre des Mireurs). Antérieur aux autres hymnes du recueil, il définit une attitude que le poète reprendra dans chacun des hymnes.

[57]   A laquelle Ronsard fait allusion dans l'*H. du Ciel*, v. 9-14.

[58]   Habitué du salon des Morel, protégé par Marguerite et par l'Hospital, Ronsard fréquentait à cette époque les Erasmiens.

nombre des *happy few*, le poète dispense aux doctes les lumières qu'il a lui-même reçues des Muses. Et si, théoriquement, l'argument de l'hymne intéresse le genre humain tout entier, seuls les doctes sont capables de le lire et de le comprendre[59]. Lyrique, en ce sens que l'argument est fourni au poète en une transe extatique et qu'il conserve quelque chose de la «température d'âme» qui marqua sa découverte, l'hymne est fait pour la lecture ou la récitation dans des cercles lettrés, capables d'émotion religieuse et littéraire. Entre le lyrisme chanté des *Odes* et l'éloquence des *Discours* en vers, les hymnes instaurent un lyrisme récité d'une exaltation contenue et d'un enthousiasme dominé qui les distingue des odes et dont l'inspiration «divine» fait autre chose qu'un discours politique ou un divertissement littéraire.

Je sais bien que l'intervention des Muses ne suffira pas à convaincre les lecteurs incrédules de la différence profonde entre les *Hymnes* et les *Discours*. Peu importe que les Muses existent ou n'existent pas; peu importe même à notre propos que le poète ait ou non entretenu un commerce avec les puissances surnaturelles — chrétiennes ou païennes, allégoriques ou mytho-

---

[59] Cf. l'*H. de la Philosophie*, vv. 16-20; l'*H. de la Mort*, vv. 33-34; l'*H. des Astres*, vv. 205-224; *Les Etoles*, vv. 5-10... Cf. aussi l'*H. de l'Hiver* qui témoigne de la gloire du poète aux yeux du peuple (vv. 7-9) incapable par ailleurs de comprendre son message (vv. 71 ss.); *H. de l'Or*, v. 12:

«Or! le peuple dira ce qu'il voudra...»

On pourrait même soutenir que la difficulté de l'argument assure au poète gloire et immortalité puisqu'elle est par elle-même la preuve du commerce que le poète entretient avec les puissances surnaturelles (cf. *H. de la Mort*, v. 39; *H. de l'Eternité*, v. 5, 11-12, 19-20; *H. de l'Eté*, vv. 11-18 et surtout *H. de l'Hiver*, vv. 39-40).

logiques[60]. Il nous suffit que Ronsard affirme dans chaque hymne, ou presque, que thème et argument lui ont été fournis en un état de fureur poétique, l'*amabilis insania* des *Odes*. C'est cette attitude proprement lyrique, et non pas l'argument, qui différencie l'hymne du discours. Qu'on y prenne garde d'ailleurs: les hymnes nous présentent bien plus souvent un poète-Prométhée qui «vole au ciel» pour «y dérober les secrets divins» qu'un poète-Pan qui recevrait inopinément la visite de la Muse. Le début de l'*Hymne des Astres* est très significatif:

> C'est trop longtemps, Mellin demeurer sur la terre
> Dans l'humaine prison, qui l'Esprit nous enserre,
> Le tenant engourdy d'un sommeil ocieux
> *Il faut le delier*, & l'envoyer aux cieux:
> *Il me plaist* en vivant de voir souz moy les nües,
> Et presser de mes pas les espaules chenües
> D'Atlas le porte-ciel, *il me plaist* de courir
> Jusques au Firmament, & les secrets ouvrir
> (S'il m'est ainsi permis) des Astres admirables[61]

Et le moyen n'en est pas fourni par les Muses ou par quelque autre puissance surnaturelle mais bien par la «philosophie», c'est-à-dire par la science.

> Elle, voyant qu'à l'homme estoit nyé
> D'aller au Ciel, disposte, a delié
> Loing, hors du corps, nostre Ame emprisonnée
> Et par l'esprit aux astres l'a menée[62]...

Cette tentation d'angélisme ne contredit pas le mythe des Muses; bien au contraire. L'intervention des Mu-

---

[60] Un passage essentiel de l'*H. de l'Automne* (vv. 77-82) nous inclinerait à penser que Ronsard n'était pas plus naïf que nous.

[61] C'est évidemment nous qui soulignons.

[62] *H. de la Philosophie*, vv. 21-24.

ses, et notamment celle de Calliope, si souvent affirmée, rappelle seulement aux lecteurs que le poète écrit ses hymnes en un état second; elle souligne aussi la disproportion entre l'effort intellectuel et la Vérité où il atteint et sert à authentifier «les mystères admirables» qu'il révèle. Par elle enfin et surtout, Ronsard rend à l'hymne le caractère antique du chant sacré, du *hieros logos*.

Moins bruyante que dans les *Odes*, moins ostentatoire aussi, l'éminente dignité du poète, grand-prêtre d'Apollon, transparaît en chaque hymne. Depuis que la gloire l'auréole, Ronsard est sans doute plus convaincu des prérogatives qu'il revendiquait à grands cris dans ses premières œuvres. Il faut noter toutefois que l'*Hymne de l'Automne* nous décrie le sacre du poète avec un luxe de détails encore inégalé[63]. Cette conviction explique et justifie l'attitude du poète, intercesseur entre le ciel et la terre, et fait de l'hymne un présent incomparable. Instruit du passé aussi bien que de l'avenir, éclairé des lois de l'Univers et des mystères de l'Eternité, le poète expose en ses hymnes une théologie, une cosmogonie, une philosophie; il traite d'astronomie et d'astrologie, de science nautique, de météorologie, de physique, d'agronomie, de démonologie... Mais toute cette «doctrine» est dénuée de fanfaronnades[64]: on dirait que la preuve fournie par le contenu de l'hymne devait suffire à convaincre les savants lecteurs de Ronsard et lui éviter d'y ajouter les prétentieuses

---

[63] Vers 49-76; vois aussi dans le même hymne vv. 449-466; dans l'*Hymne du Printemps*, vv. 123-130; dans l'*H. de l'Eté*, vv. 227-232.

[64] D'ailleurs toute cette science est requise du «poète futur» dans l'*Abrégé de l'Art poétique à DelBene*.

revendications qui nous font sourire à la lecture des
Odes. D'ailleurs à quoi bon se vanterait-il d'une
science qu'il dit en bonne partie infuse? Ne lui suffit-il
pas d'avancer qu'il est poète? Ce mot recèle en lui-
même toutes les prérogatives: un poète n'est-il pas un
docte dont les études et les veilles ont mérité la complaisance divine?

Toutefois si les hymnes sont à peu près dénués de
déclarations fanfaronnes[65], le ton, l'allure, et pour
tout dire, la personne du poète y ont une autorité qui
fixe d'autres traits essentiels du genre.

Ronsard s'y adresse à Dieu, aux dieux, aux muses,
aux daimons, aux Rois, aux Princes avec une égale ai-
sance, quelquefois même avec désinvolture. Qui
n'apostrophe-t-il pas dans les *Hymnes*[66]? Nulle puissance n'est trop haute ni trop éloignée, et si, bien souvent, l'invocation, le ton de prière personnelle fait penser au genre orphique, il n'en reste pas moins certaine
brusquerie, homérique ou callimachéenne, dans telle
apostrophe finale:

> Automne, c'est assez...
> Vostre Hymne est achevé, je ne voue loüray plus[67]

---

[65]   Certains penserons que l'argument l'est assez pour n'y pas
ajouter!

[66]   Les Muses, le roi Henri II, la déesse Victoire dans l'*H. de
Henri II*, vers 1 ss., 75 ss., 764 ss.; Charles, cardinal de Lorraine, la
sainte et divine Justice dans l'*H. de la Justice*, vers 2 ss., 539 ss.;
Odet, cardinal de Chastillon dans l'*H. de la Philosophie*, vers 249
ss.; l'Eternité, la Philosophie, le Printemps, l'Eté, l'Automne,
l'Hiver, l'Or, la France, la Nuit, la Mort, son «luc»... le «Dieu des
Chrestiens», l'Eternel le Très-Puissant dans l'*H. des Daimons*, vv.
421-428; le «Ciel, Pere, Fils de Saturne, Roi...» dans l'*H. du Ciel*,
vv. 113-122; *etc*...

[67]   *H. de l'Automne*. v. 467; *H. de Calays*, v. 719.

Mais, plus encore que l'attitude du poète en présence des puissances — naturelles ou surnaturelles, ce qu'il convient de noter ici c'est la présence de ces apostrophes et leur place en chaque hymne. Si certains ne sont d'un bout à l'autre qu'une longue et ample apostrophe, tous sont encadrés par une apostrophe initiale et une apostrophe finale[68]. Ainsi l'hymne de Ronsard — au moins à partir de 1554 et jusqu'en 1563 — comporte très régulièrement trois parties bien articulées: 1) un poème qui est souvent suivi d'un retour lyrique sur soi: «Mais que dirai-je?...; puis 2) vient le développement central, l'argument épique, mythologique, allégorique, peu nous importe; et 3) un vœu final, salut, louange, conjuration ou prière propitiatoire destinée à attirer la complaisance divine sur le poète lui-même ou sur le dédicataire de l'hymne, parfois même successivement sur l'un et l'autre.

*

Cette description toute formelle permet, nous semble-t-il, de distinguer l'hymne de tout autre genre cultivé par Ronsard. Il reste qu'elle répond fort imparfaitement d'une part aux hymnes publiés avant 1554, et que d'autre part nous avons évité soigneusement jusqu'ici d'envisager les hymnes postérieurs à 1563.

---

[68] Le rapprochement avec les hymnes homériques nous paraît trompeur. L'hymne homérique commence en effet par une apostrophe à la Muse et c'est elle qui chantera l'hymne, le poète n'étant que son porte-parole. Or l'hymne ronsardien n'invoque pas systématiquement la Muse et nous savons d'autre part que si l'argument savant de l'hymne a été fourni en une sorte de révélation, c'est bien le poète qui expose dans l'hymne ce qu'il sait et non la Muse qui ravit et inspire un ignorant.

Il ne nous paraît pas étonnant que les premiers «hymnes» ne présentent pas la structure décrite. Les variations de l'un à l'autre sont assez grandes pour que nous puissions affirmer que Ronsard n'avait pas encore une idée claire et distincte de l'hymne. L'*Hymne de France*, le premier en date par sa publication (1549), est un long éloge en décasyllabes à rimes plates. L'*Hymne à Saint Gervaise et Protaise* est une ode de six strophes octosyllabiques (ffmf²f²m). L'*Hymne à la Nuit* est aussi une ode de cinq strophes composées de deux alexandrins, un hexasyllabe, deux alexandrins, un hexasyllabe dont les rimes (aabccb) sont toutes féminines. Ces deux pièces publiées dans les *Odes* (1550) sont très courtes et ne présentent aucun des traits qui ont paru essentiels à l'hymne. Enfin, Ronsard publie l'*Hymne triumphal* (1551). S'il est lui aussi divisé en strophes isomorphes (40 douzains heptasyllabiques), écrites en un mètre court, il rassemble déjà bien des traits énumérés. Un proème redoublé (v. 1, 13), un retour lyrique sur soi (redoublé lui aussi, vv. 25, 37), puis un développement central (vv. 49-444). Un *excursus* (vv. 445-468) où Ronsard répond aux reproches que Charles de Sainte-Marthe avaient faits aux poètes oublieux de la reine de Navarre — précède le salut final (vv. 469-480). On voit par cette pièce que la structure de l'hymne était à peu près fixée en 1551. Restait à abandonner la forme strophique et à délaisser un mètre trop court et peu approprié à la gravité de l'argument.

Nous savons que c'est en 1553 que Ronsard composa l'*Hercule Chrestien*: cette pièce en décasyllabes, ainsi que l'*Hymne de la Philosophie*, nous semble témoigner de la dernière hésitation avant le choix définitif de l'alexandrin.

Si telle a été la gestation de l'hymne nous comprenons par le fait même qu'on n'ait pas décelé l'influence d'un modèle ancien déterminé. Les tâtonnements sont la preuve de l'originalité de Ronsard en ce genre: il n'avait pas sous les yeux l'œuvre d'un Pindare ou d'un Horace; il prétendait, obscurément d'abord mais de plus en plus consciemment, «suivre un sentier nouveau», boire «à une source inviolée».

Nous imaginerions même que Ronsard subit, en 1549-1550, une tentation très forte née du désir de rivaliser en même temps avec les *Psaumes* de Marot qu'avec les Hymnes rituels antiques. La tentation — si le mot ici n'est pas impropre — d'écrire des cantiques, des hymnes religieuses. Nous employons le féminin à dessein. L'*Hymne à Saint Gervaise* comme l'*Hymne à la Nuit* sont, par l'attitude du poète orant, par le chant et la danse suggérée, très distinctes de tous les autres hymnes. Le poète s'adresse directement à la divinité; il la chante, il la loue, il la prie. Et c'est à la divinité que ces hymnes religieuses sont dédiées. Or cette même formule réapparaît dans deux des trois hymnes posthumes: *Hymne des Pères de famille à M. Saint Blaise*, *Hymne de Saint Roch*. D'un mètre court, destinées à être chantées, ces hymnes religieuses — ou cantiques — étaient au moins justifiées, sinon définies, par Ronsard dans la pièce, posthume elle aussi,

> Les Hymnes sont des Grecz invention premiere
> ....
> Ah! les Chrestiens devroient les Gentils imiter
> A couvrir de beaux liz et de Roses leurs testes
> Et chommer tous les ans à certains jours de festes
> La memoire et les faicts de nos Saincts immortels,
> Et chanter tout le jour autour de leurs autels...

Et ce sont de tels hymnes «à chanter» que Ronsard compose: l'*Hymne des Pères de famille à M.*

Saint Blaise se chantait sur l'air du *Te rogamus audi nos*[69].

Qu'on ne nous accuse pas de dénier le nom d'hymne aux pièces qui ne répondent pas à notre description! Nous soutenons seulement que l'*H. à Saint Gervaise*, l'*H. à la Nuit*, l'*H. à Saint Blaise*, l'*H. à Saint Roch* sont des cantiques, des hymnes religieuses, d'inspiration chrétienne ou païenne, dont le lyrisme chanté est bien plus près des *Odes* que des *Hymnes*. Mais cela ne signifie pas que toutes les pièces écrites en un mètre court et en strophes isomorphes sont à ranger ailleurs que dans le genre hymnique. La preuve en est cette pièce à Pibrac intitulée *Les Estoilles*. Quoique Ronsard ne l'ait jamais désignée comme un hymne on y trouve l'apostrophe initiale à Calliope (vv. 1-14), un développement central (vv. 15-124), un salut (vv. 125-134) une prière qui, personnelle d'abord (vv. 135-140), s'étend à tous les Français (vv. 141-150) et à Pibrac et Le Gast en particulier (vv. 151-160).

Mais nous n'en dirons pas de même de l'*Hymne du Roi Henri III*. Ronsard l'avait d'abord publié en 1569, au *Sixième Livre des Poèmes* sous le titre de *Chant Triomphal pour jouer sur la lyre*, après la victoire de Jarnac. Rien n'y rappelle les hymnes: aussi malgré le titre de 1578, ne l'y rangerons-nous pas.

Enfin, l'*Hymne de Mercure*, dédié à Cl. Binet, malgré sa publication tardive, marque un retour à la formule décrite. Un proème (vv. 1-24) assez semblable à celui des hymnes saisonniers exprime, outre une plainte sénile, le thème et comme la morale de la «fable de Mercure». Puis le poète raconte les enfances du

---

[69]   Laumonier-Lemerre (1914-1919), t. VI, p. 36.

héros (vv. 25-192). Une prière personnelle (vv. 193-198) et un «envoi» à Binet (vv. 199-204) terminent cette pièce que nous pouvons ranger parmi les hymnes.

*

Maintenant que des considérations toutes formelles nous ont permis de distinguer le genre hymnique des autres genres, est-il possible de dégager les éléments d'une définition fondamentale de l'hymne? Ou faut-il y renoncer et conclure que dans un cadre par ailleurs assez bien défini, Ronsard s'accordait toute liberté[70]?

N'est-il pas évident que l'hymne ronsardien est un poème complexe, d'une structure délicate, dont la réussite dépend d'un équilibre instable mais possible entre le lyrisme et l'ἔπος. Le lyrisme n'en est jamais complètement absent mais il est contenu et comme endigué par le mètre choisi. L'alexandrin, dont nous ne nions pas les hautes qualités lyriques[71], se déploie plus amplement et ennoblit l'*insania* du poète. La danse devient danse sacrée et Ronsard atteint sans peine à une poésie cosmique encore inouïe en «vulgaire».

> Je vous salue Enfans de la première Nuit...
> O Ciel net, pur et beau, haute maison de Dieu[72]...

---

[70]   Dans les limites de cet article sur la définition formelle de l'hymne, je n'accorde évidemment aucune attention au contenu des pièces: qu'on n'en déduise pas qu'elles sont vides de sens. Je me réserve d'étudier ailleurs la philosophie et le système du monde que Ronsard expose dans les *Hymnes*.

[71]   C'est la mère des *Amours* de Marie!

[72]   *H. des Astres*, v. 251; *H. du Ciel*, v. 15.

Ce lyrisme d'une tonalité nouvelle est encore contenu par la structure de l'hymne. Si Ronsard feint d'être ravi par une extase, ce n'est que dans le prélude. Alors le ton se hausse et la corde d'airain sonne dans le développement central. Le vœu, la prière, le salut reprennent l'accent fébrile du prélude. De sorte qu'on peut avancer que le lyrisme s'exprime au début et à la fin de l'hymne.

Toutefois, et comme involontairement, le poète se laisse emporter çà et là par des élans lyriques au milieu de l'hymne. Le procédé est patent dans l'*Hymne de Henry II*:

> Que dirons-nous encor... (v. 197)
> Que diray plus de toy... (v. 315)

En fait le poète se bat les flancs pour trouver une louange à l'adresse du roi obtus. Cette profusion lyrique, plus sincère dans d'autres hymnes[73], donne du souffle à la pièce entière.

Lyrique, l'hymne l'est encore en ces passages où Ronsard se met en scène, rappelle un souvenir personnel[74], laisse percer une satire amère[75]. Mais ce ne sont là que des accidents, des parenthèses, des aveux ou des déclarations passionnelles qui rompent d'ailleurs quelquefois le cadre de l'hymne.

Enfin, et surtout dirions-nous, le lyrisme s'affirme dans la plupart des hymnes par le sentiment religieux. Non pas qu'ils soient pleins de déclarations de principes ou de professions de foi, mais d'une religiosité sous-jacente, puissante, d'une émotion quasi-mystique

---

[73] *H. de Bacchus*, v. 227.
[74] *H. des Daimons*, vv. 347-378; *H. de l'Automne*, vv. 31-76.
[75] *H. de Calays*, vv. 723-736.

en face des merveilles de l'Univers. Cette ferveur est partout: dans le *Ciel*, les *Astres*, les *Etoiles*, la *Mort* mais aussi dans les *Daimons*, la *Justice*, la *Philosophie*, l'*Or*. Elle éclate dans les «épiphanies», quand, au détour de l'hymne, apparaît soudain le cortège du dieu, et que ce dieu soit l'Eternité ou Bacchus:

> Pere, où me traines-tu, que veux-tu plus de moy?
> Et, Pere, n'ai-je pas asséz chanté de toy?
> Evoé je forcene, ha je sens ma poitrine
> Pleine plus que devant de ta fureur divine...
> O Cuisse-né Baccus, Mystiq, Hymenean,
> Carpine, Evaste, Agnien, Manique, Linean[76]...

Combien de fois les plaines de Thèbes n'ont-elles résonné de telles litanies?

> Tu es toute dans toy, ta partie et ton tout,
> Sans nul commencement, sans meillieu, ne sans
> [bout[77]...

Tout l'art du poète tend à équilibrer ces appels lyriques et les narrations épiques, mythologiques, voire scientifiques. Car ce sont en effet des narrations que les arguments. Le système du monde, le mouvement des sphères, les jeux de la destinée, l'origine des saisons, tout est prétexte pour lui à de grands tableaux vivants où les abstractions jouent leur rôle dans un décor grandiose, chatoyant ou simplement gentil. Et c'est par cet art visuel que Ronsard réussit à être érudit sans être pédant. L'érudition n'est jamais lourde ni obscure dans l'hymne. La science concourt au pittoresque. La mort elle-même, la mort du poète fournit en quelques traits un tableau inoubliable. Il nous la fait

---

[76] *H. de Bacchus*, vv. 179-182 et 231-232.
[77] *H. de l'Eternité*, vv. 127-128.

entrevoir, telle qu'il la désirait et son vœu, hélas! ne fut pas exaucé; il la voulait subite et glorieuse:

> Navré d'une grand'playe au bord de (sa) province...

Ainsi procède l'ἔπος, par tableaux juxtaposés et subordonnés au thème. Le récit est rarement traité pour lui-même. Les exploits de Castor et Pollux, de Calays et Zethes ont un sens allégorique et Ronsard ne l'oublie pas. Il choisit les épisodes en fonction de l'idée, de la leçon, de la morale qu'il veut suggérer. Il lui arrive parfois d'être emporté par le récit et d'employer des procédés épiques: description minutieuse des armes et des combats, discours des combattants, réalisme de la vision épique. Voyez l'horreur de la punition qu'inflige Jupiter aux Géants:

> Leur faisant distiller l'humeur de leurs cerveaux
> Par les yeux, par la bouche, et par les deux naseaux,
> Comme un fromage mol, qui suspendu s'egoute
> Par les trous d'un pannier, à terre goutte à goutte.

Et cette comparaison pastorale ajoute encore à l'hellénisme de l'ensemble Mais si l'équilibre est instable entre lyrisme et épisme, il n'est jamais délibérément rompu. Pas plus que l'érudition métaphysique ou scientifique, les grandes machines épiques ne surchargent le texte au point d'en exclure la poésie. L'unité de l'hymne est assurée par cette difficile harmonie et par une véritable ascension lyrique qui atteint son apogée à la fin du développement central. Alors retombe la fièvre, alors s'apaise la fureur poétique en une double vague lyrique: salut et prière.

La philosophie de Ronsard
dans *Les Hymnes*

par
Henri WEBER

Si les études sur la philosophie de Ronsard ont été nombreuses et diverses, avec Henri Busson (1929), A.-M. Schmidt (1938), G. Lafeuille (1973) et plus encore les commentaires d'hymnes particuliers avec J.-C. Margolin, J. Frappier, A. Stegman, B. Weinberg[1], il est malaisé de dégager de ces analyses qui ont montré la diversité des sources, précisé certaines interprétations, une préoccupation centrale.

Si Ronsard a bien lu de nombreux poètes dans leur intégralité, sa culture philosophique semble souvent celle d'un lecteur d'anthologies (Stobée) ou de philosophes vulgarisateurs: Macrobe, Apulée, Plutarque, Cicéron (Le *Songe de Scipion*), traités hermétiques

---

[1] *J. Frappier, L'inspiration biblique et théologique de Ronsard dans l'Hymne de la Justice* (Mélanges Chamard 1951), *Tradition et actualité dans l'Hymne de l'Or* (Literary History and Criticism, New York University Press, 1963); André Stegman, *L'inspiration platonicienne dans les Hymnes de Ronsard* in R.S.H., fasc. 122-123, avril-septembre 1966; B. Weinberg, *L'Hymne de l'Or de Ronsard, Saggi e Ricerche di Letteratura Francese*, Universita di Pisa, Torino, 1965; J.-Cl. Margolin, *L'hymne de l'or et son ambiguïté* (BHR, XXVIII, 1966).

comme *L'Asclépion* ou d'inspiration néo-platonicienne, le *De Mundo*. Il a probablement lu le *commentaire* de Ficin sur *Le Banquet*, mais il peut tout aussi
bien n'avoir connu ses idées que par Pontus de Tyard.
De Platon il connaît surtout les mythes commentés et
reproduits par des générations d'humanistes. D'Aristote, il a lu certainement l'*Ethique* et probablement
quelques traités concernant l'histoire des animaux.

Prolongeant les efforts de tous les humanistes qui,
depuis Boccace (*Généalogie des Dieux*), ont cherché à
intégrer la mythologie antique à une explication
symbolique de l'univers, il a naturellement trouvé dans
le courant ficinien les éléments d'une fusion du néo-
platonisme avec le christianisme. Mais il n'a pas hésité
à puiser les éléments de la description de l'univers chez
un poète d'origine grecque: Marulle dont le platonisme est indifférent au christianisme. En effet, chez
Marulle, toutes les formes mythologiques traditionnelles: Jupiter, Junon, Pallas ou encore les éléments cos-
miques: l'éther, le soleil, la lune, sont les manifestations d'une puissance divine qu'il ne caractérise pas
autrement. Ronsard dira beaucoup plus chrétienne-
ment:

> Et bref, des loix de DIEU toute la terre est pleine,
> Car Jupiter, Pallas, Apollon, sont les noms
> Que le seul DIEU reçoit en meintes nations
> Pour ses divers effectz que l'on ne peut comprendre,
> Si par mille surnoms on ne les fait entendre[2].

Dans *Les Hymnes* de 1555, Ronsard est plus préoccupé
des manifestations de la puissance divine que de Dieu
lui-même. Ce qui fait, peut-être, l'unité de sa pensée

---

[2]   *Hymne de la Justice*, éd. Laumonier, t. VIII, p. 69, vv.
472-476.

à travers le disparate de ses différentes sources, c'est la nostalgie de l'immuable, des valeurs intellectuelles, qui ont leur image dans l'éternité des cieux et s'opposent au caractère transitoire des passions humaines. Dans d'autres recueils, et surtout après 1560, il s'attachera, au contraire, à la valeur de l'activité humaine aux prises avec la matière; ce second aspect apparaît pourtant, dès 1555, avec l'*Hymne de l'Or*.

*

La philosophie, pour Ronsard, n'a d'ailleurs pas le sens limité que nous lui donnons aujourd'hui. Telle qu'il la définit dans l'*Hymne de la Philosophie* c'est une encyclopédie des connaissances, qui s'ordonne de haut en bas comme l'univers lui-même: Dieu, le ciel, les astres, les anges, les êtres intermédiaires (démons), les météores (ce qui se passe dans l'air), les enfers, les eaux, l'agriculture, l'organisation des cités, les lois civiles et morales. L'acquisition de ces connaissances est à la fois le fruit d'une inspiration, celle de l'âme, un moment libérée de la prison du corps[3] et la récompense d'un effort car la philosophie a édifié son temple sur un roc escarpé gardé par Jugement et Raison que précède la Sueur: elle doit être acquise par Vertu, au prix d'un combat contre Ignorance. Cette vertu exige de vaincre les ambitions, l'envie et les plaisirs[4]. Ainsi l'effort moral et l'effort intellectuel sont indissolublement liés.

---

[3] *Hymne de la philosophie*, t. VIII, p. 86, vv. 21-24.
[4] *Ibid.*, vv. 217-244.

Quelques années plus tard, dans l'*Hymne de l'Hiver*, l'opposition entre le ciel immuable et la terre changeante se retrouvera dans le domaine de la connaissance.

> Toute philosophie est en deux divisée.
> L'une est aiguë, ardente & prompte & advisée,
> Qui sans paresse ou peur, d'un vol audacieux
> Abandonne la terre & se promeine aux cieux.
> ....
> L'autre philosophie habite soubs la nue,
> A qui tant seulement cette terre est cognue[5].

C'est le principe qui a inspiré la célèbre fresque de Raphaël, l'Ecole d'Athènes, avec Platon montrant du doigt les cieux et Aristote la terre.

Cette division de la connaissance reflète la séparation aristotélicienne entre tout ce qui est au-dessus de la lune (les sphères célestes composées d'une matière immuable et éternelle) et tout ce qui est au-dessous d'elle (les quatre éléments, voués au changement, à la succession de la mort à la vie). Il est vrai que ce changement n'est lui-même qu'apparent:

> Ce qui fut se refaict, tout coulle comme un eau,
> Et rien dessous le Ciel ne se void de nouveau:
> Mais la forme se change en une autre nouvelle,
> Et ce changement là, vivre au monde s'appelle,
> Et MOURIR, quand la forme en une autre s'en va[6].

C'est là encore une conception aristotélicienne, celle d'une matière éternelle (puissance pure) qui peut prendre la forme des différents éléments et des différentes espèces. Ronsard, qui par ailleurs affirme souvent la doctrine chrétienne de la création, ne semble pas se

---

[5]   *Hymne de l'Hiver*, Laum. t. XII, pp. 70-71, vv. 43-46 et 59-60.

[6]   *Hymne de la Mort*, t. VIII, p. 178, vv. 325-329.

soucier de la contradiction possible mais Ficin non plus[7]. Ronsard a pu, il est vrai, trouver une idée analogue dans la *Consolation à Apollonius* de Plutarque qui est à l'origine de l'*Hymne de la Mort*. Même contradiction cependant, lorsque le mouvement des cieux nous est décrit comme éternel:

> Frayant, sans nul repos, une orniere eternelle,
> Qui tousjours se retrace, et se refraye en elle[8]:

H. Busson avait vu là une trace d'averroïsme, c'est-à-dire: l'opposition de la stricte doctrine aristotélicienne de l'éternité du monde à l'idée chrétienne de la création. Il faut plutôt penser que Ronsard, peu soucieux de subtilités métaphysiques prend le mot éternel dans un sens relatif, la durée du mouvement du ciel peut paraître éternelle comparée à la brièveté de la vie humaine. Mais une addition tardive de l'édition de 1584 est plus curieuse:

> Bref te voyant si beau, je ne sçaurois penser
> Que quatre ou cinq mille ans te puissent commencer[9].

N'y a-t-il là qu'une simple contestation de la chronologie traditionnelle qui fait commencer le monde un peu plus de trois mille ans avant la naissance du Christ, ou y a-t-il confirmation de l'attachement de Ronsard à l'éternité du ciel? Peut-être simplement, le Ciel est-il

---

[7]   Cf. Ficin, *Théologie platonicienne*, chap. IV, trad. R. Marcel; pp. 177-178: «De même qu'au sommet Dieu est acte pur, il y a au plus bas degré quelque chose qui est puissance pure, aptitude à recevoir toutes les formes... Cette matière première ne se corrompt pas, elle est fondement de toute chose elle ne peut être détruite.»

[8]   *Hymne du Ciel*, p. 148, vv. 109-110.

[9]   *Ibid.*, p. 168, variante des vers 111-112.

éternel en tant que séjour des âmes des bienheureux,
c'est ce qu'indiqueraient les derniers vers de l'Hymne,
où Ronsard prie le Ciel de le recevoir après sa mort.
Quoi qu'il en soit, le Ciel, c'est-à-dire essentiellement
la sphère des étoiles fixes qui, selon la théorie de Ptolémée, entraîne, dans des mouvements complexes et parfois contraires, les sphères de chaque planète autour de
la terre, est une image de la divinité qui l'habite par son
caractère et par la beauté de sa forme ronde:

> L'Esprit de l'ETERNEL qui avance ta course,
> Espandu dedans toy, comme une grande source
> De tous costez t'anime et donne mouvement,
> Te faisant tournoyer en terre rondement,
> Pour estre plus parfaict, car en la forme ronde
> Gist la perfection qui toute en soy abonde[10].

Il ne semble pas que Dieu soit ici identifié au premier moteur aristotélicien, origine d'un mouvement
qui se transmet mécaniquement de sphère en sphère,
Dieu au contraire pénètre partout et donne à tout son
mouvement, ce n'est pas non plus la conception fici-
nienne d'une hiérarchie d'âmes où chaque sphère et
même chaque astre possède une âme motrice, en plus
de l'âme du monde. Ronsard n'a pas souci de ces
détails, il se souvient peut-être simplement des vers de
l'*Enéide* de Virgile souvent cités:

> Principio caelum ac terras, camposque liquentes
> Lucentem globum lunae, Titaniaque astra
> Spiritus intus alit, totamque infusa per artus.
> Mens agitat molem et magno se corpore miscet[11].

Le mélange universel de l'esprit à la matière est un
principe stoïcien, mais les vers de Virgile évoquent

---

[10]   *Ibid.*, vv. 29-34.
[11]   *Enéide*, VI, vv. 724-727.

aussi bien le principe d'une âme universelle, l'âme du monde qui a été adoptée par le néo-platonisme. Soucieux de rapprocher intimement le Ciel et Dieu, Ronsard ne parle pas ici précisément d'une âme du monde, ni d'une âme du ciel.

*

Le caractère divin et éternel du ciel se communique aux astres dont la sérénité s'oppose aux passions humaines:

> Plus ne vous chaut de nous, ny de noz faictz aussi:
> Ains courez en repoz, delivrez de soucy,
> Et francz des passions, qui des le berceau suyvent
> Les hommes qui ça-bas chargez de peine vivent[12].

C'est ainsi que Ronsard transforme en opposition de sentiments et, par là, en opposition poétique, la différence entre l'immuable et le changeant. Opposition d'autant plus forte que les astres insensibles commandent nos destins, selon la croyance astrologique la plus répandue au XVIe siècle. Cependant, comme beaucoup de chrétiens, Ronsard évite le fatalisme astrologique en déclarant que notre âme peut choisir entre le bien et le mal:

> Les Estoilles adonc seules se firent dames
> Sur tous les corps humains et non dessus les ames.

L'influence des astres, par contre, explique le choix des métiers les plus variés, y compris celui des

> ... philosophes grans, qui par longues estudes
> Ont faict un art certain de vos incertitudes[13].

---

[12] *Hymne des Astres*, t. VIII, p. 160, vv. 247-250.
[13] *Ibid*, p. 154, vv. 97-98 et p. 156, vv. 153-154.

Saint Thomas lui-même après avoir fermement
soutenu le libre arbitre, admet une influence possible
des astres sur notre vie et jusqu'au début du XVIIᵉ siècle les défenseurs de l'astrologie ne manquent pas de le
citer[14]. Ficin un peu embarrassé par le grand ouvrage
de Pic de la Mirandole contre les principes de l'astrologie est moins catégoriquement affirmatif du déterminisme astral sur notre comportement, il semble croire à
un effet bénéfique des astres lorsque nous pouvons
choisir les heures, les moments propices pour les
actions importantes. Mais dans le détail, il souligne
bien l'influence des astres sur nos vocations, il se place
lui-même comme philosophe sous le signe de Saturne
qui engendre l'humeur mélancolique. Les rapports
entre les éléments, les humeurs et les astres sont fondés
sur un jeu d'analogies qui aboutit à un déterminisme[15].

*

Les astres participent aussi de cette éternité qui
s'oppose à l'écoulement temporel de notre vie. Les
Hymnes de Ronsard ne comportent pas d'hymne à
Dieu mais un *Hymne à l'Eternité* qui est son principal
attribut. Sans doute, là encore suit-il Marulle, mais,
tandis que pour ce dernier l'éternité était une durée

---

[14]   Ainsi Jean Taxil, dans *L'Astrologie et Physiognomonie en
leur splendeur*, Tournon, R. Reynaud, 1614.

[15]   Cf. Ficin, *Théologie Platonicienne*, XIII ch. II, trad. R.
Marcel, t. III, p. 202 «La nature de l'âme mélancolique résulte de
la qualité de la terre, qui ne se disperse jamais autant que les autres
éléments et reste plus concentrée en elle-même, l'humeur mélancolique invite l'âme à se concentrer et recueillir en elle-même. Telle
aussi est la nature de Mercure et Saturne, rassembler les esprits.

infinie, pour Ronsard, conformément à la philosophie platonicienne et chrétienne, l'éternité se situe en dehors du temps, elle réunit, dans un présent sans durée, le passé, le présent et l'avenir. Ainsi s'adresse-t-il à l'éternité:

> Sans plus le temps présent devant toy se repose
> Et se sied à tes piedz: car tout le temps passé
> Et celluy qui n'est pas encores advancé
> Sont presens à ton oeil, qui d'un seul clin regarde
> Le passé, le present, et cestuy là qui tarde
> A venir quant à nous, et non pas quant à toy
> Ny à ton oeil qui voit tous les temps davant soy[16].

Ainsi la perfection totale de l'éternité s'oppose à l'imperfection de «nous autres journalliers» qui perdons la mémoire du passé et ignorons l'avenir[17]. C'est là, selon Ronsard, la conséquence du péché originel, ignoré de Marulle. Suivant par ailleurs celui-ci, Ronsard a mis aux côtés de l'éternité la Nature et la «puissance éternelle» qui sont chargées de maintenir l'ordre et l'équilibre de l'univers.

> A ton aultre costé la Puissance éternelle
> Se tient debout plantée, armée à la mammmelle
> D'un corselet gravé qui lui couvre le sein,
> Branlant de nuict et jour une espée en la main,
> Pour tenir en seurté les bordz de ton Empire,
> ....
> ....et pour donner la mort
> A quiconque vouldroit favoriser Discord,
> Discord ton ennemy, qui ses forces assemble
> Pour faire mutiner les Elements ensemble[18].

Marulle place au côté de l'Eternité, la «Virtus» qui repousse toute menace hostile, mais Ronsard précise

---

16   *Hymne de l'Eternité*, p. 253, vv. 110-116.
17   *Ibid.*, vv. 117-122.
18   *Ibid.*, p. 249, vv. 53-57 et 59-62.

l'indication militaire de Marulle, et ajoute le personnage de Discord qui, dans l'ordre cosmique, est
l'image des révoltes et des émeutes de l'ordre social. La
loi de nature impose la constance de l'ordre du monde,
la loi civile, elle-même issue de la loi divine, bride
l'inconstance du peuple, comme l'indique l'*Hymne de
la Justice*:

> Car cela de quoy sert un pillote au navire,
> La Loy sert aux Citez et au peuple qui est
> Inconstant en pensée, et n'a jamais d'arrest;
> Il auroit aujourd'huy une opinion folle,
> Le lendemain une autre et comme un vent qui volle
> Cà et là volleroient les espritz des humains,
> Et jamais ne seroient en un propos certains,
> Sans la divine Loy, qui leurs volontez bride,
> Et maugré leur désir, à bon chemin les guide[19].

Sous une forme imagée, nous retrouvons là une idée
fondamentale pour beaucoup de juristes de la Renaissance: la loi civile tire son origine de la loi naturelle qui
est elle-même expression de la volonté divine, l'ordre
social se modèle sur l'ordre naturel et sur sa hiérarchie,
toute révolte est une révolte contre la nature et donc
contre Dieu.

Plus tard cependant, dans *Les Hymnes des quatre
saisons*, la nature aura un aspect moins contraignant,
sa loi sera associée aux plaisirs de l'amour et de la
génération nécessaires à la vie de l'espèce, s'opposant
par là même quelquefois au caractère conventionnel de
certaines lois civiles, comme la loi du mariage[20]. Dans
l'*Hymne de l'Eternité*, Vénus aussi a sa place chez les
humains mais la conservation de l'espèce par la généra-

---

[19] *Hymne de la Justice*, pp. 69-70, vv. 488-496.
[20] Cf. *Hymne de l'Esté*, t. XII, pp. 37-38, vv. 51-56.

tion n'apparaît que comme un faible succédané de
l'éternité:

> Tu n'as pas les humains favorisez ainsy,
> Que tu as heritez de peine et de soucy,
> De vieillesse et de mort, qui est leur vray partage,
> Faisant bien peu de cas de tout nostre lignage,
> Qui ne peult conserver sa generation
> Sinon par le succès de reparation,
> A laquelle Venus incite la Nature
> Par plaisir mutuel de chaque creature[21].

*

Cependant le monde ne se résume pas dans l'opposition de ce qui est éternel à ce qui est transitoire. Suivant la conception néo-platonicienne il faut des intermédiaires entre le monde céleste et le monde terrestre:
ce seront les démons.

La stricte orthodoxie chrétienne voudrait que les
bons démons soient des anges et que le terme de
démons soit réservé aux méchants. C'est à peu près
l'idée du byzantin Psellos qui, au XIIe siècle, a tenté
d'ordonner en fonction de la hiérarchie des éléments la
conception néo-platonicienne, mais ne voit dans tous
ces démons que des êtres malfaisants et trompeurs.
Ficin qui a traduit Psellos en latin semble penser que la
dénomination a peu d'importance «Denys l'Aréopagite réserve d'ordinaire le nom d'anges gouverneurs du
monde inférieur aux bons démons qui gardent le nôtre
ce qui est conforme à la pensée de Platon... Bien plus
ceux que Platon appelle dieux et âmes des sphères et
des astres nous pouvons les appeler à la manière de
Denys anges ministres de Dieu, ce qui n'est pas non

---

[21]   *Hymne de l'Eternité*, t. VIII, pp. 251-252, vv. 87-94.

plus contraire à la pensée de Platon... Ce qui nous montre qu'entre Platon et Denys le désaccord est plutôt dans les termes que dans la pensée. Il a remarqué incidemment «quelques platoniciens et les théologiens chrétiens pensent qu'il y avait d'autres démons méchants mais présentement il n'est pas question pour nous de mauvais démons.»[22] En effet tout ce développement est amené, chez Ficin, par la définition platonicienne de l'amour comme un démon.

Ronsard dans l'*Hymne de la Philosophie*, distingue bien les anges, qui sont liés aux sphères célestes, des démons et des héros qui se situent à un étage inférieur du monde, dans l'air, et sont les uns bons et les autres mauvais[23]. Et dans l'*Hymne des Démons*, il confirme l'existence de bons démons, sans plus se préoccuper des anges:

> Les bons viennent de l'air jusques en ces bas lieux,
> Pour nous faire sçavoir la volonté des Dieux,
> Puis r'emportent à Dieu nos faictz et nos prières,
> En détachant du corps noz ames prisonnieres
> Pour les mener là-haut, à fin d'imaginer
> Ce qui se doit sçavoir pour nous endoctriner.
> Ils nous monstrent de nuict par songes admirables
> De nos biens et nos maux les signes veritables
> D'eux vient la prophétie et l'art qui est obscur
> De sçavoir par oyseaux augurer le futur[24].

Il est aisé de comprendre pourquoi Ronsard a maintenu l'existence de bons démons différents des anges; c'est pour préserver leur rôle de porteurs de songes, de

---

[22]   Ficin, *Commentaire sur le Banquet de Platon*, Oraison VI, chap. III, trad. Raymond Marcel, p. 203.

[23]   *Hymne de la Philosophie*, t. VIII, pp. 87, vv. 31-41.

[24]   *Les Daimons*, t. VIII, p. 126, vv. 209-218.

révélateurs de l'avenir[25]. Mais il y a sans doute une raison plus profonde: c'est le désir que tout soit vivant dans un univers cependant hiérarchisé où chaque élément possède ses êtres spécifiques.

> Quand l'Eternel bastit la Grand'maison du monde,
> Il peupla de poissons les abysmes de l'Onde,
> D'hommes la Terre, et l'Air de Daimons et les Cieux
> D'Anges, à celle-fin qu'il n'y eut point de lieux
> Vagues dans l'Univers, et, selon leurs natures
> Qu'ils fussent tous rempliz de propres créatures[26].

Ronsard n'est d'ailleurs pas soucieux d'une cohérence totale; si dans ces vers les démons habitent l'air, nous le verrons, par la suite, attribuer à chaque élément une ou même deux catégories de démons, il y aura ainsi ceux de l'air supérieur, ceux de l'air voisin de la terre, les démons des eaux, enfin les démons souterrains et même ceux des montagnes et des bois. Tout en s'inspirant de la classification de Psellos, il ne la suit pas très exactement: d'abord, il élimine les démons «lucifuges» ou démons des ténèbres que Psellos distinguait assez maladroitement des démons souterrains. Ensuite, il réserve une place spéciale aux démons des forêts et des montagnes, des antres qui «annoncent le futur» et sont donc bien liés aux oracles antiques; mais aussi aux nymphes et aux sylvains.

Les démons permettent à Ronsard de redonner une sorte de vérité dans l'échelle des êtres aux créatures de la mythologie grecque ou française, cette systématisation de l'univers justifie en quelque sorte les croyances populaires:

---

[25]   C'est dans le traité d'Apulée, *De deo Socratis*, que Ronsard a trouvé le plus clairement exprimé ce rôle des démons.

[26]   *Les Daimons*, t. VIII, p. 126, vv. 209-218.

> Les uns aucunesfois se transforment en Fees,
> En Dryades des bois, en Nymphes et Napees,
> En Faunes bien souvent, en Satyres et Pans,
> Qui ont le corps pelu, marqueté comme fans[27].

Ronsard retrouve ainsi les rêveries des quatre éléments si poétiquement analysés par Bachelard, sans jamais toutefois abandonner l'anthropomorphisme mythologique et l'exaltation du corps: En témoignent les démons des eaux:

> Ils n'ayment qu'une forme et voluntiers icelle
> Est du nombril en haut d'une jeune pucelle
> Qui a les cheveux longs, et les yeux vertz et beaux,
> Contre-imitans l'azur de leurs propres ruisseaux.
> Pource, ilz se font nommer Naiades, Nereïdes[28].

Par deux images fréquentes dans la poésie amoureuse, la couleur des yeux et l'ondulation de la chevelure, le corps humain se fond à l'élément liquide et cette participation cosmique le hausse au rang de divinité.

Tout l'hymne des Démons est animé par le sentiment d'une perpétuelle métamorphose, c'est particulièrement sensible pour les démons de l'air qui changent de forme comme les nuées. Chez les autres, la métamorphose est remplacée par la mobilité qui les rend insaisissables, évanescents comme les songes qu'ils symbolisent.

Si Ronsard a paru envier l'éternité, la régularité des mouvements célestes qui rejoignent en quelque sorte l'immobilité par leur perfection, dans l'*Hymne des*

---

[27] *Ibid.*, p. 133, vv. 331-334. Cf. Ficin, *Théologie platonicienne*, IV, chap. 1, trad. cit., p. 152 «Il y a aussi des démons dans l'eau, les Nereïdes». Par ailleurs Ficin identifie les «âmes» de chaque signe du zodiaque à différents dieux antiques.

[28] *Les Daimons*, p. 129, vv. 267-271.

Démons il est séduit par l'inconstance et le changement, limités toutefois par le cadre strict d'un ordre
naturel.

*

L'Hymne de l'Or nous éloigne plus encore des
valeurs immuables; le goût poétique de Ronsard pour
la mobilité et le changement y trouve une nouvelle
expression de l'éloge de l'activité humaine, productrice
de biens matériels. Il prend ainsi le contre-pied de la
malédiction de l'or, source de corruption et de crimes,
qui est un thème traditionnel chez les humanistes. De
là, un aspect paradoxal de l'*Hymne de l'Or* qui pour
Bernard Weinberg ne permettrait pas de le prendre au
sérieux et lui laisserait le caractère d'une simple fantaisie burlesque[29].

Il faut reconnaître que, dans certains vers de l'éloge
de la richesse, se glisse une satire indirecte:

> Le Thëologïen plein de saincteté grande
> Avec ses oraisons la Richesse demande;
> Le constant Philosophe, et ceux qui ont soucy
> Des mouvements du Ciel, la demandent aussi[30].

Mais l'attitude de Ronsard est réaliste, il reproduit toutes les objections que la tradition humaniste et chrétienne oppose à l'éloge de la richesse:

> Tu diras qu'elle rend les hommes glorieux,
> Superbes, dédaigneux, tyrans, sedicieux,

---

[29]   Cf. *Literary history and modern criticism*, Acta of ninth
international Congress for Modern Languages and Literature, New
York University Press, 1965, pp. 141-144 (communication de B.
Weinberg) et l'analyse des arguments contraires de J. Frappier par
F. Verdier, in BHR, t. XXIV, 1973, p. 7.

[30]   *Hymne de l'Or*, p. 189, vv. 207-216.

> Et qui plus est, paillards, gourmandz, et pleins de
> [vice,
> D'autant que Richesse est de tous maux la nourrice[31],

mais il lui suffit de dire qu'il faut joindre l'activité à la richesse, que la richesse ne doit pas être accumulée vainement, ni prodiguée inutilement mais dépensée en œuvres utiles, charitables d'abord (c'est le seul aspect chrétien de l'hymne) et surtout profitables à l'économie et au développement de la société. La pauvreté, n'engendre que le vol, l'impudence et le crime.

Ainsi c'est toute la morale capitaliste et bourgeoise qui s'esquisse dans cet hymne et elle est alors tout à fait neuve. Ronsard allègue cependant Aristote qui, dans son *Ethique*, considère la richesse comme une vertu, mais il précise:

> Non pas comme Vertu, mais comme l'instrument
> Par lequel la Vertu se montre clairement[32].

Pour Aristote les belles actions, les actions vertueuses sont source de bonheur et «le bonheur ne saurait se passer de biens extérieurs... En effet il est impossible ou difficile de bien faire si l'on est dépourvu de ressources»[33]. Cette morale de l'activité est beaucoup plus conforme au tempérament de Ronsard, que la morale platonicienne.

Jean Frappier a relié l'*Hymne de l'Or* de Ronsard, à l'afflux des métaux précieux amenés d'Amérique en Espagne qui a pour conséquence d'abord une stimulation de l'économie et des échanges mais aussi une hausse des prix qui provoque des crises.

---

[31] *Ibid.*, p. 198 vv. 429-432.
[32] *Ibid.*, p. 189, vv. 213-214.
[33] Aristote, *Ethique à Nicomaque*, I, VIII, 15.

A l'occasion d'un éloge du secrétaire Villeroy, sous une forme apparemment négative, Ronsard reconnaît implicitement que le plus grand exploit de ce siècle est la découverte de l'Amérique et de l'or qui en est amené:

> Que l'honneur de ce siècle aux Astres ne s'envolle,
> Pour avoir veu sous luy la navire Espaignolle
> Descouvrir l'Amérique, et fait voir en ce temps
> Des hommes dont les cœurs à la peine constans,
> Ont veu l'autre Neptune inconneu de nos voiles,
> Et son pole marqué de quatre grands estoiles:
> Ont veu diverses gens, et par mille dangers
> Sont retournez chargez de lingots estrangers[34].

Ce qu'oppose à ces découvertes Ronsard, c'est la naissance d'un homme comme Villeroy, il s'agit donc d'une pure flatterie et c'est bien la découverte de l'Amérique et l'or qu'on en ramène qui est, pour le poète, l'honneur du siècle.

Sans doute, ne faut-il pas toujours prendre au pied de la lettre les enthousiasmes de notre poète, dans l'*Elégie du Seigneur Baillon trésorier de l'épargne*, publiée en 1563, Ronsard paraît reprendre les malédictions traditionnelles contre l'or, d'où naquirent les procès, la guerre, la haine entre les héritiers, il regrette les siècles sauvages qui l'ignoraient et vivaient sans produits de l'industrie humaine, comme il le regrettait dans l'*Hymne de la Justice*[35].

---

[34] Dédicaces des *Amours diverses*, A très vertueux Seigneur M. de Neufville, Seigneur de Villeroy, t. XVIII, p. 38, vv. 37 à 44. L'ode à André Thevet (t. X, p. 265) et le sonnet qui lui est consacré exaltent aussi les grands voyages, comme moyens de connaissance. Inversement dans la *Complainte contre fortune*, p. 16 et surtout pp. 33-34, vv. 353 et suiv., Ronsard envie l'innocence et l'absence d'«industrie» des bons sauvages.

[35] *Hymne de la Justice*, t. VIII, p. 50, vv. 49-58.

> Or, quand à moy, Baillon, ce mestal je deteste,
> Je l'abhorre, et le fuy, et le hay comme peste,

mais il achève ce beau développement par une palinodie en demandant finalement au trésorier, qu'il lui verse sa pension:

> Si est ce toutesfois qu'à ce coup je le prye
> De passer par tes mains, pour s'en venir loger
> Chés moy, ...[36]

Il y a donc oscillation chez Ronsard entre le regret de l'âge d'or, de la frugalité, la simplicité vantées par tous les humanistes et la reconnaissance réaliste, ne serait-ce que pour son usage personnel, de l'utilité de la richesse.

*

On ne trouvera pas, dans les *Hymnes*, de 1555 toute la variété des idées philosophiques de Ronsard, toutes les contradictions qu'on y peut déceler. Mais, dans certains détails, un théologien sourcilleux pourrait percevoir que l'effort poursuivi pendant deux siècles pour unir la philosophie aristotelo-platonicienne au dogme chrétien laisse encore apparaître des imperfections et des lacunes dont Ronsard ne se soucie guère. Le thème une fois choisi, il s'inspire assez librement des grands anciens, soucieux seulement de réaffirmer par moments un point essentiel du christianisme. Poète avant tout, il est dominé par le regret du temps qui fuit et la hantise de l'éternité dont la belle ordonnance du ciel et des astres lui offre l'image. La

---

[36] *Elégie au Seigneur Baillon*, t. XII, p. 91, vv. 85-86 et p. 92, vv. 102-104.

hiérarchie néo-platonicienne de l'ordre cosmique qui descend du ciel à la terre est aussi, pour un fidèle sujet du roi, l'image de l'ordre social dont la loi et la force armée doivent maintenir l'équilibre. Cet ordre n'exclut pas le goût poétique du changement et de la métamorphose dont les démons, avec toutes les séductions de la mythologie, sont l'incarnation la plus saisissante. D'une autre façon, l'attrait de l'or, la jouissance des biens de ce monde, la transformation apportée à la société par les grandes découvertes s'exprime dans l'*Hymne de l'Or* avec l'excuse du paradoxe qui lui permet de garder sa liberté, de ne pas être esclave des lieux communs de l'humanisme ou des grands thèmes du néo-platonisme.

Temps
et éternité dans les Hymnes

par
Françoise JOUKOVSKY

Dans trois des *Hymnes* de 1555-1556, Ronsard invoque le Ciel, générateur du temps, la Mort, et l'Eternité. Il les nomme solennellement au début et à la fin de l'hymne, acte poétique grâce auquel il a pouvoir d'investigation sur leur essence. En 1560, lorsque les *Hymnes* sont réédités dans ses *Œuvres*, il juge cette réflexion assez importante pour placer l'*Hymne de l'Eternité* en tête du premier livre.

C'est en effet l'axe Eternité-Temps qui domine sa réflexion sur ces problèmes à l'époque des *Hymnes*, alors que dans d'autres œuvres il s'est intéressé plutôt au temps constructeur et maître de vérité, ou à l'Occasion[1].

---

[1] Cette complexité de la notion a été mise en lumière par les études d'I. Silver, *Ronsard's reflections on the Heavens and Time*, et de M.D. Quainton, *Ronsard's philosophical and cosmological Conceptions of time*.

I. — LES DEUX CONCEPTS, TEMPS
ET ÉTERNITÉ

Ils sont sans cesse *appréhendés l'un par rapport à
l'autre*. Dans l'Hymne de l'Eternité, la suite de la
déesse comporte Saturne, le temps, armé de la faux, et
l'An qui «passe et repasse». A partir du v. 79, les pouvoirs de l'Eternité sont évoqués en opposition avec la
brièveté des existences terrestres. A deux reprises, dans
les vv. 87-104 et 117-127, Ronsard décrit le sort des
«journalliers», et cette confrontation, qui n'était pas
dans son modèle, l'hymne de Marulle *Aeternitati*,
serait due selon J.P. Ford à l'influence du *Testament*,
un poème orphique. La méthode de Ronsard consiste
donc à prendre conscience de cette notion impensable,
l'éternel, «qu'on ne peult comprendre» (v. 134), en dé-
passant les contradictions inhérentes à la pensée humaine. Démarche philosophique, qui était celle de Nicolas de Cuse, mais aussi théologique. Comme les
théologiens, Ronsard a en effet recours à la négation
pour nous aider à approcher de cette entité. Si l'on
compare ce texte avec l'hymne de Marulle, qu'il a
amplifié, on constate que Ronsard a plus souvent que
son inspirateur recours à la voie négative. L'Eternité
fait s'écouler les siècles «sans jamais se muer et n'est
point sujecte» à cette loi du temps. Elle subsiste «sans
restaurer [son] estre» (v. 97). Toute une série de néga-
tions ou d'infinitifs précédés de *sans* aboutit enfin à la
contemplation de ce mystère:

> Tu es toute dans toy, ta partie, et ton tout,

mais même dans ce passage final (vv. 127-134), Ronsard ne peut pas se passer totalement de la négation.
Cette analyse de la non-durée, dérobée au langage

(v. 107), le conduit au bord d'une réalité qui pour l'intelligence humaine est néant et absurde. C'est pourquoi aussi il se répète beaucoup dans cet hymne, faute de dire positivement l'Eternité; dénuées de valeur pédagogiques, ces répétitions creusent l'écart entre le poète et son sujet.

Cet effort pour penser au-delà des contradictions, mais aussi grâce à elles, expliquerait en partie la construction antithétique de l'*Hymne de la Mort*. Ce débat oratoire peut être lu dans sa partie centrale (vv. 70-220) comme une tentative pour appréhender simultanément les visages contradictoires de la Mort, qui tue et qui éveille à une autre vie, une face dans le temps, l'autre dans l'éternel. De plus l'évocation détaillée de la misère humaine, du destin temporel, alterne avec la félicité de l'au-delà. Cette méthode permet au poète de s'élever à une vision qui concilie changement et pérennité, puisque «tout coule comme une eau», mais «rien dessous le Ciel ne se void de nouveau» (vv. 325-326). Poésie qui est un feu de reflets croisés.

Cette *Eternité* est-elle Dieu, comme le prétendra le commentateur Richelet? Sa présentation dès le tableau initial,

Tout au plus hault du Ciel dans un throsne doré,

rendrait à première vue cette hypothèse vraisemblable, ainsi que la transcendance absolue par laquelle cette allégorie ressemble si fort au Dieu judéo-chrétien. Non seulement elle est «immense», terme pris à Marulle, et «grande», deux adjectifs qui traduisent l'impuissance du poète devant le sacré, mais elle n'est pas soumise aux lois qu'elle édicte. Cette transcendance est symbolisée par la situation du monde, «qui gist dessoubz [ses] piedz comme une boulle ronde». Ses aides, Jeunesse, Nature, ne font que la suivre, «bien loing par derrière». Le cortège qu'organise Ronsard accuse cette inégalité. Mais la signification du texte est peut-être plus subtile, d'autant que le Dieu de Ronsard est un Dieu caché, qu'il n'irait pas décrire. L'Eternité ronsardienne n'est pas Dieu, elle figure seulement, de façon classique chez les théologiens, le *mystère* de l'Etre divin, c'est-à-dire les notions connexes de simultanéité, identité, infinité. Dieu est tout entier en quelque point de son existence ou de son être, et la réflexion finale (vv. 127-134) rejoint la définition de l'éternité par Boèce: une «possession simultanée et parfaite d'une existence sans terme». Ni moments, ni parties, ni limites, nous dit Ronsard. Et pour les théologiens, ce mystère divin de l'Eternité était également l'*asséité*, le fait d'être par soi-même, un autre aspect de l'Eternité ronsardienne, qui se soutient» de [sa] propre puissance (v. 98). La notion d'Eternité a bien cette richesse, sur laquelle méditait dans la première moitié du siècle le philosophe platonicien Charles de Bovelles.

Certains aspects de l'Eternité en effet renvoient plus particulièrement à la tradition du néo-platonisme antique et chrétien. D'abord sa personnification, empruntée à Marulle, et conforme à la méthode de Proclus ou de Jamblique, qui transforment en êtres abstraits tous les concepts de notre esprit. De même que Jamblique fait du temps un dieu, Proclus dans son *Institution théologique* explique pourquoi «avant toutes choses existe l'Eternité». En outre on entrevoit dans ces hymnes ronsardiens le processus créateur tel que le concevaient les néo-platoniciens. Pour Ficin comme pour Plotin, cette identité qui est l'essence de l'Eternité est le propre de l'Un, le processus créateur, mais de l'Un émane toute une chaîne créatrice, en particulier l'Ame du Monde, qui anime l'univers et pré-side aux générations. De la même façon, l'Eternité ronsardienne est une «vive vertu», et comme dans l'hymne de Marulle elle engendre «les jours incons-tans», cependant que ses acolytes, Nature ou Vénus, président à la génération. Ronsard rappelle également dans l'*Hymne du Ciel* que «l'Esprit de l'Eternel» sus-cite le mouvement de l'univers, et il mentionne les «semences» qui résultent de cette animation (vv. 29 et 102). L'expression manque de précision, et désigne soit le «premier Moteur» du système aristotélicien, soit l'Ame du Monde selon les néoplatoniciens, troisième «cheinon de la cheine qui pend» (*Ciel*, 104). L'Un et l'Intelligence qui en émane sont immuables, tandis que le temps primitif réside dans l'Ame du Monde, dont la substance est un flux perpétuel. On comprend dès lors pourquoi Ronsard en 1560 place son *Hymne de l'Eter-nité* au seuil de ce recueil: parce que cette entité est la racine transcendante de tout le réel, y compris du temps.

Alors que le concept d'Eternité est théologique et métaphysique, le *temps cosmique* est un phénomène lié à la notion de mouvement. L'analyse qu'en donne Ronsard semble emprunter à toute une tradition, à Platon, à Aristote, à Ptolémée — sans oublier sa dette poétique envers Marulle. Le temps naît des révolutions célestes, qui consistent en une rotation de différentes sphères, car Ronsard reprend au *Timée* (33) de Platon, ou au *De Caelo* (II, 4) d'Aristote, l'idée que Dieu a donné au monde une figure parfaite, la sphère (*ciel, 32 ss.*). Le «branle premier» correspond en gros à ce que Platon appelle la sphère de l'identique, un globe exté-rieur, tandis que les «corps de l'Univers» sont portés par l'ensemble des sphères qui relèvent de l'essence du

différent. Ce branle premier, dit Ronsard, «des autres
tout divers», tire «au rebours les corps de l'Univers»,
animés d'un mouvement discordant. En effet le globe
de l'identique, selon Platon, tourne d'Orient en Occident, et les globes internes en sens inverse. Dans le
Timée encore, mais aussi dans le *De Caelo* d'Aristote
ou chez Ptolémée, Ronsard trouvait l'évocation du
mouvement inégal des orbes internes, «l'un deçà,
l'autre là», plus ou moins rapide. Enfin, comme Platon, il croit que les cieux et les astres sont d'un feu très
pur, «un feu vif et subtil» (*Ciel*, 45, et *Astres*, 228).
Encore cette expression imprécise correspondrait-elle
aussi bien à la théorie aristotélicienne que le globe
céleste est fait d'éther, corps éternel.

On voit que Ronsard ne suit pas de près le texte platonicien. Il se contente par exemple de nous dire que le
Ciel est fixé «sur deux essieux», et ne reprend pas les
deux axes platoniciens, le second oblique par rapport
au premier. Aristote est vu d'aussi loin, même si le
sujet principal de l'*Hymne du Ciel* est la rotation du
«primum mobile», la sphère externe dans le système
aristotélicien. Quand Ronsard nous dit que c'est
l'Eternité divine qui fait tourner les sphères et qui
déroule le temps (*Eternité*, 35), peut-être songe-t-il au
premier moteur de la *Physique* (VII, 1), où Aristote
montre que la sphère doit nécessairement son mouvement à une cause éternelle, et une cause immatérielle,
donc divine. Mais il ne reprend pas l'analyse d'Aristote
sur la cause comme acte pur, où rien n'est en puissance.

Ce qu'il retient essentiellement de Platon et d'Aristote, c'est que le temps est la mesure du mouvement.
La formule était plus nette chez Aristote, pour qui le
temps «est le nombre relatif au mouvement lorsqu'on

considère celui-ci comme présentant une partie qui
précède et une partie qui suit». Mais déjà dans le
Timée le temps naît lorsque le Démiurge «met l'ordre
dans le Ciel», créant ainsi les jours et les ans. Platon
avant Aristote relie le temps au nombre, puisque le
créateur allume le Soleil afin de donner aux vivants la
notion de nombre, «notion née du retour périodique
d'une même chose». Ce temps lié à la rotation des
sphères est donc marqué par une répétition, et selon
Ronsard «garde une loy constante» (*Justice*, 450).
L'*Hymne de l'Eternité* célèbre le mystère de la simultanéité, et l'*Hymne du Ciel* celui de la perpétuité, c'est-à-
dire une répétition inlassable.

Cette conception du temps est enrichie d'éléments
néo-platoniciens, en particulier cette Ame du Monde,
troisième chaînon du processus créateur, et où réside le
temps primitif. Dans cette Ame, substance et savoir
n'existent que de façon successive. Elle passe, selon
Plotin, «d'une chose à l'autre, et change sans cesse ses
concepts». Or cette pensée discursive, qui est par suite
celle de l'esprit humain, est la définition ronsardienne
de la Philosophie:

> Vaguant par tout, et sans estre lassée,
> Tout l'Univers discourt en sa pensée
> (*Philosophie*, 27-28).

Avec le temps naît donc une forme de connaissance qui
est investigation.

Cet héritage culturel complexe, qui se traduit par
un certain manque de rigueur, accueille encore le pos-
tulat chrétien de la création *ex nihilo* (*Ciel*, 67). D'où
la belle formule qui désigne les Astres, «Enfans de la
premiere nuit», c'est-à-dire aussi du néant. Alors que
le monde d'Aristote est éternel, et celui de Platon simplement ordonné à partir d'un chaos, Ronsard fait sur-

gir du rien le mouvement et le temps. Un des grands
thèmes des *Hymnes* est cet abîme entre la substance
qui se soutient elle-même, et l'être dans le temps,
frappé de cette indigence qu'est une cause externe (*Justice*, 297 ss.). Le mythe du chaos, le Dicord, hante
l'univers comme une menace latente (*Justice*, 328, et
Eternité, 60 et 84). Même la danse des Astres ne
devient harmonie qu'après avoir dépassé ce risque
(*Ciel*, 37 ss.). On le retrouve dans la structure du
recueil, puisque les hymnes du Ciel et des Astres, histoire de la création du temps, sont comme prolongés
par l'*Hymne de la Mort*, conséquence de cette origine
externe des créatures. Cette façon d'ordonner le
recueil n'est pas sans rappeler les *Triomphes* de Pétrarque.

Toutefois lorsqu'on parcourt d'un trait l'*Hymne
du Ciel*, ces éléments épars sont unifiés par une vision
et un rythme vertigineux. G. Lafeuille est sensible à la
personnification du Ciel, désigné par les mots *sein*,
pied, *courir*... Mais on peut se demander si ces références anthropomorphiques ne sont pas plus subtilement
des repères destinés à nous faire sentir l'effroyable différence entre notre allure et celle de ce «plus
qu'humain». Car la personnification est aussitôt effacée par des métaphores, la vitesse des aigles et des
vents, dans un phénomène d'accélération, et par la
grandeur des mesures évoquées, le jour, l'Univers. Le
tempo est comme redoublé par la danse multiple des
astres (vv. 35 ss.). Et lorsqu'on revient après ce tour de
manège cosmique au monde humain, c'est pour y
retrouver une comparaison niée, selon un procédé que
d'Aubigné pratiquera également dans son évocation de
l'au-delà: nos luths, dit Ronsard, «ne sont rien au
prix» de cette harmonie céleste.

Ronsard ressent le temps comme le produit d'une machine cosmique, énorme et parfois terrifiante. Mais nous avons déjà vu que toute notion est double dans les *Hymnes*, et celle-là aussi a une face positive, le déroulement créateur et préservateur d'un ordre universel. Dans l'*Hymne des Astres*, le temps cosmique est lié à un déterminisme. Vague souvenir du fuseau de la Nécessité, dans la *République* de Platon, ce fuseau qui entraînait les révolutions célestes? Le «Destin» qui fait tourner sous Eternité les neuf orbes célestes impose des lois fixes (*Eternité*, 32 ss.). C'est pourquoi dans l'imagination de Ronsard le mouvement et le temps évoquent de façon paradoxale l'image de l'édifice, «haute maison», «palais royal» (*Ciel*, 15 et 70), c'est-à-dire le cosmos dans sa constitution immuable et protectrice. Le vocabulaire du mouvement alterne avec les mots *closture, couvrant, arche ronde*.

Ordre des sphères, car *le temps du monde sublunaire*, bien qu'il découle du temps cosmique, présente des caractères différents. Alors que la régularité du retour éternel est évoquée dans l'*Hymne des Astres* par l'image de la roue et de la chaîne, ce temps sublunaire, celui des mutations permanentes, est suggéré dans la dernière partie de l'*Hymne de la Mort* par la métaphore de l'eau et de l'écoulement, ou par de brusques ruptures de temps: «ce qui fut se refaict»; ou soudain le plus-que-parfait, «qu'elle avoit... desirée», après une série de présents. Car la limite entre les deux zones, au-dessus et au-dessous de la Lune, n'est pas seulement une notion empruntée à la *Physique* d'Aristote. Elle est vivement ressentie par le poète, comme le seuil de la précarité. Cette charnière est par exemple accentuée dans le cortège de l'Eternité par une addition de 1587, où Ronsard ajoute la Lune, à la limite des deux règnes. C'est là surtout que le réel risque de se défaire. Toutes les allégories qui entourent l'Eternité travaillent contre ce péril, et l'activité de ces gardiens est fortement indiquée par des propositions finales (*Eternité*, 39 ss.). Là rôde encore Fortune, c'est-à-dire la durée capricieuse, imprévisible en bien ou en mal, et donc en porte-à-faux par rapport aux projets humains. Dans la première moitié de la *Prière à la Fortune*, cette puissance «aveugle» et sans foi représente une durée illogique, qui semble comme le hasard échapper à l'enchaînement des causes et des effets, et n'obéir qu'à une volonté absurde. Toutefois double elle est, comme le reste, car la partie finale de cette Prière la transforme en «Deesse bien sage», et la subordonne aux desseins divins.

II. — LE TEMPS HUMAIN:
FAUTE ET RESTAURATION

Ce temps sublunaire est en effet le cycle de mutations que décrit Aristote dans sa *Physique*, et l'homme comme les autres est soumis à cette loi de la naissance, de la croissance et de la mort, où la matière demeure cependant que change la forme (*Mort*, 328-329). Un cycle d'éphémères, car «naissans nous mourons». Ce monde sublunaire est le lieu des «choses nées» (*Astres*, 90) et Nature, «bonne mère», fait partie d'un système où une humanité frustrée ne vit que par générations successives. Dans le mythe de l'*Hymne de l'Or*, la Terre Mère est décrite en termes de sexualité et d'enfantement (vv. 277 ss.). Le mot *fentes* évoque la naissance comme une irruption de la vie par la blessure d'une génitrice, alors que l'Eternité était toute en elle-même, sans la moindre faille. Seule consolation, l'*Hymne de l'Eternité* (v. 94) souligne le rôle éminent du plaisir dans le maintien de l'espèce.

Toutefois l'homme ne fait pas que subir, puisque Dieu l'a créé «aussi noble qu'un Ange» et l'a doté d'une âme immortelle. Ce discours divin dans l'*Hymne de la Justice*, sur le thème de la «dignitas hominis», met l'homme au-dessus de l'ordre naturel: cet ordre, y compris le temps, «le grand Tour nompareil», a été fait pour l'être humain, non pas l'inverse. A cet égard l'homme semble même supérieur à Nature ou à Justice, que Dieu a préposées au bon fonctionnement de l'ordre cosmique. Mais c'est précisément parce qu'il est libre — Ronsard, lecteur de Plotin et de Ficin, précise bien dans l'*Hymne des Astres* que la fatalité astrale n'a pas prise sur l'âme — que le temps humain peut être celui de *la dégradation*. Il existe en effet une analogie de structure entre certains hymnes, qui correspond à ce temps perverti où l'humanité a glissé, et de ces hymnes on pourrait rapprocher comme le propose G. Lafeuille cette *Ode à Michel de L'Hospital* où Ronsard racontait l'intrusion de l'ignorance et le retour des Muses.

Dans les *Hymnes des Astres*, *de la Mort*, *de la Justice*, Ronsard commence par définir une situation où les hommes étaient indépendants par rapport à Dieu. Ils n'étaient soumis ni aux étoiles, ni à la mort, ni à la loi. Intervient alors une faute, qui corrompt cet ordre spontané. Dans l'*Hymne des Astres*, l'assaut des Géants contre les dieux, symbole d'orgueil; les hommes n'y sont pour rien, mais en définitive c'est eux qui en font les frais, puisque Dieu récompense la loyauté des Astres en leur donnant quelque pouvoir sur nos destins. Dans l'*Hymne de la Mort*, un seul commet la faute, Prométhée, et les humains le dénoncent à Dieu, qui leur fait en retour le cadeau douteux de la Mort. Il y avait d'ailleurs une sorte de tare collective chez cette humanité première, car bien qu'immortelle elle vivait déjà pleine «d'ennuy / Et de soucys»: race inapte à se ramasser heureusement en elle-même, contrairement à l'Eternité. Mais c'est surtout dans l'*Hymne de la Justice* que l'on assiste à une dégradation, puisque Ronsard reprend d'après Hésiode et Ovide cette légende des Ages qu'il avait déjà traitée. L'âge d'or était-il une union avec Dieu? Oui, pour J. Frappier, qui propose au lecteur une lecture théologique de l'hymne et voit dans cet état la rectitude originelle, la conformité de notre volonté avec celle de Dieu et avec notre vocation surnaturelle. On ignorait en effet le péché, la propriété, les lois, et l'on jouissait surtout d'une présence constante d'entités morales, qui marque une forte participation de l'homme à l'éternel. Non, selon D. Ménager, qui note le caractère négatif de cette évocation: Ronsard se borne à dire ce que les hommes ignoraient. De toute manière, il y a eu faute, et passage d'une vie où l'on aimait «Charité, Paix, Concorde, et Pitié», à un siècle de fer où règnent Fraude, Poison et Guerre. Faute morale, donc, et aussi religieuse, comme le précise la plainte de Justice: ce peuple «arrogant» ne respecte plus Dieu. On retrouve dans ce texte et dans l'apparition de Dieu courroucé un des grands thèmes de la Bible, le péché périodique du peuple juif, qui oublie l'Eternel jusqu'au blasphème. Mais ces rebelles vont plus loin, ils réitèrent le crime des géants dans l'*Hymne des Astres*, ou de Prométhée dans l'*Hymne de la Mort*: ils veulent se substituer au pouvoir divin, annexer le cosmos. De la même façon, la connaissance des Astres dans l'*Hymne de la Philosophie* (55 ss.)

présente un aspect prométhéen, puisqu'elle permet à l'homme de défier Jupiter.

Ainsi ces trois hymnes ont en commun une sorte de Gnose, où le temps bien réglé du cosmos primitif est perturbé par le désir de l'homme, par une incapacité à se satisfaire de ce présent successif qui est son lot — notons en effet que même les humains de l'âge d'or dans l'*Hymne de la Justice* sont mortels. A ces trois hymnes on peut rattacher celui de l'Or, qui nous conte sur un ton mi-burlesque mi-sérieux la passion qui s'empare des hommes quand le métal leur est révélé. L'or est évoqué comme une fausse lumière, alors que la «saincte lumière» impérissable, venait des dieux, et il se produit une inversion. Les Olympiens, en s'en parant, lui empruntent son éclat, et par suite c'est l'or que l'homme vénère à la place du divin. Aussi l'hymne s'achève-t-il par une fausse prière, une prière idolâtre. La béatitude de la mort s'oppose à ce temps humain qui n'est qu'instabilité (*Mort*, 239 ss. et 291 ss.). Mais cette dégradation est-elle bien une faute, un péché? Oui, puisque chaque fois l'homme s'éloigne sciemment de l'amour divin. Cependant c'est peut-être aussi, tout simplement, la faute du temps, comme semblent l'indiquer deux vers de l'*Hymne de la Justice* (75-76). De toute façon, que l'homme en porte ou non la responsabilité, cette dégradation du temps humain s'achève toujours par l'aliénation. L'homme est soumis à la loi des astres, de la mort, du désir dans l'*Hymne de l'Or*. Toutefois du châtiment naît un bien nouveau, car cette heureuse faute est le seuil d'une autre façon d'être. L'homme apprend à vivre dans la loi, comme Ronsard le démontre dans un éloge vibrant de la Justice parmi les hommes, et grâce à la Mort il s'éveille à une autre vie. On entrevoit ici pour le temps humain une durée bien différente de la périodicité du temps cosmique, et ponctuée par la chute et le rachat.

Car l'homme peut retrouver dans une certaine mesure *la participation à l'éternité*. Cette idée de participation qui structure le monde des *Hymnes*, semble d'origine platonicienne, mais elle tenait une place particulière dans l'*Institution théologique* de Proclus. En toute réalité, Proclus reconnaît une série ascendante, unie par les liens de la participation. Ainsi il distinguait successivement un être éternel, qui participe à l'éternité, par exemple un dieu; un degré plus haut, l'éternité en cet être éternel, c'est-à-dire ce qui est reçu par participation; enfin, transcendante, l'Eternité en soi, qui elle est exempte de participation. Analyse bien abstraite, mais revue par un poète elle pouvait déterminer une sorte de grille du haut en bas du réel. Le principe transcendant est alors celui qui trône dans l'*Hymne de l'Eternité*; des entités telles que Nature ou Justice représentent ce que ce Principe peut transmettre; enfin quelques élus — rois ou prophètes — participent à cette éternité. Ronsard ignorait peut-être ce système, malgré la science de Dorat, mais Ficin avait contribué à en faire connaître les grandes lignes. Dans les *Hymnes*, cette participation des créatures à l'Eternité se réalise d'abord par les «faictz», c'est-à-dire les effets «merveilleux» (*Eternité*, 79) de ce Principe, particulièrement dans le livre I. Car la Providence intervient dans le monde, grâce à Nature ou Jeunesse, grâce aux signes envoyés à l'homme, et par ses dons, l'ordre ou la mort. En sens inverse, l'humanité rend manifeste sa participation à l'éternel, en louant Dieu, qui a besoin du monde pour se contempler (*Justice*, 329-330), et aussi par l'intermédiaire d'une élite, par exemple les héros, qui jouent un rôle important dans le livre II.

«Temps du retour», dit à juste titre D. Ménager. Ce retour à une vision proche de l'éternité, où tout prend un sens, s'opère souvent par l'intervention et la glorification d'un grand homme, par exemple le Cardinal de Lorraine, ministre et incarnation de la Justice. De même, dans l'*Hymne d'Henri II*, une rupture de l'ordre par la guerre (v. 689) est suivie d'une restauration grâce à un humain qui joue le rôle d'intermédiaire avec l'éternité bienfaisante de Dieu. Ronsard rappelle en effet que «du grand Jupiter les Roys tiennent leur estre». L'appartenance du Cardinal de Chastillon à cet ordre éternel est également indiquée par les vertus brodées sur sa robe (*Temple*, 100 ss.), et elle en fait un rédempteur possible. Nous entrevoyons la signification pleine du panégyrique dans ce recueil où le rôle des dédicataires est si grand. La structure même de chaque hymne met en parallèle la dédicace, où Ronsard désigne l'élu, et la prière finale, où le poète s'adresse au dieu pour lui demander ses bienfaits: preuve que la chaîne de la médiation a été efficace. Une telle poésie dépasse l'éloge, elle préserve. C'est le sens des derniers vers de l'*Hymne d'Henri II*, qui font participer le roi avec tout son peuple à la paix de l'Eternel. Louer, c'est donc rendre visible ou susciter l'intervention de l'éternité dans le monde humain, par l'intermédiaire des rois, des héros, des législateurs (*Justice*, 466 ss.)...

Ces éloges étant un envol au-delà du périssable, la louange des dieux et celle des grands ne semblent pas de nature différente:« à preuve la symétrie entre l'*Hymne d'Henri II* (vv. 243 ss.) et l'*Hymne de la Justice* (311 ss.), où deux développements similaires célèbrent la clémence commune à ce roi et à Dieu. Signalons l'importance toute particulière de cette vertu de Clémence dans cet ensemble d'entités médiatrices; elle s'insère en effet dans cette histoire de la chute et de la rédemption.

Mais en quoi consiste cette restauration? Est-ce le temps de Denys l'Aréopagite, ce grand cycle de l'Amour qui fait revenir en Dieu toute la création? Contrairement à J. Frappier, D. Ménager constate que dans l'*Hymne de la Justice* le rachat n'est pas théologique, et à peine d'ordre moral. Non seulement l'humanité ne s'unit pas à Dieu, mis à part les Sibylles et les Prophètes inspirés (vv. 368-369), mais dans la dernière partie de l'hymne elle ne semble pas accomplir de progrès par elle-même. Elle n'est même pas sauvée par l'amour divin, mais par Thémis, chargée une fois pour toutes de régir les destinées, et elle sera menée par des ministres et des rois, qui, dit-il, «lui octroieront une justice dont elle n'a aucune idée». Nous assisterions seulement à l'avènement de la Loi, qui va rétablir dans la cité humaine un ordre aussi semblable que possible à la régularité cosmique. Il n'en reste pas moins que même si la masse des humains n'est pas capable de collaborer à cette entreprise, elle bénéficie dans une certaine mesure de la médiation des grands hommes.

Ces élus ont subi une sorte d'*initiation*, qui leur permet de participer aux pouvoirs de l'Eternité. Le *Temple des Chastillons* a pour objet une intronisation avec sacrifices, vœux et serments par des lieux sacrés. C'est aussi la fonction du séjour allégorique dans l'*Hymne de la Philosophie*, un hymne dont l'apparente absence d'unité a parfois désorienté les commentateurs. Le Roc de Philosophie, qui constitue la seconde moitié de l'hymne, après le programme philosophique, est moins une description qu'un acte rituel. Le poète d'ailleurs évoque plutôt les abords difficiles ou la foule qui peine à la montée. Si l'élu doit ses dons à la libéralité divine, comme l'indique clairement Ronsard, dans l'*Hymne d'Henri II* (59-60), même ce roi a dû passer par l'épreuve de la guerre. La référence aux héros antiques ou médiévaux n'est pas un ornement gratuit: cette assimilation rappelle le prix à payer, parfois cruel, lorsque les eaux du Jourdain débordaient de sang (*Justice*, 5-6).

Ce passage par l'héroïsme est encore plus dur dans le second livre, où il est nettement mis en relation avec la participation à l'Eternité, comme l'a montré J.P. Ford. Le dénominateur commun aux trois hymnes, *de l'Eternité*, *de Calaïs et de Zethes*, *de Pollux et de Castor*, est le thème de l'immortalisation. Le poète, Orphée, peut entraîner les héros dans ce monde de l'Eternité, mais encore leur faut-il subir toute une série d'épreuves, que prévoit par le détail le prophète Phinée (*Calaïs*, 499 ss.). Ils sont confrontés à des êtres qui représentent l'altérité de ce règne, horribles guerriers qui meurent en naissant, serpent qui ne dort jamais, taureaux revenus à l'élémentaire, au feu et à la fumée. Quant à Castor et Pollux, ils doivent affronter la mort pour mériter leur fonction de dieux conducteurs des âmes. Ford propose en effet d'interpréter le rapt des filles de Leucippe, dans l'*Hymne de Pollux et de Castor*, comme l'expression de la montée de l'âme vers l'immortalité. On peut lire dans cette perspective les passages de combat singulier, qui éprouvent les héros dans ces deux hymnes. Ainsi tout en restant fidèle à la mythologie gréco-latine, Ronsard la revivifie en y développant particulièrement les éléments qui relèvent du folklore universel, les modèles initiatiques. Déjà dans le premier livre, l'*Hymne de l'Or* leur devait sa complexité. Cette révélation de l'or était une épreuve pour les hommes et les Olympiens, et en particulier un contact avec les profondeurs.

Ces initiations sont à certains égards des morts symboliques, qui signifient la nécessité de mourir pour se libérer du temporel, comme l'affirmaient aussi bien Saint Paul que les néo-platoniciens. Et cette mort est depuis la faute originelle douleur et angoisse (*Justice*, v. 185). Ainsi l'hymne n'est pas seulement un genre littéraire, même si les hymnes de Callimaque, le modèle dont se réclame Ronsard, devaient être lus devant un public lettré. L'hymne est d'abord un acte religieux, par ces cérémonies rituelles, qui symbolisent le passage suprême, ce grand carrefour des *Hymnes*, autour duquel s'ordonne le recueil. Le temps du retour comporte l'étape dangereuse de la descente aux Enfers, qui justifie la présence de l'hymne des *Daimons*, cette plongée dans un monde que l'homme redoute. Le rythme alterné de cet hymne, comme l'a bien vu J. Céard, est fait d'efforts pour y pénétrer quand même, en se persuadant que ces créatures sont soumises à Dieu, et de peur irraisonnée. C'est une épreuve que Ronsard s'impose, ainsi qu'à son lecteur. Ce seuil obligatoire justifie également les acrobaties de l'*Hercule Chrestien*. Ce parallèle entre le Christ et un héros constitue en réalité une médiation efficace. Le Christ de la Passion est un médiateur pour Hercule et tous ceux qui ont subi l'épreuve. En assimilant les deux destins, Ronsard montre que le Christ assume et porte infiniment plus haut les efforts de ces héros. Ainsi se noue la chaîne qui va de la foule souvent inapte aux grands hommes et aux héros, et enfin au Christ, jusqu'à l'Eternité:

> Hercule au Ciel espousa la Jeunesse,
> Et Jesuchrist l'Eternité, maistresse
> De tous les ans, deifiant son corps.

Analogie sacrilège? Non, la mort d'Hercule ne valant

que par celle du Christ. Et si nous revoyons maintenant d'un coup d'œil la suite des hymnes telle qu'elle se présente dans l'édition de 1555, l'intronisation des grands (hymnes *d'Henri II*, *de la Justice*, Temple des Chastillons) et l'élévation par la Philosophie (*Hymne de la Philosophie*) continuent par une descente aux Enfers, où l'on rencontre successivement Fortune, les Démons, la Mort, l'Or. Seuls les hymnes *du Ciel* et *des Astres* réaffirment l'existence d'un ordre céleste, selon une alternance que nous avons déjà constatée dans les *Daimons*: Ronsard tour à tour s'aventure avec crainte et se rassure. Ce passage dans des zones dangereuses — démons, météores, enfers, monstres marins — nous le retronvons aussi dans l'*Hymne de la Philosophie*, puisque cet hymne embrasse la totalité du recueil.

Car le poète lui-même doit franchir ce seuil, plus tard, et aussi par l'exercice qu'est la méditation sur la mort. Dans l'*Hymne de la Mort*, cette puissance est appréhendée à certains égards comme une force immense, aux bras grands comme la terre, meurtrière et armée de la faux, et surtout insensible, sans yeux, sans bouche, sans temple (vv. 269-279). L'humain est face à l'inhumain, c'est le cas extrême d'une relation impossible entre le dieu et l'homme. Mais par ailleurs une analyse lucrétienne tente de dissiper l'horreur qu'elle inspire en dénonçant les fables mensongères des enfers. Cette victoire du poète, qui avant Nerval franchit l'Achéron en vainqueur, se lit au niveau du mythe. A ces légendes trompeuses, Ronsard substitue ses propres mythes, celui du on de la Mort, et aussi le retour à la maison natale, épisode homérique recréé. Le fait que Ronsard en vienne ainsi à élaborer ses mythes est significatif; il correspond à cette approche de l'éternel, où le poète va voir par lui-même, sans passer par des

croyances superstitieuses. Ce qui frappe le lecteur dans
le salut final de l'*Hymne de la Mort* (vv. 319 ss.), c'est
en effet ce regard direct sur celle dont par définition on
ne peut avoir nulle expérience de son vivant. Rencontre paradoxale, qui ne l'est plus au niveau où se situe le
poète en cette fin de l'hymne, près de l'éternel. En
effet si ce salut à la Mort commence par évoquer tout
l'écoulement temporel, c'est pour le résorber bientôt
dans l'éternité, car notre âme immortelle est

> Citoyenne à-jamais de la ville aetherée   (v. 335)

Le temps est comme une parenthèse qui s'efface. Conviction chrétienne déjà affirmée dans les *Chansons spirituelles* de Marguerite de Navarre, et que d'Aubigné
imposera à la fin des *Tragiques* dans des images saisis-
santes. Et c'est parce qu'il a atteint cet ordre où tout
est sérénité que Ronsard dans les huit derniers vers
peut revenir contempler de plus près la Mort, devenue
cette fois *sa* mort:

> Quand mon heure viendra, Deesse...

et avec les détails précis de la maladie ou de la blessure.
Le tête-à-tête se resserre, comme une peur vaincue, et
l'hymne s'achève sur la vision surprenante de la
dépouille de Ronsard, qu'il abandonne au dernier
vers, comme si son âme libérée la voyait d'en haut:

> Navré d'une grand'playe au bort de ma province.

De l'inouï, comme Ronsard nous en prévenait au
début du poème.

III. — LE TEMPS POÉTIQUE

Car s'il existe une chaîne d'intermédiaires entre le
mortel et l'éternel, c'est bien au poète-prophète qu'il

appartient d'en parcourir les degrés. N'est-il pas représenté sous les traits d'Orphée, dans le livre II, comme le grand voyageur compagnon des Argonautes? J.P. Ford a montré que le pouvoir du poète était un des thèmes communs aux trois grands hymnes de 1556, et que l'*Hymne de l'Eternité* servait à introduire ce credo, amplifié ensuite dans les deux hymnes épiques.

Ronsard ne se borne pas à immortaliser les grands ou les héros, il va encore à la rencontre des intermédiaires que Dieu a prévus, Nature et les acolytes de l'Eternité, les Vertus et autres personnifications, mais aussi *l'ange et le démon*. Rappelons que l'échelle des êtres dans les *Hymnes* est à double sens: du mortel vers l'immortel, grâce au roi, au héros, au Christ; de l'éternel vers le périssable, les bienfaits de Dieu étant transmis à l'homme. Ce qui caractérise les intermédiaires «descendants», entités, anges, démons, c'est leur rapidité, comme s'ils se jouaient du temps lors même qu'ils y pénètrent; ils sont «promptz» (*Philosophie*, v. 36), parce qu'ils ne sont pas embarrassés d'un corps pesant. L'ange est un être immatériel, et le démon a un corps léger.

Leur participation à l'éternité est inégale, comme le disait Ficin. L'ange voit la totalité du réel, dans une intuition simultanée (*Daimons*, v. 69 ss.). Le démon n'a qu'une science «douteuse» (*Daimons*, v. 322), c'est-à-dire ambiguë, constituée par des signes, dont un élément réside dans l'éternel et l'autre dans le périssable. Le démon, malgré l'inquiétude qu'il inspire à Ronsard, reste en effet un intermédiaire, parce que selon certains il est issu de l'ange, il est un ange déchu (vv. 177 ss.). Dans les œuvres antérieures de Ronsard, il apparaissait d'ailleurs comme un inspirateur du poète, et lui transmettait la fureur. La Muse elle-même

est un démon, et le poète à sa manière, puisqu'il est
entre la source éternelle et le peuple. Dans l'hymne des
Daimons, certains, Dryades ou Faunes, sont encore
des compagnons du poète. D'autres ont le pouvoir de
prédire l'avenir, surtout les démons de l'air (*Daimons*,
vv. 215-ss.), et à cet égard ils contribuent à rapprocher
l'homme de l'éternel. Dans l'*Hymne de l'Eternité* (vv.
117 ss.), Ronsard plaint en effet les hommes «journalliers», qui ont perdu «la memoire / Des temps qui sont
passez», et qui sont aveugles devant l'avenir. Le temps
est l'exil dans le présent, l'homme étant enfermé dans
un monde opaque, la «masse brute» du corps, loin de
la «saincte lumière», par suite du péché (*Eternité*, 120
ss.). Or le démon restitue à l'homme une connaissance
limitée de l'avenir, et par conséquent une efficacité
dans l'action, et une plus grande liberté. Il atténue
cette loi du Destin qui dans l'*Hymne de la Justice* est
incarnée par la puissance de Thémis. Certes J. Céard
pense qu'après avoir présenté les démons comme des
intermédiaires, Ronsard dans la suite de l'hymne les
décrit comme pervertis, et finalement indique surtout
les moyens de les éviter. De même, dans l'*Hymne des
Astres*, Ronsard peu à peu éloignerait ces médiateurs
inutiles. Démons et astres seraient remplacés par une
relation directe de l'homme avec Dieu, suggérée par
l'allusion à l'immortalité de l'âme. Cette lecture cependant ne nous paraît pas inconciliable avec l'attention
du poète envers les signes, qui sont pour lui une compensation à l'aveuglement de la condition temporelle.
D'ailleurs si l'*Hymne de la Philosophie* ôte aux signes
leur caractère redoutable, il les présente bel et bien
comme des marques à déchiffrer. Les signes aident
pendant une partie du chemin, même si l'homme a du
mal à les comprendre (*Astres*, 217 ss.). Ils sont dépas-

sés au degré suprême, losque le poète-prophète approche de l'éternel. Ce désir d'utiliser les signes correspond chez Ronsard à son attrait pour la magie, parce qu'elle établit un lien avec l'invisible et l'éternel. Mais comme tant d'autres, il découvre que la «magie naturelle» glisse vers la diabolique. L'apprenti devin prend garde de ne pas se retrouver apprenti sorcier.

Cette percée hors du temps s'opère notamment par le songe. Ceux qu'évoque Ronsard (*Daimons*, 133 ss.) tendent au cauchemar. R. Antonioli a en effet montré toute l'ambiguïté du songe pour Ronsard, comme pour Ficin. C'est un moyen de contemplation, et une preuve de la puissance de l'âme sur le corps, mais aussi, comme la *fantaisie*, terme que Ronsard emploie au vers 127, une activité folle et trompeuse, qui exprime surtout nos peurs secrètes.

Mû par sa fantaisie et par la fureur divine, le poète-prophète traverse donc le temps, et s'en libère. Ainsi il achève en quelque sorte les êtres «imperfaictz» que nous sommes, malgré les risques incarnés par le prophète aveugle Phinée, cette image du poète. Sans doute Ronsard a-t-il fait son profit d'un dialogue de Pontus de Tyard, *Le Solitaire premier* publié en 1552. Tyard disait que la «fureur divine» était «l'unique escalier» qui ramène l'âme à sa source éternelle, et attribuait même essence à la fureur poétique et à la prophétique. Lui aussi concevait la divination moins comme une interprétation des signes que comme un contact de l'âme avec l'identité propre au savoir éternel. L'être mû de fureur prophétique «conjoint son ame et tous les esprits ensemble... pour aller puiser aux plus intimes, profonds et retirez secrets divins, la prediction des choses qui doivent advenir». C'est dans ce contexte qu'il convient de replacer le début de l'*Hymne de la Philosophie*, où le poète et la Philosophie délient

Loing, hors du corps, nostre Ame emprisonnée.

C'est comme dans *Le Solitaire premier* un élan spirituel et poétique, autant qu'un programme scientifique.
Ainsi s'explique la présence de termes mystiques dans
la présentation de ce dessein, et d'autre part les lacunes
ou le vague de l'expression pour certains problèmes
dont on discutait pourtant à l'époque de Ronsard.
C'est en effet une libération, parce que l'homme
domine à nouveau différentes formes de temps, par la
connaissance des révolutions célestes, des astres et des
signes, des enfers. Tout le passage se situe dans la tradition néo-platonicienne du voyage de l'Ame, depuis le
célèbre commentaire de Macrobe au *Songe de Scipion*
jusqu'à certaines pages de Ficin. Cet envol ne lui rend
pas la totale simultanéité du regard divin: tant s'en
faut, et nous avons vu que sa pensée est une recherche,
une investigation, comme la pensée temporelle et discursive qui se déploie dans l'Ame du monde. Mais il
entrevoit la hiérarchie qui s'étage sous le principe
transcendant, découvre un peu d'avenir. Surtout ce
programme se présente comme un tout, qui englobe
dans un même essor les différentes disciplines, et un
tout aux ambitions universelles: à cet égard, cette
vision non morcelante et inépuisable relève de la *contemplation*, qui offre quelque analogie avec l'identité
sans fin de l'éternel, et qui apparaît ici comme un trait
d'union entre philosophie et poésie.

Aussi le *temps de l'hymne*, sa durée et son rythme,
sont-ils comme un complément poétique et créateur au
temps cosmique ou humain. C'est un temps régi par le
poète, et non pas imposé. L'hymne en effet commence
comme une entreprise poétique, par l'intervention de
Ronsard, qui définit son but et son chant. Ce *je* du
célébrant, qui va glorifier un grand ou un dieu, est

initié à l'éternité: il se transforme parfois en *nous*, losqu'il s'associe les Muses divines («Muses, quand nous voudrons les loüenges chanter / Des Dieux», *Henri II*, 1-2), et il se déclare apte à ordonner des fêtes perpétuelles (*Temple*, 1 ss.). Quelques vers plus loin, il s'adresse directement à l'immortel qu'il compte célébrer («O Ciel net, pur, et beau», *Ciel*, 15). Mais c'est précisément ce lien secret avec la source éternelle qui permet au poète d'inventer une durée beaucoup plus libre que le «tour» quotidien où se meut pesamment l'humanité.

Avec la dédicace nous sommes dans l'actualité, comme sur la ligne de départ. L'hymne s'enracine dans l'époque, et cette réalité restera sous-jacente: Justice, pour les contemporains, c'est à la fois les réformes auxquelles songe Henri II, et la présence vivante de cette allégorie dans les entrées royales. L'Or, c'est Dorat, le maître à la voix d'or, et le métal qui afflue des terres nouvelles. Mais le périple poétique s'infléchit soudain vers le passé. Des exploits récents, ceux d'Henri II, on remonte plus loin, à la naissance de ce roi (vv. 353 ss.). Plus loin encore, aux prouesses des aïeux médiévaux du Cardinal de Lorraine, évoquées dans l'*Hymne de la Justice*. Les païens, Hercule en tête, ont place dans l'hymne, car ils ont eu leur part de révélation, qui s'achève dans le christianisme. Défilent alors les âges de l'humanité, et souvent on aborde aux couches les plus profondes, celles de la cosmogonie, évoquée dans les hymnes *du Ciel* (vv. 65 ss.) et *Des Astres*, lorsque les étoiles à peine nées étaient de simples ornements. Cette curiosité pour les origines correspond à un besoin de comprendre, de dérouler à l'envers l'écheveau des causes et des effets, mais aussi à l'attrait que semblent exercer sur Ronsard les philosophies présocratiques, qui privilégient les éléments. Ce pèlerinage aux temps de l'inépuisable fertilité est parfois une évocation de l'élément liquide, du «Pere» Océan (*Philosophie*, 143-144).

Cette amplification dans le temps a le plus souvent son équivalent dans l'espace. L'évocation des racines médiévales de Charles de Lorraine débouche sur un panoramique, ce qu'aperçoit «le Soleil qui tout voit et contemple» (*Justice*, 28). Les deux vont de pair aussi dans le programme de Philosophie. On voit bien pourquoi: en embrassant le temps d'un regard global, à la façon de l'Eternité, le poète découvre des lois *universelles*, par exemple celle de la mutation à la fin de l'*Hymne de la Mort*, au point qu'il en vient à méditer sur le «vivre» et le «mourir».

A l'autre bout du temps, l'hymne s'ouvre sur le futur, ou le souhait au subjonctif, qui est l'expression d'un futur possible. Au futur les menaces de Justice, ou les prédictions sur la fortune du Cardinal de Lorraine, et tout le *Temple des Chastillons*, ce qui rend plus étrange l'évidence des formes. Dans l'*Hymne de Calaïs*, les prédictions de Phinée sont animées d'un double mouvement, dérive du voyage et exploration de l'avenir. Toutefois ce temps apparaît le plus souvent à la fin de l'hymne, qui espère une restauration avec l'aide des dieux. Ainsi l'*Hymne de la Justice* s'achève sur un avenir radieux, grâce à la vertu. Même si ce futur, peut-être trompeur, n'est qu'un retour déguisé au «siecle d'or» (v. 533)... On est reparti pour un tour de roue, et c'est un des paradoxes de l'hymne que cette durée à la fois ouverte et cyclique.

Ces dérives chronologiques intègrent même de brusques percées sur l'éternel. Dans l'*Hymne d'Henri II*, deux éloges des exploits passés et à venir du monar-

que encadrent un passage (vv. 387-422) où les rois
reçoivent de l'Eternel toute espèce de bien. Le vers 116
de l'*Hymne de l'Eternité* évoque une fuite vertigineuse, accentuée par l'écart entre le mot œil et soy:

> Ny à ton œil qui voit tous les temps davant soy.

Dans cette poésie du regard, l'œil divin contient tout
l'univers dans ses phases temporelles, comme un
microcosme.

Mais c'est surtout par le mythe, généralement situé
au cœur de l'hymne, que l'on s'élève un peu plus haut,
jusqu'à saluer la Mort, cette réalité non humaine, ou
jusqu'à entendre parler l'Eternel. Toute la réponse
divine aux plaintes de Justice doit sa grandeur à ce *je*
du dieu biblique, à cette voix qui soudain traverse
l'abîme, et qui résonnera encore dans les *Tragiques*.
Les mythes du don de la Mort, ou la révélation de l'or,
fonctionnent comme des intermédiaires entre les appa-
rences mouvantes du temporel et le monde des significations. Le mythe est ainsi un langage double, qui
constitue l'équivalent inversé du signe. Nous avons vu
en effet que les signes sont eux aussi un langage double
et parfois douteux, mais transmis dans le sens descendant, et non pas créé par le poète. Le mythe est par
conséquent un langage ascendant et dynamique. Son
principal mérite, Ronsard a toujours insisté sur ce
point, est de voiler plus que d'exprimer, ce qui oblige
le lecteur à voir plus loin, par exemple à discerner dans
la naissance d'Henri II un événement célébré par les
dieux, et à rattacher cet épisode aux racines divines des
rois (*Henri II*, 353 ss.). Comme le symbole, il inaugure
une réflexion, qui dans le mythe de la Mort notamment alterne avec la narration. Il contraint ainsi le lecteur à voir en quelque sorte double. Dans l'*Hymne* de

la Justice, la faute humaine apparaît surtout comme la cruauté, la guerre (vv. 116 ss.). Mais lorsque le mythe intervient avec le discours de Justice, ce péché est vu du côté de l'éternel, comme une perte du sacré. J. Céard a reconnu dans l'*Hymne de la Mort* à la fois le goût de vivre, chez le mortel, et l'aspiration contraire, à la liberté de l'âme.

Le temps de l'hymne n'est donc pas linéaire même si l'*Hymne de la Justice* semble raconter une histoire. Ses éléments constitutifs n'apparaissent d'ailleurs pas dans le même ordre d'une pièce à l'autre. Il serait artificiel de réduire certains hymnes à un même schéma, c'est-à-dire un envol au-delà du temps humain, puis grâce au mythe un regard sur l'éternité, enfin un retour à la condition temporelle, mais avec l'espoir de l'immortalité de l'âme. La seule constante est cette durée fortement étirée, dont l'*Hymne de la Justice*, étudié dans son déroulement, offrirait un exemple saisissant. La poésie encomiastique, genre auquel appartient l'hymne, avait déjà dans certains odes de 1550 une longue durée, du passé au futur. Mais dans les Hymnes elle se charge en outre du passé collectif de l'humanité, et elle annexe l'éternel, puisque la fonction de l'homme est de louer Dieu.

Mais le lecteur moderne sera peut-être plus sensible à un autre aspect de l'hymne, ce rythme par lequel il mime le temps cosmique, et où s'épanouit une sorte de poésie pure, expression du temps et du mouvement à l'exclusion de tout autre phénomène. En amplifiant le texte de Marulle, où l'on ne percevait guère le mouvement, Ronsard a introduit dans l'*Hymne du Ciel* (vv. 23 ss.) une série de versets, des groupes de six vers, comme une respiration qui reprend à chaque tour céleste. Aristote lui dit que le temps est un nombre, mais le poète le ressent comme une danse et une musique, et aussi comme une puissance qui remplit toute la nature de vie. Il retrouve même le rêve de vol, traduit par les images de l'aigle et du vent. Ainsi le lecteur éprouve cette mobilité de façon physique, et pourtant le vocabulaire abstrait (v. 87 ss.) nous entraîne dans un monde épuré, où subsiste la seule énergie divine. Ne nous en étonnons pas: Ronsard nous apprend que la pensée humaine peut égaler la vitesse du mouvement céleste, parce qu'elles ont même origine (vv. 21-22). Dans l'*Hymne du Ciel*, l'esprit avec sa puissance d'abstraction rivalise donc avec cette vitesse physique. Cette substitution de procédés musicaux et d'un langage immatériel à la vision concrète, pour charmer le grand rythme et retrouver à travers sa périodicité le «calme des dieux», un autre poète la tentera, comme Ronsard, au bord de la Mort, dans un cimetière marin.

En revanche c'est plutôt à la volupté de l'élément liquide et de l'écoulement que le poète s'abandonne dans la fresque de l'Océan (*Philosophie*, 126 ss.), animé de marées et de troupeaux monstrueux, ou encore à la fin de l'*Hymne de la Mort*, où les ruisseaux de la vie sont emportés dans un flot de labiales et d'enjambements. Cette poésie du mouvement et du temps, c'est aussi ce qui a séduit Ronsard dans le sujet des Démons. Son imagination rôde autour de ces créatures instables, à la fois réelles et mensongères, aux limites du néant. A partir du v. 87, une suite de métamorphoses constitue un jeu avec la non-identité, multiplié par les vapeurs et les tempêtes où le poète dissimule parfois ces formes, et aussi par le procédé de l'énumération. La «fantaisie» de Ronsard, au sens d'imagination déréglée, prend plaisir à frôler notre image déformée ou tronquée, car ces démons sont semblables à nous par la possession d'un corps, mais ce corps se défait et se refait.

L'éternel est sa visée poétique, mais non pas son lieu.

*

L'homme est un mortel fait pour célébrer l'éternel; une créature dans le temps, mais qui lui échappe en partie, comme le montrent ses rapports avec les Astres. Cette ambiguïté détermine dans le recueil un certain nombre d'apparentes contradictions, et elle est tragique parce qu'elle fait du temps humain le temps de la captivité: c'est une âme «prisonnière» qui s'exprime dans ces *Hymnes*. Ronsard nous éveille à notre étrangeté.

Mais cette dualité est à la fois exploitée et compensée par le poète, qui passe à travers le temps. Peut-être faut-il voir l'image de son nouveau recueil dans cette sphère en réduction, condensé d'espace et de temps, «joüet» que la Philosophie (vv. 63 ss.) met «entre les mains» de son lecteur.

Dieu, les hommes et le poète:

Structure, sens et fonction des mythes dans les *Hymnes* de Ronsard

par
Jean CÉARD

Entre ceux qui, à l'instar d'Henri Busson, s'efforcent de dégager des *Hymnes* les éléments d'*une* philosophie de Ronsard, et ceux qui, comme Germaine Lafeuille, assurent que l'intérêt de ces recueils, à l'origine desquels il n'y a qu'«une charge de connaissances, fruits de lectures et d'entretiens», réside dans ce qu'elle appelle «l'élaboration artistique» — d'autant que leur «didactisme» sera «sans lendemain dans l'œuvre de Ronsard»[1] —, le débat, il faut le reconnaître, reste ouvert. En attendant une étude sur la tradition du *poeta philosophus*, ne peut-on objecter aux premiers que Ronsard a sans équivoque refusé le nom de poète à Lucrèce «parce qu'il a escrit ses frenesies, lesquelles il pensoit estre vrayes selon sa secte» (LM, XIV, p. 338)[2], et aux seconds, qu'ils font peut-être

---

[1]   G. Lafeuille, *Cinq Hymnes de Ronsard*, Genève, Droz, 1973, pp. 201-202.

[2]   Les références à l'œuvre de Ronsard sont indiquées dans le texte et renvoient à l'éd. Laumonier (Lm) des *Œuvres complètes*, S.T.F.M. — Sur le point examiné ici, rappelons encore la réplique

trop bon marché de certaines déclarations de Ronsard comme celle qui ouvre l'*Hymne de l'Eternité* (Lm, VIII, p. 246), même s'il ne convient nullement de leur attacher la notion de didactisme[3]?

*

Ravie au ciel par la mort, Marguerite de Valois, dit Ronsard (Lm, III, pp. 74-76), *sait* maintenant le nom des étoiles, *connaît* «les raisons / Des longs jours qui s'apetissent», *sait* pourquoi le soleil, par son teint, prédit le vent et la pluie ou au contraire le beau temps, *sait* «les deux trains de l'eau», etc. A celui qui a dépouillé l'enveloppe charnelle et a regagné «notre antique sejour», les secrets du monde sont ouverts;

> Mais nous pouvres et chetifz
> Ici n'avons connoissance
> Non plus qu'enfans abortifz,
> Du lieu de nostre naissance.

Cette condition, Ronsard n'est jamais las d'en dire la misère et de l'opposer au savoir cohérent et total offert à celui que la mort a reconduit au ciel. Qu'on relise encore «les Isles Fortunees», peinture d'une sort d'âge d'or où le bonheur n'est pas seulement d'échapper aux discordes et aux déchirements de «par deçà», mais aussi d'accéder à une connaissance qui n'a pas besoin de l'aiguillon de la fureur des Muses, ni des lenteurs du travail, mais s'offre à quiconque en est «curieux». Et,

---

de Ronsard aux critiques des Réformés (Lm, XI, pp. 162-163); voir J. Céard, *La Nature et les Prodiges*, Genève, Droz, 1977, pp. 192-193.

[3] Voir A.-M. Schmidt, *La Poésie scientifique au XVIe s.*, Paris, 1938, pp. 3-4.

significativement, Ronsard réunit dans cette félicité le
poète et le philosophe, ainsi que l'orateur (Lm, V, p.
186):

> Là, si quelqu'un d'un desir curieus
> Veut estre poete, ou rechercheur des cieus,
> Ou bien-disant, sans globe ni sans sphere,
> Sans invoquer les Muses, ni leur frere,
> Ni sans avoir Ciceron dans la main,
> Il sera fait bon poete tout soudain,
> Et filosofe, et comme un Demosthene
> Du miel Attic aura sa langue pleine.

Non pas qu'ici-bas toute connaissance nous soit
refusée. Mais le savoir auquel nous avons accès — et
où Ronsard est porté à voir les débris éclatés du Savoir
antérieur à la naissance — est tout mêlé d'erreurs, tout
pétri de contradictions. On le voit explorer avec prédi-
lection ces états qui, traditionnellement — dans la
perspective platonicienne notamment —, passent pour
nous laisser entrevoir, fût-ce fugitivement, un reflet de
la Connaissance perdue: le Sommeil et les Songes.
Mais, on le sait, le Sommeil est tour à tour salué
comme le frère de la Mort (Lm, VII, pp. 283-284) et
comme le fils légitime de la Nature (Lm, II, pp. 122-
124); et les songes nous apportent autant d'illusions
que de révélations[4].

Homme, le poète n'est pas soustrait à cette condition. Comme tous les autres hommes, il appartient au
monde infralunaire, lieu de la génération et de la corruption, lieu du «change», avec son cortège de souf-
frances et d'ignorances. Mais, mieux que les autres
hommes, le poète a le pouvoir — et le devoir —
d'explorer la singularité de la condition humaine et

---

[4] Voir J. Céard, *op. cit.*, p. 200.

d'entrevoir, à travers ses voiles, la Lumière. Tâche difficile sans doute, puisqu'elle vise sans cesse un point qui, par définition, échappe à sa prise. L'*Hymne de la Philosophie*, où l'on aurait tort de voir comme une simple table des matières des deux recueils des *Hymnes*, montre nettement, dans son double mouvement, cette tension et cette difficulté. La Philosophie y apparaît, dans le premier mouvement, comme le moyen de délier l'âme de la prison du corps. Ronsard la voit d'abord qui, «Haute, s'attache aux merveilles des Cieux» (Lm, VIII, p. 86), et va par l'Univers, «Osant de Dieu la nature espier» (Lm, VIII, p. 87), et connaissant successivement les Anges, les Démons, les Héros, les Planètes, etc., dans un mouvement qui, descendant les étages de la création, tourne son regard vers la terre. Sans doute le poète se souvient-il ici du traité pseudo-aristotélicien *De mundo*: «En effet, dit ce texte célèbre, puisqu'il n'était pas possible d'atteindre avec le corps aux lieux célestes ni de laisser derrière soi la terre pour explorer cette région sacrée (...), l'âme, elle du moins, grâce à la philosophie, ayant pris pour guide l'intellect, a accompli ce voyage (...); par son divin regard, elle a appréhendé les choses divines, et elle les a révélées aux mortels comme un prophète.»[5] Au terme de cet élan vers le siège divin, continue Ronsard, elle revient sur terre, trouve «l'ouverture / Par long travail des secretz de Nature» (Lm, VIII, p. 90), puis descend aux Enfers, y triant le vrai et le faux, pour enfin, à travers les mers, regagner le séjour terrestre et

---

[5] *De mundo*, 1, 391 b 8 sqq. Voir aussi A.J. Festugière, *La Révélation d'Hermès Trismégiste*, Paris, t. II, rééd. 1981, pp. 453 et *passim*.

apprendre aux hommes les lois, les sciences et les arts. Ce circuit de la Philosophie qui, dans son parcours proprement encyclopédique[6], «ferme le rond des sciences», pour parler comme Du Bellay[7], la fait apparaître d'abord comme un téméraire rival de Dieu, qui prétend lui ravir ses secrets (Lm, VIII, pp. 89-90). Mais un second mouvement, d'une veine totalement différente, vient écarter ce soupçon. Car tout à coup, remaniant le vieux mythe hésiodique du Mont de Vertu, Ronsard loge la Philosophie au haut d'un Rocher (Lm, VIII, 97)

> D'où nul vivant, sans grand travail, n'aproche.

La voici accessible seulement à celui qui purifie son cœur: d'un même mouvement, celui-ci apprend à «fuïr le vice» et à «ne douter de rien». Car Philosophie et Vertu sont une même chose, et la fin de l'Hymne oppose le peuple «tout aveugle, et d'yeux et de courage», et le dédicataire qui, lui, a «l'intelligence de la Vertu». On aurait donc tort de croire, comme on le fait souvent, que, dans cette pièce, la Philosophie devient soudain la Vertu. Il est plus exact de dire que, dans ses deux mouvements contrastés, Ronsard souligne à la fois l'identité profonde de la Philosophie et de la Vertu et la difficulté pour l'homme, de vivre une condition où l'aspiration au savoir apparaît comme témérité, mais désigne en même temps sa vocation dernière.

---

[6]   Sur cette notion, voir le livre classique d'H.I. Marrou, *Saint Augustin et la fin de la culture antique*, Paris, E. de Boccard, 2e éd., 1958.

[7]   *Deffence...*, I, 10. Voir J. Céard, «L'Epopée au XVIe s. en France», in *Actes du Xe Congrès de l'Assoc. G. Budé*, Paris, 1980, p. 225.

Ce paradoxe, bien d'autres Hymnes tâchent de l'explorer. Certains même sont paradoxaux dans leur projet même. Ronsard le cache si peu qu'il prévient, au début de l'*Hymne de la Mort*, qu'il va chanter sa «non-ditte loüange» (Lm, VIII, p. 164), et l'on a tort, une fois encore, de lui répliquer que son Hymne «s'est amplement inspiré des anciens»; il n'a nul dessein, préfigurant Bossuet, de montrer, dans un premier point, que l'homme «est misérable en tant qu'il passe», mais, dans un second, qu'il «est infiniment estimable en tant qu'il aboutit à l'éternité». Il a bien plutôt le projet d'opposer (et donc de confronter, et même de réunir) deux visions contraires, qu'on se gardera d'appeler païenne et chrétienne: l'une est sensible à l'attrait de l'existence terrestre qui est vie; et l'autre pèse la fragilité de celle-ci, sa souffrance, et la mort qui l'habite intimement, sous les espèces de la douleur et de la déchéance. Pour s'en convaincre, que l'on compare, par exemple, les vv. 59-69 (Lm, VIII, p. 165) et les vv. 299-305 (Lm, VIII, p. 177): d'un côté, le spectacle de la création qui souffre et peine, tandis que Dieu, seul, est «affranchy du labeur» qui tourmente les hommes; de l'autre, le spectacle, cette fois merveilleux, de cette même création, qui apparaît à l'âme reconduite au ciel, auprès de Dieu dont elle contemple la puissance.

Il est, de même, paradoxal de célébrer les Daimons, si paradoxal que cette pièce, par exception, ne reçoit le nom d'hymne que du recueil auquel elle appartient. Paradoxal encore de célébrer l'Or, et Ronsard le sait si bien qu'il promet de n'avoir «ny haine ny rancoeur» (Lm, VIII, p. 182) contre celui qui entreprendrait de chanter la Pauvreté, car, il en convient, elle est un «don de Dieu». Il ajoute même (Lm, VIII, pp. 194-195):

> Celuy qui la loüra pour estre un don celeste,
> Il faudra que de mesme il loüe aussi la Peste,
> La Famine, la Mort, qui sont presentz des Dieux;

Et il n'oublie certes pas qu'il a lui-même célébré la Mort et qu'il a mis la Pauvreté — et l'Ignorance — au rang des biens qui nous ouvrent le chemin du Ciel (Lm, VIII, p. 169).

*

Ne considérons donc pas les *Hymnes* comme des fragments philosophiques; ou, en ce cas, considérons que la philosophie qu'ils élaborent est nécessairement fragmentaire. Nourrie de la contradiction fondamentale qui tisse la condition humaine, elle ne cherche ni à la fuir par des choix trop faciles — l'*Hymne de la Mort* n'enseigne ni le *contemptus mundi*, ni la *fuga saeculi* —, ni à la résoudre tant bien que mal — les valeurs de l'Or sont et restent ambiguës, on l'a souvent dit —, mais à la vivre — non pour s'en accommoder ou s'y résigner, mais pour *épier* — le mot est cher à Ronsard —, à travers elle, l'Unité complexe dont elle est l'image éclatée.

Ainsi qu'on l'a suggéré ci-dessus, l'axe essentiel de cet effort regarde la relation de Dieu et des hommes, comme il est naturel. Mais l'épier, ce n'est pas suivre la voie fermée de la connaissance rationnelle, c'est l'entrevoir, par les moyens supérieurs de la poésie, à travers les voiles translucides de la fable. On sait que Ronsard rapportera à Dorat l'honneur de lui avoir appris comment (Lm, XII, 50)

> On doit feindre et cacher les fables proprement,
> Et à bien deguiser la verité des choses
> D'un fabuleux manteau dont elles sont encloses.

Ces vers ont été souvent mal compris, et on félicite, à l'occasion, Ronsard d'avoir, en réalité, fait peu de cas de cette doctrine[8]. Les *Hymnes* montrent qu'il en était, au contraire, pénétré.

Les ethnologues[9] distinguent deux sortes de mythes: les mythes cosmogoniques et les mythes d'origine. Le mythe cosmogonique se rapporte à la création même du monde; le mythe d'origine raconte une «situation nouvelle» (nouvelle en ce sens qu'elle «n'était pas dès le début du Monde»). D'une certaine façon, comme le note Mircea Eliade, que nous suivons ici, le mythe d'origine «prolonge et complète» le mythe cosmogonique, au point que «certains mythes d'origine débutent par l'esquisse d'une cosmogonie». Ces deux sortes de mythes — Ronsard dirait: des fables — se retrouvent aisément dans les *Hymnes*, comme on le montrera en étudiant brièvement les mythes cosmogoniques de l'*Hymne de la justice* et des *Daimons*, et les mythes d'origine de l'*Hymne des Astres* et de l'*Hymne de la Mort*. L'examen de leur structure découvre clairement leur sens.

L'*Hymne de la Justice* et les *Daimons*[10] proposent une situation originelle caractérisée par une relation de Dieu et des hommes au moyen d'un terme intermédiaire, médiateur: la Justice, qui est déesse (v. 59) et commise par Dieu (v. 49), a pour fonction d'inciter les

---

[8]   P. de Nolhac, *Ronsard et l'Humanisme*, Paris, 1921, pp. 72-73.

[9]   Voir M. Eliade, *Aspects du Mythe*, Paris, Gallimard, coll. «Idées», 1963, chap. II.

[10]   *Hymne de la Justice*, Lm, VIII, 47-72; *les Daimons*, Lm, VIII, 115-139. On se contentera, dans les analyses qui suivent, d'indiquer entre parenthèses les vers considérés.

hommes à être «gens de bien» (v. 73) et à garder entre eux «une *saincte* police» (v. 64); vivant *parmi* les hommes, elle est l'envoyée de Dieu et comme son lieutenant visible. Quant aux Daimons, situés dans la zone intermédiaire (vv. 73 sqq.), créés pour qu'il n'y ait pas de vide entre les hommes et Dieu et doués d'un corps qui les maintient à leur place (vv. 78-82), ils sont — au moins pour les bons — explicitement chargés d'une fonction de relation (vv. 209 sqq.). Survient une perturbation: dans l'*Hymne de la Justice*, la Malice soudain surgit parmi les hommes (v. 77), et le mal se met à foisonner, avec son cortège de procès, de querelles, de fraudes et de guerres (vv. 115 sqq.), enfants des Furies dépêchées par «l'Orque depiteux» (v. 112). Pour ce qui est des Daimons, le texte lui-même, sans aucune justification, les laisse pulluler puisqu'ils n'habitent plus seulement la région de l'air, mais viennent peupler tous les cantons de la création, avec une diversité de formes qui défie l'énumération. Un troisième temps apporte un rétablissement de l'ordre: la Justice s'incarne dans un homme, le Cardinal de Lorraine (vv. 422-432); et les Daimons, quant à eux, s'évanouissent quand le narrateur, inspiré de Dieu (v. 368), tire son épée et entreprend de «couper menu / L'air tout-autour de (lui)».

Ce dernier temps ne constitue pas un pur et simple retour à l'ordre initial. Justice n'est plus simplement *parmi* les hommes, elle est incarnée en l'un d'entre eux; à l'ordre initial a trois termes est substitué un ordre à deux termes. De même, les Daimons sont exclus, grâce à Dieu qui «met en la pensee» (v. 368) de les hacher menu, et qui, pourrait-on dire, s'incarne ainsi métaphoriquement; dès lors, les Daimons se tapissent, pleins de crainte; en un sens, ils sont éliminés,

et une relation immédiate s'instaure entre l'homme et
Dieu. Cette relation nouvelle, sans intermédiaire, implique clairement la promesse d'une participation à la
divinité: le Roi qui entend la parole de la Justice incarnée est sûr d'être, après sa mort, avoué pour un Dieu
(v. 350); l'homme, dans les *Daimons*, a si pleinement
pouvoir de chasser les Daimons en proférant le nom de
Dieu (v. 413) que, laisse entendre la prière finale,
l'«honneur» du nom de Dieu suppose que celui-ci ne
donne pas à l'homme l'occasion de l'utiliser, c'est-à-
dire, en somme, de disposer des pouvoirs de Dieu.

Les deux mythes d'origine que présentent l'*Hymne
des Astres* et l'*Hymne de la Mort*[11] sont, eux aussi, de
structure homologue. Au début du monde, régnait certes un ordre, mais qui ne contraignait pas l'homme. Le
cours des Astres était réglé, mais ils ne constituaient
qu'un bel ornement «sans vertu» (vv. 19-38); de
même, les hommes, selon l'*Hymne de la Mort*, étaient
certes malheureux comme aujourd'hui, mais ils étaient
immortels (vv. 259-262). En somme, à l'origine,
l'homme était indépendant à l'égard de Dieu: les
Astres ne réglaient pas sa destinée; immortel, il partici-
pait du privilège de Dieu. Mais, comme les Géants de
l'*Hymne des Astres*, à qui l'accès du Ciel était refusé
(vv. 41-44), il était une sorte de dieu inférieur, ou, pour
suivre l'*Hymne de la Mort*, un immortel malheureux.

Cet ordre initial se trouve un jour perturbé: les
Géants veulent débouter Jupiter de son royaume et
l'envoyer rejoindre les Titans qu'il a jadis vaincus et
enclos dans «l'abysme d'Enfer» (v. 51); Prométhée

---

[11]   *Hymne des Astres*, Lm, VIII, 150-161; *Hymne de la Mort*,
Lm, VIII, 161-179.

vole à Dieu «la flamme du feu» (v. 264). Dans les deux cas, tout se passe comme si un être indépendant, mais inférieur, se révoltait et prétendait supplanter celui qui est plus grand que lui.

Dans les deux cas, de même, survient une dénonciation; dans l'*Hymne de la Mort*, les mortels dénoncent Prométhée (v. 263); dans l'*Hymne des Astres*, l'Ourse, qui ne participe pas à la danse des étoiles [12] et a ainsi le loisir d'apercevoir «l'embusche / Que brassoient les Geants», s'en va en faire le récit à Jupiter (vv. 53-60). Et dans les deux cas, à nouveau, Dieu récompense les dénonciateurs: les Astres se voient fixés au ciel et dotés de pouvoir «sur toutes choses nées» (vv. 79 sqq.); les hommes reçoivent le don suprême de la Mort (vv. 265-268). Jusque-là inférieurs, mais libres, les hommes sont désormais soumis à Dieu par une dépendance de caractère monarchique (*Astres*, v. 80); cette dépendance est soulignée par l'instauration d'un médiateur entre Dieu et les hommes, médiateur qui n'est qu'un délégué, puisque son rôle ne s'exerce que de Dieu aux hommes, et surtout puisque Dieu garde explicitement la «superintendance» des regards et des influences des Astres (vv. 93-96) et précise qu'il ne leur abandonne pas toute autorité, et puisque, dans l'*Hymne de la Mort*, l'«expres mandement» de Dieu règle la façon dont la Mort exerce son pouvoir, elle aussi, «sur toute chose née» (v. 311). Ainsi le pouvoir des Astres et celui de la Mort sont strictement contrô-

---

[12] L'Ourse est une constellation du pôle septentrional, élevé au-dessus de nos têtes, qui ne descend jamais sous l'horizon: elle arrête donc sa danse avant ses sœurs, — devant Borée (v. 56), c'est-à-dire au Nord, ou Septentrion (lui-même ainsi appelé des sept étoiles qui forment la Grande Ourse).

lés par le grand «superintendant»: la danse libre des
Astres a fait place à un ordre contraint (vv. 77-88), une
«dançe ordonnée» (v. 253); la Mort est certes une
déesse, mais qui n'a ni yeux, ni oreilles, ni cœur, et ne
connaît que le mandement divin.

On ne revient donc pas à la situation initiale. A un
ordre libre succède un ordre contraint et contraignant.
Quel sens a-t-il? L'âme, précise Ronsard, échappe au
pouvoir des Astres (v. 98); et la Mort, don précieux
entre tous, permet d'accéder à l'immortalité en compagnie de Dieu. Autrement dit, la relation nouvelle qui
s'instaure est, pour l'homme, promesse de participer
plus intimement à la divinité, de jouir directement de
sa compagnie: la vie terrestre n'est plus la condition
d'êtres inférieurs et malheureux de leur infériorité, elle
est une péripétie qui précède la rencontre définitive
avec Dieu[13]. Aussi l'*Hymne des Astres* se termine-t-il
par l'engagement d'accomplir la destinée, «bonne ou
mauvaise» versée par les Astres (vv. 254-256), en attendant que l'«ame immortelle» sorte du corps; et
l'*Hymne de la Mort* envisage la condition de l'âme
reconduite «à la vie eternelle», «avec son Dieu là-
haut», «aupres de son facteur» (vv. 287-293). Ces
deux mythes d'origine, qui instituent un médiateur,
portent donc substantiellement le même sens que les
deux mythes cosmogoniques, examinés plus haut, qui,
eux, excluaient le terme intermédiaire.

Notons au passage que, même si certains éléments
constitutifs de ces mythes ont des sources antiques,
aucun d'eux n'est directement emprunté. La révolte

---

[13]   De là le refus de la métempsychose qui replongerait
l'homme dans l'éloignement de l'existence terrestre (*Mort*, vv. 305-
308).

des Géants, par exemple, n'a nullement, chez Ovide[14],
le caractère d'une embuscade, qui, chez Ronsard,
commande la nécessaire dénonciation et la récompense
qu'elle entraîne. Pour ce qui est du vol du feu par Prométhée, Ronsard n'a pas suivi le récit d'Hésiode[15],
chez qui le larcin est découvert par Zeus lui-même,
mais la version de Nicandre[16]. Cette imitation est particulièrement curieuse puisque Ronsard respecte exactement l'agencement du mythe de Nicandre, mais en
transforme complètement la fin. Le voici, tel que
Conti[17] le résume: «Une fable avait cours autrefois,
selon laquelle les hommes, auxquels Prométhée avait
transmis le feu, eurent l'ingratitude de révéler ce larcin
à Jupiter: celui-ci, en récompense de cette dénonciation, leur fit don de la jeunesse perpétuelle.» Nicandre
explique ensuite que les hommes ne surent pas garder
ce présent, qui, par leur incurie, échut aux serpents. Le
poète grec veut par là expliquer la mue des serpents,
qui est comme un rajeunissement périodique, ce dont
Ronsard s'est souvenu ailleurs[18]. Ici il ne conserve que
la première moitié de ce mythe étiologique, et pour
l'utiliser à une tout autre fin. De telles transformations
ne peuvent se comprendre sans considération de la
structure et du sens des mythes qu'en somme Ronsard
invente véritablement.

Observons encore que ces mythes ne sont pas, dans
leurs détails, susceptibles d'explications indépendantes

---

[14]   Ovide, *Met.*, I, 151 sqq.
[15]   Hésiode, *Travaux et Jours*, 50 sqq.
[16]   Nicandre, *Thériaques*, vv. 343 sqq.
[17]   Conti, *Mythologie*, IV, 6.
[18]   Voir Lm, V, 195.

de leur sens global. Pourquoi les hommes, qui sont malheureux, se hâtent-ils de révéler le don que leur a fait Prométhée? Pourquoi les Astres sont-ils récompensés comme il est dit? Chaque détail est subordonné à la structure du mythe et au sens qu'elle porte. Ronsard l'avoue presque naïvement; entreprenant de raconter en quelles circonstances les Astres ont reçu le pouvoir qui leur est échu, il note entre parenthèses, au moment de rapporter l'«estrange malheur» de la révolte des Géants: «Un malheur peut servir»! De la même manière, on ne saurait lire, dans ces mythes, la transposition — et comme l'allégorie — d'une doctrine qui leur préexisterait. Il serait facile de montrer qu'il ne se dégage des *Daimons* aucune démonologie logiquement articulée.

Rien, de même, n'explique pourquoi, dans l'*Hymne de la Justice*, la Malice, un jour, commence son «trac»; si «l'Orque depiteux» vient lui prêter son concours, il n'est pourtant même pas dit que la Malice soit fille d'Enfer. Il semble simplement qu'il faille qu'une perturbation vienne menacer l'ordre du monde, afin que celui-ci puisse se parachever, se parfaire, au fond se simplifier, et ainsi resserrer le lien de Dieu et des hommes. Cette simplification, en effet, interdit à l'élément perturbateur de se manifester à nouveau, — sans pourtant, notons-le, qu'il soit anéanti; bien plutôt, exilé, repoussé dans les ténèbres, il continue à exister, comme une force hostile dont la menace, si l'on n'y prenait garde, pourrait redevenir instante. La Malice, en effet a ouvert la voie aux Furies que «l'Orque depiteux» contenait en sa fosse (*Justice*, vv. 111-113); les Géants sont comparables aux Titans que Jupiter tient emprisonnés «dans la chartre nocturne / de l'abysme d'Enfer» (*Astres*, vv. 49-52), qui, significativement, est, dans la cosmologie néo-platonicienne d'un Gémiste Pléthon, le «symbole du Désordre originel»[19].

L'*Hymne de l'Eternité*[20] constitue comme la contre-épreuve de ces analyses. Sans comporter proprement un mythe, cet Hymne comporte néanmoins une histoire (vv. 23 et *passim*). S'il ne propose pas un nouvel ordre propre à parachever l'ancien, du moins énonce-t-il la menace sans cesse présente d'une perturbation: Jeunesse (vv. 39 sqq.) s'emploie à repousser Vieillesse (vv. 60 sqq.), et Puissance (vv. 53 sqq.) travaille à faire échec à Discord (vv. 60 sqq.). Le Discors «vouldroit, s'il pouvoit, rengendrer le cahos» (v. 64), mais la Vertu (vv. 67-68)

> l'envoye là bas aux abysmes d'Enfer,
> Garroté pieds et mains de cent liens de fer,

à l'image du Dragon de l'*Apocalypse*, XX, 1-3, dont, à l'évidence, Ronsard se souvient ici.

*

Mais, dira-t-on, pourquoi faut-il que, dans l'*Hymne de la Mort*, Ronsard conte la naissance de la Mort? Pourquoi faut-il qu'avant de nous enseigner l'art — relativement simple — de chasser les Daimons, Ronsard nous reporte au premier temps de la création?

Un mythe, dit Claude Lévi-Strauss[21], «se rapporte toujours à des événements passés (...); mais la valeur

---

[19]   Voir G. Demerson, *La Mythologie classique...*, Genève, Droz, 1972, p. 425.

[20]   *Hymne de l'Eternité*, Lm, VIII, 246-254.

[21]   Claude Lévi-Strauss, *Anthropologie structurale*, Paris, 1958, p. 231.

intrinsèque attribuée au mythe provient de ce que ces événements, censés se dérouler à un moment du temps, forment une structure permanente». L'*Hymne de la Justice* de Ronsard n'est pas une lamentation sur un ordre initial qui a existé *in illo tempore* et qui n'existe plus, mais une fervente invitation à le manifester à nouveau. Et non pas même à le reconstituer. Car la preuve qu'il reste une réalité présente, c'est que la Justice apparaît comme la *loi* de la nature dans les choses (vv. 445 sqq.): l'ordre contraignant des lois qui règlent les choses est le modèle de l'ordre consenti qui doit régner parmi les hommes, ou au moins le signe que les hommes ne sauraient s'exclure de l'ordre universel. L'objet de l'*Hymne de la Justice* n'est donc pas de faire la leçon au Roi pour le convaincre que, par exemple, la justice est avantageuse ou que sa conscience morale lui en fait un devoir: il est de lui faire entendre que la fonction d'un roi est d'insérer la cité dans le mouvement de la Justice universelle. On voit à quel point le mythe de la Justice est actuel. On pourrait dire, en somme, que le mythe est, non pas regret du passé, mais exigence du présent. C'est aussi une exigence du présent que les Daimons soient maîtrisés, qu'ils retrouvent la place que leur assigne l'ordre originel ou même que, sans privilège propre, eux aussi fléchissent le genou devant Dieu (v. 418).

Par là le mythe donne sens au temps humain: au lieu d'être une lâche succession d'instants discontinus, le temps, par le mythe, devient mouvement orienté. Et cela même éclaire la fonction du poète: abreuvé de l'eau des filles de Mémoire (*Mort*, v. 15), il est celui qui se souvient et fait se souvenir; à la différence des autres hommes, oublieux, «journaliers», qui perdent «la memoire des temps qui sont passez» et qui ne peuvent croire (*Eternité*, vv. 117-119)

Ceux qui sont à venir, comme estans imparfaictz,

le poète est celui qui inscrit dans son poème le souvenir des temps passés, — qui sont la forme des temps à venir. Car le passé est la source du présent; ou même, plus exactement, il révèle ce qu'enclôt le présent. Raconter l'origine de la Mort, c'est dévoiler la Mort comme un bien. Raconter l'origine de l'Or, c'est, littéralement, regarder la Terre (*Hymne de l'Or*, vv. 279-282) ouvrir «son large sein, et au travers des fentes / De sa peau», montrer

les mines d'or luisantes,
Qui rayonnent ainsi que l'esclair du Soleil,
Quand il luit au midy.

La formule par laquelle J.-P. Vernant caractérise la fonction de la mémoire chez Hésiode convient parfaitement aux *Hymnes* de Ronsard: «Le 'passé' est partie intégrante du cosmos; l'explorer, c'est découvrir ce qui se dissimule dans les profondeurs de l'être.»[22]

Raconter ainsi le «passé», ce n'est pas du tout commémorer ce qui n'est plus, c'est proprement dévoiler ce qui est, mais qui se dissimule. Dès que le Cardinal de Lorraine a accueilli la Justice en son corps, il va haranguer le Roi (*Hymne de la Justice*, vv. 433 sqq.): il ne lui fait pas un sermon ou une leçon de morale, mais l'initie au mystère universel de la Justice, lui montrant sa présence dans les choses, lui narrant l'histoire de sa transmission aux hommes, et de là, définissant ce qu'*est* un roi. Et il suffit qu'il ait parlé et que, d'un mouvement de tête, le Roi ait acquiescé (vv. 531-532),

---

[22]   J.-P. Vernant, *Mythe et Pensée chez les Grecs*, Paris, 1965, p. 58.

pour que l'âge d'or renaisse. Réitérer le mythe, c'est le
réactualiser.

L'Hymne si particulier de l'*Hercule Chrestien*[23]
propose, lui aussi, l'idée d'un temps entièrement
orienté par le dessein de Dieu de se manifester. Dieu,
du reste, a dès longtemps annoncé sa venue par les
Prophètes et les Sibylles. L'histoire est le développement de ce dessein divin: venir parmi les hommes,
manifester sa relation avec eux, la parfaire en scellant
et en accomplissant avec eux une alliance, une «convenance» (v. 56). Encore une fois, il s'agit bien de resserrer le lien de Dieu et des hommes. D'autre part, ce
mythe d'Hercule, qui certes se rapporte littéralement à
des événements passés — et qui n'ont eu, pour les
croire dans leur littéralité, que les Gentils (vv. 85 sqq.)
—, a pourtant une vive actualité, puisqu'il est la *figure*
du Christ, celui qui, médiateur, doit manifester Dieu
parmi les hommes. Ainsi, explorer ce passé de l'histoire d'Hercule, c'est porter au jour le présent qui s'y
dissimule; bien lire le mythe d'Hercule, c'est rapporter
au Christ ce qui est dit d'Hercule, découvrir, dans ce
passé lointain et apparemment périmé, le passé plus
proche du Christ qui s'est incarné, passé qui est lui-
même un présent (vv. 235 et *passim*) et un futur (v.
278). Que toute cette histoire, que toute l'histoire soit
conduite par le dessein d'une révélation progressive de
Dieu, nous en avons pour preuve supplémentaire ce
merveilleux ordre du monde[24], qui est lui-même dévoi-
lement de Dieu (v. 37).

*

---

[23]   *Hercule Chrestien*, Lm, VIII, 207-223.

[24]   Il est intéressant de comparer les vv. 27-44 de l'*Hercule
Chrestien* et le vv. 445-460 de l'*Hymne de la Justice*.

Les contemporains de Ronsard ont vivement admiré ses *Hymnes*. Rivaudeau félicitait le poète de l'«encyclopaedie» qu'il y avait «découverte»[25]. Il faut peut-être donner à ce terme son plein sens, comme on l'a plus haut suggéré. Cette «érudition circulaire» (comme traduisait curieusement, mais exactement, Guillaume Budé) ne cherche aucunement à compiler en vers un savoir venu d'ailleurs — et les amateurs de didactisme seront déçus —; elle se propose plutôt de pressentir ou de quêter, du lieu de l'humaine condition, et par le chemin poétique du mythe, cette Unité qui se dissimule à nos yeux, mais que le poète-philosophe ne renonce pas à entrevoir, à *épier*.

---

[25]   Voir Guy Demerson, *op. cit.*, p. 422.

La mythologie des Hymnes*

par

Guy DEMERSON

MYTHOLOGIE PAÏENNE

L'abbé Gouget, dans sa *Bibliothèque françoise*, reproche aux *Hymnes* de Ronsard l'impureté morale, intellectuelle et stylistique que leur apporte «le fréquent mélange de la Fable avec l'histoire, la philosophie et la théologie»; c'est là précisément méconnaître le lyrisme ronsardien dans son dessein original: jouer des ressources expressives et cognitives de la mythologie antique pour chanter la louange des grands hommes, l'émerveillement devant la nature créée et la ferveur du sacré.

a) *Une archéologie vivante*

Le mythe, pour le poète humaniste est, au plan de l'expression, une prestigieuse réserve d'images pour une élite de lecteurs qu'enthousiasme encore la découverte révolutionnaire des formes lumineuses et des his-

---

* Consulter sur ce sujet les travaux de T. Cave, G. Demerson, G. Gadoffre, J. Hanks, F. Joukovsky, M. Quainton, H. Weber (cf. *Bibliographie*). — Nous citons Ronsard d'après le t. VIII de l'éd. Laumonier.

toires héroïques de la religion antique; son archéologie n'est pas érudition anachronique, mais vie des sentiments en synchronie avec un passé vivant: l'*allusion* est, plus qu'un jeu de la culture, appel symbolique aux ressources complexes de figures où se condensent les émotions esthétiques et éthiques: Mars est un soldat sanglant, un astre malin, un amant brutal, et bien d'autres rudes incarnations avant d'être une savante métonymie pour les traces que laisse la guerre.

Et surtout, on n'a pas encore oublié que le *mythos*, à son origine, est *récit*: l'évocation fugitive du supplice de Tantale, des dons de Cérès, de la force d'Hercule, appelle toujours, au-delà de la situation ou de la qualité proverbiale, le souvenir d'actions et de passions surhumaines.

On se souvient encore de l'aspect *collectif* du mythe, non pas emblème d'une obsession individuelle, mais grande image connue et reconnue par tout un milieu culturel qui lui apporte des préoccupations et des enthousiasmes bien actuels.

La Fable au XVIᵉ siècle sert de méthode pour cheminer dans le monde antique: elle introduit aux richesses multiformes de civilisations disparues mais non désuètes, elle fait participer aux élans d'un monde qui était dans sa jeunesse, elle initie à une révélation qui eut sa grandeur avant que la Révélation des derniers temps rende muets les oracles. La mythologie païenne donne une intuition universelle de la Cité antique.

C'est que, pour les lettrés, si le mythe est bien récit et croyance collective, il est surtout une expression *cultuelle* avant d'être culturelle. Les savants de la Renaissance associent indissolublement dieux et héros à des liturgies qui leur sont propres.

b) *Une ré-vélation*

Mais cette sensibilité renaissante est toujours imprégnée de l'intellectualisme hérité des exégètes médiévaux, pour qui la Fable comporte une révélation inchoative de la vérité: le mythe est un voile chatoyant qui recouvre les formes mais les laisse deviner confusément; selon les mythographes, les légendes sont didactiques dans la mesure où elles sont allégoriques: elles peuvent travestir des faits *historiques* (l'évhémérisme conçoit dieux et héros comme des hommes rendus divins pour leurs dons, leurs bienfaits ou leurs méfaits), signifier des lois *naturelles* peu claires pour les ignorants (Apollon sauroctone est le soleil dissipant les volutes de brume), des lois *spirituelles* (Minerve née de la tête de Jupiter représente la sagesse issue des douleurs de l'étude); pour d'autres, la *typologie* païenne a été suggérée par l'action de l'Esprit de la même façon que l'Ancien Testament préfigure la vérité évangélique: comme les trois nuits qui séparent la Passion et la Résurrection du Christ peuvent être figurées par le séjour de Jonas dans le ventre du poisson, elles sont intuitivement perçues dans les «trois nuittées» où Jupiter conçut son fils Hercule. Ainsi la mythologie n'est pas transmission scolaire de vérités établies, mais incitation à la recherche symbolique de significations importantes.

c) *La novation créatrice du lyrisme ronsardien*

En 1555, après la fièvre d'initiatives, d'attaques et de ripostes qui suivit le manifeste de la *Deffence & Illustration*, après la mobilisation et les victoires, Ronsard ne peut se permettre ni de ralentir son effort ni de voir se scléroser ses innovations dans les conventions

d'un style qu'il avait imposé avec ses camarades de la
«Brigade»: l'appel final de leur manifeste de 1549 les
avait amenés à accumuler dans le domaine français les
dépouilles arrachées aux Grecs et aux Romains; ils risquaient d'être empêtrés dans les trésors qu'ils s'étaient
appropriés pêle-mêle: recettes et oripeaux, outils rhétoriques et images païennes, plans de travail et senten-
ces morales. La jeune cour de Henri II, notamment
sous l'influence de Marguerite de France, soutenait et
utilisait leurs succès littéraires dans une atmosphère
brillante, où peintres, graveurs, sculpteurs, musiciens
et architectes, tout en se démarquant de l'italianisme,
risquaient de confondre imitation et émulation. De
plus en plus pressantes, voire hargneuses, se faisaient
les interrogations: ce style paganisant servait-il l'illusion ou la vérité, le jeu ou la réflexion, les valeurs nationales ou la mode de l'étrangeté? L'Antiquité vaincue dans le domaine des lettres n'avait-elle pas captivé
ses vainqueurs?

En se tournant vers le genre lyrique de l'*Hymne*,
Ronsard allait devoir adapter à un autre code le
système mythologique qui lui avait servi pour l'effusion platonisante à la mode des Pétrarquistes ou pour
la cadence majestueuse et déchaînée de l'ode; si le
«sujet» et le «ton» variaient, chez un poète aussi cons-
cient de ses effets, le système de la fable devait subir
une métamorphose radicale; le récit fabuleux s'explicite en un discours sur la fable; une pièce comme
l'*Hercule Chrestien*, déjà sur le métier en 1553, et
maintes réflexions «métalinguistiques» éparses dans
les *Hymnes* prouvent que la nouvelle mythologie est le
fruit d'une méditation sur les puissances du lyrisme.
Thèmes et motifs non seulement s'inspirent de traditions nouvelles mais s'organisent en un système qui

tend à imposer une tradition allégorique renouvelée.
Les *Hymnes* sont un essai de mythographie moderne:
il ne s'agit plus de reproduire les légendes élaborées par
les Gentils, mais de retrouver le dynamisme de la création fabulatrice, d'aller au bout des ressources que le
mythe transmet à l'imagination. Les dieux antiques
étaient en effet déjà des personnifications de la multi-
forme action de la Providence,

> Car Jupiter, Pallas, Apollon sont les noms
> Que le seul DIEU reçoit en maintes nations
> Pour ses divers effectz que l'on ne peut comprendre
> Si par mille surnoms on ne les fait entendre   (p. 69)

Comme les anciens ont déguisé valeurs et vertus divines sous des personnalités menteuses, le poète moderne est en droit d'imaginer pour elles des rôles qui,
mieux qu'une majuscule de majesté, suggéreront
qu'elles dépendent de la volonté du maître de l'univers: Paix est «Fille esleüe» de Dieu, Victoire est
«déesse» envoyée de Dieu; la Majesté et la Clémence
du Roi le font agir «à l'exemple de Dieu» et sa libéralité «à l'exemple des Dieux» (pp. 17-18). Vices et Maux
entrent aussi dans la légende surhumaine: Dieu leur
«oste la voix» même quand il envoie Indigence et
Famine comme «hostes» des maisons humaines (p.
55), Repentance est fille du «vieil Epiméthé» (p. 16)...
   Pour étudier la mythologie des *Hymnes*, il faut distinguer:

> — le code ornemental, qui puise dans l'archéologie
> et la rhétorique une profusion de détails conférant au
> style humaniste sa richesse et sa variété caractéristi-
> ques,
> — et la vision d'ensemble d'un univers immense, où
> seule l'intuition poétique peut percevoir des vérités et
> des lois cohérentes grâce aux outils de la culture et
> rendre discernables ces structures au moyen de récits

allégoriques personnifiant les dissensions et l'ordre qui sous-tendent le flux de la vie dans le monde. Le mythe a alors sa fonction globale de révélation.

I. — LE MYTHE, ARMATURE DE L'HYMNE

Les *Hymnes* de 1555-56 ne sont pas consacrés à un dieu antique comme Jupiter, Bacchus ou Mercure, mais chacun forme un ensemble organisé selon une structure empruntée à la mythographie païenne: le chapitre consacré aux «hymnes des anciens» dans la *Mythologie* (1551) de N. Conti montre que ce sont les trois pouvoirs théologiques du mythe — et non les thèmes variés des fables — qui sont exprimés par l'ordre interne de l'hymne:

— la première partie est une *louange* des qualités divines dans leur relation providentielle avec l'humanité, notamment dans leurs noms révélés,

— le centre de l'hymne est le *mythos* proprement dit, récit animé qui illustre et explique cette Bienfaisance,

— enfin, une *prière* exprime l'espoir que les vertus divines évoquées se révéleront efficaces dans la société des hommes.

Ainsi, à la différence de la mythologie énigmatique de l'ode, illuminée de fragments incandescents de la légende antique, c'est le modèle mythique qui engendre l'hymne dans sa cohérence organique comme dans sa rhétorique incantatoire. Ronsard a respecté ce schéma mythographique, en faisant varier habilement pour chaque pièce le mythe central dans sa forme («débat» comme dans les *Hymnes de l'Or* et *de la*

Justice, combats généreux comme dans l'*Hymne d'Henry II* et le *Temple des Chastillons*, quête par le monde comme dans l'*Hymne de la Philosophie*), et dans sa taille, l'étendant aux dimensions d'un *epyllion* dans les *Hymnes de Calaïs et de Zetes* et de *Pollux et de Castor*, ou le réduisant à la brève évocation de victoires et d'enfantements symboliques dans l'*Hymne du Ciel* (vv. 101-110).

I-1 :   *Mythologie et louange*

La définition courante de l'hymne venait de saint Augustin: l'hymne est une louange lyrique adressée à Dieu.

I-1-1 :   L'hyperbole

L'hymne se distingue de la simple prière par sa volonté explicite de célébrer; la mythologie contribue à cette rhétorique du superlatif. L'être loué participe à toutes les perfections des divinités, et ses ennemis sont doués de l'absolu du vice incarné par les héros maléfiques: l'Or est ce fabuleux Métal «en qui se change Jupiter» (p. 182); il est plus efficace que les Muses pour procurer des livres au poète (p. 185); il charme Vénus, adoucit Fortune (pp. 186, 189); selon Ménandre, la Richesse est *seule* Déesse (p. 183); mépriser le pouvoir de l'Or, c'est devenir un Priam déchu, un Laërte décati, un Tantale supplicié (pp. 203-204); l'hymne paradoxal qui vante les vertus de l'Or laisse transparaître avec quelque ironie des procédés décoratifs de la déclamation mythologique qui, dans tous les hymnes expriment la généralité, la permanence, l'absolu de

vertus et de puissances plus qu'humaines. La pluralité
des êtres qui peuplent le monde de la fable permet en
particulier le recours au superlatif relatif, ou
«comble», qui place l'objet de la louange au dessus
d'une figure proverbiale («les Febvres de Vulcan sont
plus lents & tardiz» que les héros au combat, p. 324;
bien que Vulcain ait forgé les armes d'Achille, «on
trouvera que les faictz Guysiens / Doivent passer les
faicts Achilliens», p. 109); ainsi l'excellence moderne
fait pâlir les fictions de la légende ancienne!

I-1-2   Attributs

La louange hymnique se concrétise dans la colla-
tion la plus exhaustive possible des attributs qui caractérisent la puissance aimable ou redoutable des êtres
supérieurs: significatif est le mythe central de l'*Hymne
de l'Or*, qui prolonge la louange en présentant tous les
Olympiens en train de procéder à la dorure des armes,
des domaines et des ornements qui fondent leur toute-
puissance spécifique.

> On dit que Jupiter pour vanter sa puissance
> Montroit un jour sa foudre, & Mars montroit sa lance,
> Saturne sa grand' faux, Neptune ses grand's eaux,
> Appollon son bel arc, Amour ses traicts jumeaux,
> Bacchus son beau vignoble, & Ceres ses campagnes,
> Flora ses belles fleurs, le Dieu Pan ses montaignes,
> Hercule sa massüe...   (p. 191)

Les ailes dorées et azurées qui revêtent les Boréades (p.
255), le trident vénérable et la hache effroyable que
brandit le Neptune de France (pp. 78-79), comme le
manteau doré et le sceptre aimantin de l'Eternité (p.
248) et cent autres détails du même type, ne sont pas
représentés pour embellir le tableau mais pour symbo-
liser une efficacité divine.

Ici encore la souveraine maîtrise du poète moderne
se révèle par l'arbitraire à l'égard du code traditionnel:
si le *vates* païen à la croyance abolie a imaginé des
attributs inadéquats, le penseur des temps nouveaux
exprime la vérité en corrigeant ces traits fantastiques:
en guise de vœu appendu à l'image de Fortune, Ronsard purifie les traits, nettoie les formes de l'icône, non
pas en iconoclaste comme Polyeucte, mais agité par
une sainte révérence pour la pure essence de cette puissance de Dieu enfin rendue au dogme chrétien:

> Tu n'auras plus de boule sous tes piedz
> Comme devant, ny les deux yeux liez,
> Le voile en main, ny au front le crinicre,
> Ny tout cela dont furent inventeurs
> En te peignant les vieux peintres menteurs   (p. 114)

Le combat pour la prééminence poétique se joue sur le
terrain de la vérité, c'est-à-dire de la pertinence des
attributs significatifs.

I-1-3 Nommer

La poésie invente des attributs parce qu'elle perçoit
de grandes forces divines derrière des effets précis:
l'attribut est une traduction pittoresque d'une analyse
que l'emploi des noms divins réalise déjà dans le
préambule invocatoire de l'hymne.

Certains chapitres de traités mythographiques,
comme celui de Giraldi (1548) ne font que donner
d'interminables listes de «surnoms» dont ils exposent
l'origine, l'emploi rituel, le symbolisme. Pour Ronsard
aussi le poète et le théologien se rejoignent dans cette
onomastique sacrée. Le nom des êtres visibles et invisibles n'est pas imposé fortuitement: il est à la fois indication sur une volonté sacrée (*numen*) et prophétie

(*omen*) sur les effets de cette puissance: avant d'avoir perçu les charmes de l'Or, les Immortels

> ne le nommoient point, car ainsi qu'il est ores
> L'Or, pour n'estre congneu, ne se nommoit encores
> (p. 192)

L'imposition du nom est contemporaine de la prise de conscience des puissances d'un être: le nom divin est une révélation inchoative, instrument et signe d'une action surnaturelle; selon les traditions hésiodique et platonicienne, l'*onoma* d'un être divin contient un *logos* implicite; c'est pourquoi le siècle ancien

> Nomma jadis le vieillard Ocean
> Pere de tout   (p. 94)

Les démons aquatiques, formes fluides et lascives, prennent des noms féminins pour se révéler:

> Pource, ilz se font nommer Naiades, Nereides,
> Les filles de Thetis, les cinquante Phorcydes   (p. 129)

Le nom est le symbole qui permet de révérer une force surnaturelle, comme les providentiels et insaisissables Feux météorologiques

> Nommez le feu sainct Herme, ou les freres d'Helene
> (p. 131)

La mythologie des *Odes* horatiennes équivaut à celle des marins de l'Atlantique. C'est que le nom peut varier selon les systèmes de symboles; la prière finale au Ciel le dit explicitement:

> Sois sainct de quelque nom que tu voudras, ô Pere...,
> Filz de Saturne, Roy treshaut, & tout voyant
> (p. 149)

et la Fortune est

> appellee en langages divers
> Mais tout d'un sens, royne de l'Univers   (p. 106)

Une des fonctions de l'hymnographie antique était de répertorier les épithètes lyriques qui précisent les intentions des Forces Supérieures; les Astres sont assimilés à Mars, Vénus, Mercure et autres Saturne parce que l'esprit de l'homme osa comprendre leurs influences

> Et tels noms qu'il voulut au Ciel leur composa
>
> (p. 174)

1-2   *Le mythe est récit*

1-2-1   Episodes

Les hymnes de *Calaïs et de Zetes* et de *Pollux et de Castor* donnent un développement déjà épique à la partie qui conte l'action des héros; la narration du mythe est pour Ronsard l'occasion de s'exercer à l'art de la grande fresque historique, qui pouvait démontrer à ses mécènes ce dont est capable un poète formé à la concurrence avec les anciens:

> Il faut sonder ma force, & m'esprouver un peu...
> Faisant mon coup d'essay sur des patrons estranges
> Avant que de tonner hautement voz louanges
>
> (p. 294)

proclame-t-il à l'intention de l'Amiral de Coligny, et aussi de son frère, avant de célébrer la navigation des Frères argonautes. Mais la mythographie à l'antique, qui surpasse les anciens sur leur propre terrain, est une forme de compensation esthétique, qui se réfère non sans dépit au pouvoir sacralisant de la Fable:

> aussy bien de ce temps,
> Les Seigneurs nonchallantz ne sont guiere contans
> Qu'on descrive leurs faicts,...
> qui ne cognoissent pas

... qu'en moins de cent ans leurs races incongnues
Se traineront sans nom, par les tourbes menues

(p. 292)

La tradition a ainsi une double fonction d'émulation:
elle déclenche le projet poétique, et elle en prépare la
réception attentive; mais elle a aussi valeur de régulation, dans la mesure où elle a fixé les épisodes, où elle
donne des formes à reconnaître.

1-2-2   Liberté d'invention mythographique

Cependant le genre de l'hymne autorise une fabri-
cation plus autonome; il suppose la glorification de
pouvoirs actuels, qu'il se concilie en *présentant* le
poème comme un don; c'est par la liberté de son invention lyrique que, dans la liturgie, l'hymne religieuse se
distingue du cantique, qui reprend les paroles même de
l'Ecriture Sainte. De même l'*Hymne* ronsardien joue
toujours de sa liberté créatrice dans l'invention du
mythe central: il a cessé de choisir et d'adapter les
motifs de la tradition fabuleuse, de démonter les thèmes pour les recomposer: sa mythologie n'est plus
référence obligée mais modèle de la production d'histoires allégoriques. Ici encore la fable ancienne a ses
fonctions d'émulation et de régulation; elle prête ses
schémas: hiérogamies fécondes, naissances prodigieuses, rassemblements pour des batailles gigantesques,
luttes hiératiques pour le pouvoir, récompenses et
jugements foudroyants. Dans les *Daimons* le récit véri-
dique de la victoire nocturne du poète bien inspiré aura
pour pendants dramatiques les luttes que menèrent
contre des monstres les Boréades et les Gémeaux du
Second Livre. Au centre de l'*Hymne de la Philosophie*, un Palais escarpé se présente pour guider le péle-

rinage de la vie, et une Chaîne ferrée est dite plus efficace que le talisman de Jupiter; ce sont ces deux mêmes images d'une Maison (pp. 141, 145-147) et d'une Chaîne tirée (pp. 143, 148) qui font l'armature mythologique de la geste du Ciel. L'organisation du bal divin des Astres les récompense pour avoir sonné l'alarme lors de la Gigantomachie telle que la reconstruit Ronsard (p. 152), et le mythe (*on dit que...*) du don divin de la Mort vient récompenser les humains pour avoir dénoncé Prométhée le larron (p. 175). De même pour son Roi, pour Justice, le poète se dit autorisé à figurer par une narration fabuleuse l'origine d'une puissance providentielle.

I-2-3   Mythes des origines

Comme dans l'*Hymne* homérique ou orphique, le récit légendaire est donc essentiellement un moyen de glorifier et d'expliquer en même temps les prémices d'une manifestation sacrée, l'étiologie d'une puissance, les origines d'un culte. M. Eliade le rappelle à propos des mythes cosmogoniques: l'idée implicite de ces croyances «est que c'est la première manifestation d'une chose qui est significative et valable» (*Aspects du mythe*, 1963). L'*Hymne* ronsardien retrouve cette intuition; le mythe de l'enfantement de l'Or est d'abord bâti comme le récit classique d'un concours à la façon du jugement de Pâris:

> *On dit que* Jupiter pour vanter sa puissance
> Montroit *un jour* sa foudre, & Mars montroit sa
> [lance...
> *Quand* la Terre leur mere épointe de douleur
> Qu'un autre par sur elle emportoit cet honneur
> Ouvrit son large sein...   (pp. 191-192)

Cette épiphanie divine est chantée avec une allégresse

lyrique, et elle provoque à son tour une frénétique entreprise de dorure qui, attirant le regard sur les attributs typiques de tous les dieux, du trône de Jupiter au demi-ceint des Grâces, voire à la balance de Justice, permet de mettre en valeur la parcelle de sacré qui est à l'origine de chaque figure fabuleuse.

Une telle conception du mythe central est liée à la tonalité religieuse qui caractérise le lyrisme hymnique:

> Si doncques tous les Dieux se sont vouluz dorer
> De ce noble Metal, faut-il pas l'honorer,
> *Prier*, aymer, loüer?...
> Quant à moy, je ne puis m'engarder de crier
> Apres ce beau Metal, & d'ainsi le *prier*...   (p. 193)

1-3   *L'Hymne comme rituel*

Le lyrisme de l'hymne retrouve les forces de «charme», d'incantation qui ont depuis toujours animé la grande poésie. L'hymne s'achève régulièrement par une prière: la parole humaine, qui a loué les Puissances en sachant les nommer, qui a analysé leurs effets en contant leur geste, dispose donc de quelque pouvoir incantatoire pour appeler, détourner, purifier leurs influences.

I-3-1   La conjuration lyrique

Même lorsque l'*Hymne* a pour sujet des êtres qu'on ne saurait prier sans répugnance, comme la Mort, la Fortune, les Démons, — ou sans idolâtrie patente, comme le Roy ou les Princes —, il s'épanouit en oraison: l'*Hymne d'Henry II* revendique la légitimité de l'invocation:

> Il vaut mieux prier DIEU qu'aux François il envoye
> Contre nos ennemis Victoire...
> Escoute donq ma voix, ô déesse Victoire...   (p. 45)

Dans la conjuration, la figure mythologique est invention de relais; elle instaure une médiation entre les espoirs que comporte l'histoire actuelle et les pouvoirs virtuels d'une Providence, entre les réalités du présent et les formes imaginaires des allégories traditionnelles.

Le poète ne peut donc prier Fortune qu'après l'avoir dépouillée de ses attributs maléfiques (p. 114); il faut d'abord demander à ce numen insaisissable de cesser de s'agiter pour pouvoir agir:

> Fortune en qui ne fut, ny n'est
> ... en ses piedz *d'arrest*...
> O grand' Deesse, ecoute ma priere,
> *Arreste* toy   (pp. 105-106)

L'hymne suppose que la prière opère une métamorphose radicale de la définition mythologique de l'être. La déprécation finale des *Daimons* est une manœuvre apotropaïque contre les titulaires du poème:

> O SEIGNEUR eternel, en qui seul gist ma foy...
> Donne moy que jamais je ne trouve en ma voye
> Ces paniques terreurs, mais ô SEIGNEUR envoye
> Loing de la Chrestienté, dans le païs des Turcz,
> Ces Larves, ces Daimons, ces Lares & Lemurs
> (p. 139)

Les figures confuses et les noms qu'inventèrent les mythologues pour caractériser les démons ne servent plus qu'à les mieux désigner à la souveraine purification opérée par le Dieu de vérité.

I-3-2   Mythe et rite

La mythologie de l'hymne compose les paroles d'un cérémonial solennel, purification des esprits et des notions, animation des gestes et des rythmes, organisation d'un espace sacré, d'un *temenos* réservé à la divinité,

> Car les Dieux ne sauroient recevoir de plus dignes
> Offrandes des mortelz, que les vers, & les Hymnes
>
> (p. 327)

Le poète a le devoir d'instituer un rituel durable pour vénérer les héros de sa patrie; il le répète au début du *Temple des Chastillons*:

> Là d'un vœu solennel au meillieu d'une prée
> Je veux fonder les jeux d'une *feste* sacrée (vv. 5-6)

et à la fin de leur *Hymne*:

> Et moy leur grand Poëte, au sainct jour de leur *feste*,
> Ayant de verd laurier toute enceinte la teste,
> Planté sur un genouil aux marches de l'autel
> Je feray resonner leur renom immortel.
>
> (vv. 205-208)

Alors que la mythologie de l'ode pindarique dispersait ses figures dans le rythme triadique, regroupant dans l'épode les gestes et les actes qui s'étaient déployés dans la strophe et l'antistrophe, les divinités qui agissent dans le mythe central aussi bien que les auxiliaires de la création poétique, comme les Muses, sont embrigadés dans le mouvement de danse processionnelle qui culmine dans le salut final.

1-3-3   Le salut aux Intercesseurs efficaces

Le salut final résonne comme une reconnaissance de la réalité des vertus incarnées par les silhouettes divines: que Justice (p. 68) et les Boréades (p. 293) sachent meilleur gré au poète qu'aux mécènes, que le Ciel et l'Eternité le reçoivent quand il aura achevé son temps (pp. 149, 254), mais que la Mort agisse vite (p. 179). C'est une théologie de l'efficacité, de l'«effect» qui anime cette mythologie allégorique: tout comme Circé, Médée, Thrace et autres fées de la mythologie celtique sont des démons dont le nom

> Par effectz merveilleux s'est aquis du renom
>
> (p. 137)

les noms de divinités du polythéisme sont donnés par les nations au Dieu unique

> Pour ses divers effectz que l'on ne peut comprendre
>
> (p. 69)

Habilement Clémence propose à l'Hymnographie l'exemple de la prière efficace en démontrant à Dieu qu'il doit «user des effectz» de chacun des Noms que Sa Providence a revêtus (p. 62), et c'est «voyant les effectz» du Ciel que le poète, dans son salut final, ne sait s'il le doit «nommer meilleur pere que Roy» (pp. 148-149). Les dieux de l'hymne ne sont pas les rescapés du paganisme mais les témoins de l'activité du vrai Dieu, qu'ils permettent de nommer.

II. — LES POUVOIRS ALLÉGORIQUES DE L'IMAGE MYTHOLOGIQUE

La mythologie de l'hymne n'est jamais décoration futile, gratuite et démodée. Elle doit son sérieux et son actualité à l'emploi systématique de l'*interpretatio allegorica* empruntée aux mythographes de la Renaissance: à la différence d'une conception scolairement rationaliste qui voit dans l'allégorie une psychomachie où s'affrontent des abstractions à majuscules pour illustrer des lieux communs, ces penseurs considéraient la pensée mythique comme une dynamique de recherche hasardeuse, comme une intuition en mouvement: «le mythe est une façon particulière, non point d'exprimer ce qui a été préalablement saisi par l'intelli-

gence, mais de «saisir» ce qui ne peut être saisi autrement» (A. Béguin, *Création et destinée*).

II-1 *Allegoria naturalis*

Les dieux antiques permettent de jeter un regard
sur les lois secrètes des réalités physiques,

> car la viste Aëllon,
> Cellenon, & sa sœur *ne denottent sinon*
> Les sofflets ravissants des vents & des orages
>
> (p. 292)

II-1-1 Les lois de la création

Les schémas mythologiques qui traduisent cette
connaissance universelle sont

— celui de la Chaîne cosmique, qui explique la cohérence et la permanence unissant dans l'harmonie du
  monde tous les chaînons de la vie,

— ou celui de la Métamorphose, qui, au contraire,
  rend compte de l'infinie variété, dans le temps et
  dans l'espace, caractérisant la nature créée.

La Chaîne tendue entre Ciel et Terre correspond au
mythe édénique de la science du Bien et du Mal,
l'enjeu même de la connaissance divine: Jupiter défie
souverainement toute menace des Titans qui vou-
draient tirer à eux «la cheine ferrée», mais l'effort de
Philosophie

> Tire les Dieux & la mesme puissance
> De Jupiter
>
> (pp. 89-90)

Le «premier cheinon de la cheine qui pend» est le Ciel,
Père des siècles, des ans et des jours (pp. 148-149),
mais c'est l'Eternité qui a pouvoir sur l'ensemble du

«lien aimantin» qui maintient le monde en son être et lui évite de périr «confuz» (p. 251). Si les Astres sont privés de la liberté fantaisiste de leurs premiers mouvements, ce n'est pas par une métamorphose de leur être, mais par l'enchaînement de ce «lien aimantin» (p. 153) qui symbolise la victoire de l'harmonie sur le désordre primordial.

La métamorphose est la marque d'une nature inférieure, la caractéristique des corps qui ne sont pas soumis éternellement à un mouvement régulier: Jupiter, tombé dans l'esclavage du désir, se change en or (p. 182);

> d'un Cygne amoureux il emprunte l'abit
> *Demantant sa grandeur* soubz une *estrange* plume
>
> (p. 295)

Comme les nuages qui se bousculent dans la zone moyenne de l'air et se forment

> En cent diversitez, dont les vents les transforment
> En Centaures, Serpens, Oiseaux, Hommes, Poissons,

«tout ainsi les Daimons», surtout les aériens, ont «le corps à se muer facile» (p. 120). La métamorphose est la loi de l'être sujet à la Mort (p. 178), «proye du Temps», «joüet de Fortune» (p. 171).

> Ainsi avec Venus la Nature trouva
> Moyen de r'animer par longs & divers changes
> La matière restant
>
> (p. 178)

II-1-2   L'investigation

André de Rivaudeau voit le mérite principal de son contemporain, Ronsard, en ce que «aux hymnes il decoeuvre une encyclopaedie» (*Ep. à Remy Belleau*). Dans les *Hymnes* en effet, Ronsard emprunte les mythes anciens comme on emprunte des sentiers, en

un mouvement haletant d'escalade qui porte ses pas
dans les arcanes de la nature:

> Il me plaist en vivant de voir souz moy les nuës
> Et presser de mes pas les espaules chenuës
> D'Atlas le porte-ciel
>
> (p. 150)

Atlas, à la fois astronome célèbre, montagne vertigineuse et «force» qui «soutient... tout ce grand
monde» (p. 219) est ainsi le support de cette marche
d'exploration. Le poète a besoin de suivre une trace
pour poursuivre sa quête:

> Je veux mieux que jamais, suivant les pas d'Orphée
> Decouvrir les secretz de Nature & des Cieux   (p. 246)

L'efficacité de cette recherche altière est symbolisée
par les ailes:

> C'est tout ainsi que s'elle avoit les aelles
> Du fils de Maie à l'entour des esselles

que Philosophie peut «voler aux Enfers», connaître les
Juges infernaux et leur «loy violente», les Fleuves, les
Suppliciés et les Monstres, et

> reconnaître là bas
> Ce qui est vray, & ce qui ne l'est pas   (p. 92)
> Puis de là bas revolant icy haut...
> Baille des noms aux troupes monstrueuses
> Du vieil Prothée.   (p. 93)
> Elle congnoist des Anges les essences
> ... & toutes les puissances
> Des grands Daimons   (p. 87)

Elle perçoit les lois de l'univers en leur donnant la
figure des Esprits qui l'animent, selon la cosmologie
d'alors: ces êtres mythiques ne sont pas des menson-
ges, mais d'invisibles volontés dont les manifestations
indubitables sont dotées de noms fabuleux; le mythe
est devenu outil de connaissance.

II-1-3-   Une culture vivante

C'est pourquoi l'hymnodie moderne peut se vanter de faire des révélations originales: elle a la certitude de voir plus loin, de progresser dans l'investigation:

> il est temps que j'envoye
> Ma Muse dedans l'air par une estroicte voye
> Qui de noz peres mortz au vieux temps *ne fut pas*
> (Tant elle est incongneüe) *empreinte de leurs pas*
>
> (p. 118)

Grâce à la révélation des païens, l'âge nouveau percevra l'être des Daimons avec plus d'exactitude que ne le firent les «François» du passé. L'action quotidienne des esprits épars dans le monde permet d'interpréter la tradition odysséenne: Neptune fut un démon malin, Leucothoé et Protée étaient prophètes de la Providence (p. 130); mais en retour les traditions antiques enrichissent la compréhension de ces êtres inchoatifs, tout yeux comme Argus, tout en bras comme les Hécatonchires, serpents comme les Géants, oiseaux comme les Harpyes de Calaïs et Zetes, boucs comme les Satyres... C'est par une intuition dont l'immédiateté est le fruit de la culture que le démonologue *reconnaît* ces esprits évanescents lors de leurs manifestations «à l'improveu»,

> Comme Achille congneut Minerve, qui le print
> Par les cheveux derriere
>
> (pp. 122-123)

La connaissance mythologique de la nature est une pédagogie conservatrice, mais elle réclame une sensiblité éveillée.

I-1-4   Influences astrales

C'est ainsi que le poète de l'hymne rejoint la perspicacité de l'astrologue, dont il explique en profondeur

les puissances de véridiction: l'homme est la première
créature qui osa comprendre les astres, enfants de la
première Nuit,

> Et telz noms qu'il voulut au Ciel leur composa
>
> (p. 154)

L'horoscope du Roi est la base la plus sûre de sa
louange (p. 9):

> tous les Dieux,
> La Lune, le Soleil, les Astres, & les Cieux   (p. 116)

leurs noms divins et les légendes qui leur sont atta-
chées, suggèrent que facultés et pouvoirs lui sont donnés par des décrets divins qu'il est possible de déceler:

> Artemis aux Veneurs, Mars preside aux Guerriers,
> Vulcan aux Marechaux, Neptune aux Mariniers,
> Les Poëtes Phebus & les Chantres fait naistre,
> «Mais du grand Jupiter les Roys tiennent leur estre.
>
> (p. 25)

Ces influences physiques, qui relaient les volontés de
Dieu, peuvent être répercutées par l'action des Daimons assujettis à chaque Planète:

> Ceux de Saturne font l'homme melancholique
> Ceux de Mars, bon guerrier, ceux de Venus, lubrique
>
> (p. 125)

Ce système d'influences constatables, indéniables,
accomplit les Destins, et permet d'affirmer qu'en quelque manière les Dieux agissent en ce monde.

L'hymne a pour tâche de faire pressentir cet Ordre,
de faire aimer ces interventions, de louer les êtres
d'élite qui y collaborent; le mythe lui permet de rétablir le contact avec une réalité dont le langage courant
avait perdu l'expérience directe; le mythe *ne décrit pas*
la vie, il en fait percevoir les lois.

II-2 *Allegoria historica*

Les *Hymnes orphiques* présentaient certaines divinités selon une conception «evhémériste» de la Fable, comme des Bienfaiteurs béatifiés par la tradition: Thémis est la première à avoir enseigné l'art oraculaire, les Titans sont les ancêtres des ouvriers, Cérès a inventé le labourage...

II-2-1   Les Héros dans l'histoire humaine

Ronsard prenant congé des Argonautes, «fils des Dieux excellants», donne la clé du choix de son sujet:

> adieu frere vaillans
> Ou soit que vous soyez gens de tresbones vies,
> Philosophes constans, qui chassez les harpies
> De la table des Rois, les flateurs, les menteurs...
> Ou soit que vous ayez la plante si legere
> Que l'on ait faint de vous la fable mensongere
> Que vous passez les vents...
>
> (pp. 291-292)

L'héroïsation est donc le moyen pour la renommée de récompenser aussi bien des talents exceptionnels que des vertus excellentes. Le poète de la Renaissance retrouve ainsi en lui le redoutable pouvoir de donner à la France son histoire enfin vraiment poétique, de fixer pour l'avenir la légende héroïque de ses maîtres.

> Les anciens Herôs du sang des Dieux venus
> Sont encore aujourd'huy, maugré les ans, congnus
> Pour avoir fait chanter aux Poëtes leurs gestes
> Qui les ont de mortelz mis au rang des celestes:
> Et j'en veux faire ainsi!
>
> (p. 6)

Comme Jupiter, après sa victoire sur les Géants, ne demanda pas de plus flamboyant trophée «que d'ouïr sonner à son filz Apollon» l'hymne de sa Gigantomachie (p. 6), Gaspard de Coligny sera égalé «par renom

aux Celestes» grâce à son poète qui chantera le mythe
des fils de Jupiter,

> Les Jumeaux, que Leda la Thestiade fille
> Enfanta pres d'Eurote, enclos en la coquille
> D'un œuf   (p. 295)

Dans la Préface des *Odes* Ronsard définissait le poète
lyrique comme celui qui célèbre jusqu'à l'extrémité
ceux qu'il a entrepris de louer; Rilke voit dans le lyrique «ein zum Rühmen Bestellter», un préposé à la glorification. Avec l'hymne cette fonction prend la forme
de la divinisation:

> en 1555: Et bref, c'est *presque* un Dieu que le Roy
> [des François
> en 1578: Et bref, c'est *un grand Dieu* que le Roy des
> [François

Le mythe n'est pas seulement conservation de la
mémoire collective, mais formation de cette mémoire
qu'il façonne pour les générations futures.

II-2-2   Un art de Cour

E. Bourciez a mis en lumière la façon dont
l'*Hymne d'Henry II*, assimilant l'efficace des Princes,
Princesses et Capitaines aux vertus des dieux anciens,
collaborait à la reconstitution d'un «Olympe de cour»
glorifié par tous les arts bellifontains; l'Age d'or n'est
plus nimbé des voiles douteux de la légende passée: il
est le cadre que le mythe prête à la description correcte
des temps actuels, où la France a reçu de Dieu la maîtrise des arts, des armes et des lois (p. 71; cf. pp. 51,
77). L'hymne, genre composite où le lyrique se mêle à
l'épique, voire au dramatique avec ses discours et ses
débats, entre en concurrence avec les arts plastiques,
précisément dans les tableaux mythologiques où les

pouvoirs de l'*hypotypose*, qui donne l'illusion d'assister en spectateur à une scène, ne font pas dédaigner les charmes de l'*ekphrasis*, qui présente à la vue un bel objet d'art. Comme dans les gravures, les arcs triomphaux et les fresques réalisés pour la Cour, les Allégories appuient leurs attitudes en gestes emphatiques, se regroupent en cortèges, se parent des armes et des manteaux caractéristiques des dieux répertoriés par les antiquaires, accueillent dans leurs rangs des personnages historiques reconnaissables à leurs portraits et à leurs insignes, tels qu'en eux-mêmes l'éternité devra les changer.

La robe des Dioscures porte l'image de l'ouvrière qui l'a brodée et de son séducteur divin déguisé en un Cygne si charmant

> Que chasun eust pensé que Juppiter dessous
> Encore aymoit caché, tant l'image portraite
> Du Cygne & de Leda, estoit vivement faicte
>
> (p. 264)

L'art crée l'illusion de la vérité, mais de la vérité de la fable. Le manteau subtilement brodé du Cardinal Odet de Coligny enclôt en ses plis cramoisis le Parnasse et l'Age de Saturne (pp. 77-78).

II-2-3   L'actualité véridique du mythe

L'Age d'or est plus qu'un souvenir, et même beaucoup plus qu'une promesse: il est le mythe d'une époque bénie, d'une Renaissance. Dans l'hymne le mythe imagine un modèle pour l'action humaine: il ne se contente pas de rehausser un présent par le clinquant de quelque évocation, mais il désigne l'univers qu'on est en train de bâtir, l'Ordre que les bons esprits savent instaurer. C'est pourquoi le destinataire vivant de chaque *Hymne* est en fait un Héros réellement associé à la geste fabuleuse qui lui est présentée en hommage. Le poète prend soin de montrer constamment que seul le mythe vivant, actuel, est crédible:

> Or' que ce Jupiter se tienne donq là haut
> Avecques tous ses Dieux, car certes il ne faut
> Qu'on l'accompare à toy, *qui nous monstres à veüe*
> De quelle puissance est ta Majesté pourveüe
>
> (p. 31)

Le merveilleux présent, le mythique quotidien, rejette dans l'ombre la légende abolie, comme trop «fabuleuse»:

> On trouvera que les faictz Guysiens
> Doivent passer les faictz Achilliens,
> D'autant qu'Achille, & son faict *n'est que fable,*
> Et que le faict de GUISE *est veritable*   (p. 109)

La mythologie moderne dit le vrai des besoins et des désirs d'une société moderne avec les paroles captieuses de la cité antique.

II-3   *Allegoria moralis*

II-3-1   A l'origine des passions

La mythographie trouvait une expression pour les mystères de l'âme, pour l'analyse poétique de sentiments obscurs et de choix moraux dont la parole rationnelle rend mal compte:

> Qu'esse le Roc promené par Sisyphe
> Et les pommons empietez de la griffe
> Du grand Vautour? & qu'esse le Rocher
> Qui fait semblant de vouloir trebucher
> Sur Phlegias? & la Roüe meurdriere?
> Et de Tantal' la soif en la riviere?
> «Sinon le soing qui jamais ne s'enfuit

«De nostre cœur, & qui de jour & nuict
«Comme un Vautour l'egratigne & le blesse?...

(p. 100)

A la suite de l'interprétation rationaliste donnée par Lucrèce, ces images fabuleuses symbolisent l'ambition de paraître, la fureur de dominer, la douloureuse passion de posséder; c'est par un travail qui complète l'abstraction analytique que les forces obscures à l'œuvre dans les comportements individuels ou collectifs, sont nommées, personnifiées, conjurées. Les dieux anciens mêlent leurs silhouettes aux majuscules des Allégories impressionnantes:

la Pitié *est bannye*,
En lieu d'elle *regne* Horreur & Tyrannie...
& Mars qui *se pourmene*
A costé de Meziere & des bois de l'Ardenne
S'egaye en son harnois dedans un char monté
De quatre grandz coursiers horriblement porté.
La Fureur & la Peur leur *conduisent* la bride
Et la Fame emplumée allant devant pour *guide*
Laisse avec un grand flot çà & là parmy l'air
Sous le vent des chevaux son panage voler,
Et Mars qui de son char les espaules luy presse,
D'un espieu Thracien *contraint* cette Déesse
De cent langues semer des bruits & vrais & faux...

(pp. 41-42)

L'apparition du dieu dans le cortège redonne vivacité aux verbes, précision et mouvement aux attitudes, et permet finalement de rendre compte de l'étrange prolifération des fausses nouvelles qui passionnent l'opinion en temps de guerre.

Les entraînements les plus incompréhensibles, les fécondités et les déchirements monstrueux, les passions paradoxales ne peuvent qu'avoir une origine divine. Les effets prodigieux de l'Or avaient été attribués à Plutus par Erasme, qui les résume dans l'*Eloge de la Folie*; et Ménandre, cité par Ronsard,

                    asseuroit la Richesse
            (Tant elle a de puissance) estre seule Deesse

                                                          (p. 183)

La fable est un modèle qui permet d'approcher le
mystère des âmes par des images servant en quelque
sorte de règle à la pensée philosophique, mais dont le
caractère approximatif et hasardeux ne doit pas être
nié dans une poétique soucieuse de vérité.

II-3-2   Du discernement des images

Alors que, dans l'allégorie historique, la critique
des images traditionnelles a toujours en arrière-plan la
rhétorique élogieuse du «comble» (l'amiral est plus
fort que Neptune, l'ambassadeur plus éloquent que
Mercure), dans l'allégorie morale cette critique traduit
un désir de précision efficace: le salut final à la Fortune débarrasse la divinité de tous ses attributs: tu
n'auras plus, lui promet le poète, ni bandeau, ni boule,
ni mèche, ni rouet,

            Ny tout cela dont furent inventeurs
            En te peignant les vieux peintres menteurs   (p. 114)

Sagement soumise à Dieu, comment cette Allégorie
ainsi émondée pourra-t-elle être reconnue par ses ado-
rateurs? Mais ne sont-ce pas, en fait, ces fidèles qu'il
s'agit de purifier?
    Pour nier les fables infernales, l'hymnodie prend
les accents d'un Lucrèce chrétien, exorcisant la peur de
rencontrer

            Le Chien à trois voix aboyant,
        Et les eaux de Tantale, & le roc de Sisyphe,
        Et des cruelles Sœurs & le fouet & la griffe
        Et tout cela qu'ont feint les poëtes là bas
        Nous attendre aux Enfers apres nostre trespas.

L'aiguillon de cette dénégation n'est pas le rationalisme qui corrode toute pensée mythique, mais au contraire la foi en la Vérité faite homme:

> Quiconques dis cecy, ha, pour Dieu! te souvienne
> Que ton âme n'est pas payenne, mais Chrestienne.
>
> (p. 172)

Dieu est mort et ressuscité pour nous ouvrir une voie au ciel et nous affranchir de la crainte de la «nacelle infernale», de Charon, du «Chien à trois abbois» (*ibid.*)

L'hymne accepte les symboles moraux que comportent les mythes, mais il récuse les dogmes païens qu'ils véhiculent.

II-3-3 Typologie

Dans le préambule de l'*Hercule Chrestien*, Ronsard se fait l'écho de réactions contemporaines condamnant les excès des poètes dans l'emploi de la mythologie gréco-latine; il tourne en dérision le bric-à-brac des fables astronomiques, symboles mêmes de l'idolâtrie,

> des Taureaux,
> Des Chiens, un Asne, un Lievre & des Chevreaux,
> Deux Ours, un Fleuve, un Serpent, & la Chevre
> Qui respandit son laict dedans la levre
> De leur beau Dieu par l'espace d'un an
> Estant caché dans l'antre Dictëan
>
> (p. 214)

Il ne peut donc s'agir, dans l'*Hercule Chrestien*, de «comparer» Hercule au Christ, comme le comprend parfois un rationalisme superficiel; c'est bien l'essai d'une poétique originale et sincère, une méditation sur les aléas de la Révélation: comme l'étrangeté de l'oracle d'Ammon, des «trepiedz de Phebus», des Prophètes et des Sibylles, dont les oracles furent mal interprétés par les païens «mal cauts» qui y lurent la fable de leurs «faux Dieux», en particulier d'un «Hercule estrange», et non la préfiguration de l'histoire du Christ, la «nativité de Femme vierge», la «grand'Croix» et les «travaux» rédempteurs (p. 212). Mettre la lyre païenne au service des mystères de la vraie foi, c'était définir le projet mythologique des *Hymnes* de 1555. Les travaux d'Hercule ne sont plus que des images prémonitoires rendues inutiles par la manifestation de la Vérité; comme les reliefs du jubé allégorique de la Cathédrale Saint-Etienne de Limoges, la mythologie herculéenne ne prend sens et intérêt que pour un esprit capable de lire avec louanges et émerveillement l'histoire divine à travers de grandes images prises pour des intuitions esthétiques.

*

Par ces diverses utilisations allégoriques, le mythe définit l'univers des valeurs dont l'esprit poétique perçoit la dignité religieuse et l'importance pour la vie lucide.

III. — MYTHE ET POÉTIQUE

L'emploi de la Fable est essentiel à l'écriture des *Hymnes*.

III-1   *Mythes de l'inspiration hymnique*

La figure des Muses, inspiratrices fabuleuses, s'adapte au lyrisme intellectuel des *Hymnes*:

III-1-1 L'initiation

Les Filles de Mémoire ne se manifestent que là où des mécènes éclairés donnent à la recherche philosophique les moyens de travailler en paix,

> Afin d'estre promeüe au mystere admirable,
>
> (p. 118)

et à la propagande politique le loisir de s'exprimer sincèrement: c'est Clio, Muse de la renommée (p. 85) qui a découvert au poète le «*présent d'excellence*» digne d'être *présenté* à son protecteur. La Muse de l'hymne a une fonction de ministre auprès des chefs des peuples; elle est responsable du progrès dans la culture et l'éducation de la nation: si les Muses ont fait vœu de pauvreté et de chasteté,

> Qui jamais par leurs vers ne se sont souciées
> D'epargner de l'argent pour estre mariees,
> Tellement que tousjours la dure pauvreté
> Les contraint par les bois de garder chasteté,
>
> (p. 181)

c'est pour indiquer à leurs serviteurs qu'elles leur confient une mission patriotique exigeant l'abnégation d'un sacerdoce; l'on m'entend chanter, écrit maintenant l'auteur des *Hymnes*,

> Non pour l'amour de moy, mais pour l'amour des
> [belles
> Filles de Jupiter, les neuf Muses pucelles,
> Dont je suis serviteur...
> Decouvrant leurs secretz, *aux nations Françoises*,
> Que hardy j'espuisay des fontaines Gregeoises
>
> (p. 349)

Il ne s'agit plus de piller Thèbes et de saccager la Pouille pour le plaisir d'enrichir une nation orgueilleuse de son destin. La *translatio imperii* a fait place à une dépendance culturelle.

III-1-2   Les Muses sages

Dans les premiers vers de la *Prière à la Fortune* (p. 103), Ronsard confond sa création poétique avec ce qu'il a lu, et qu'encore il doit lire. L'inspiration de l'hymne requiert dans l'audace une humilité inconnue du poète des *Odes*. Le préambule de l'*Hymne de la Mort* (pp. 161-163) reconnaît qu'

Aux Anciens la Muse a tout permis de dire

Tout est dit... Mais le larron des ondes poétiques trouvera encore la force d'entonner un chant paradoxal en faveur des puissances qui, comme l'Or, la Fortune, la Mort, les Astres, préoccupent la pensée moderne, ou dont l'encyclopédie contemporaine apprécie de façon plus juste les valeurs, comme la Philosophie, l'Eternité, les Princes, le Ciel, les Démons (p. 118). L'esthétique de l'hymne se fonde sur une éthique.

Depuis l'époque juvénile des *Odes*, les Muses ont donc vu s'assagir leurs élans frénétiques et leur forcènement confus. La fureur poétique, cette fièvre surnaturelle qui provoque à la création, est maintenant le mythe non plus de l'enthousiasme violent, mais de l'intellect spéculatif, soucieux de ses responsabilités: au début de l'*Hymne de l'Eternité* Ronsard trouve enfin dans le mythe son véritable souffle:

Tourmenté d'Apollon qui m'a l'ame eschauffée
Je veux plein de fureur, suivant les pas d'Orphée
Rechercher les secrets de Nature & des Cieux,
Ouvrage d'un esprit qui n'est point ocieux

(p. 246, version de 1584)

La recherche se fait en état de grâce; la fable rappelle que la science n'est pas l'aboutissement d'un raisonnement discursif. Pour le poète, le mythe est subordonné à la tâche initiatrice: les ailes du fils de Maia (p. 92) sont considérées comme un *moyen* d'investigation des royaumes infernaux et non plus comme le symbole de la rapidité du Psychopompe.

III-1-3   La puissance

Le discours fabuleux sur la Fable indique donc que le poète s'est lui-même insinué dans l'univers mythique; il fait partie des puissances qui ont le don de percevoir la vérité; il a le pouvoir d'«atteindre à la louange» des êtres divins, c'est-à-dire non pas, comme on le comprend parfois à tort, d'égaler sa propre louange à la leur, mais de produire leur hymne (p. 246),

Et de voler au Ciel par une voye estrange

pour chanter leur «non ditte loüange», inventant des accords dont les siècles garderont la tradition (p. 164); «le peuple dira ce qu'il voudra» (p. 180), le poète, devenu héros public, ne perd pas la conscience de la pureté de ses efforts sous le beau regard de Calliope.

III-2   *Mythologie et analogie*

La poétique de l'hymne est déterminée par les fonctions cognitives dont s'y revêt le lyrisme: l'emploi de la Fable est essentiel à l'unité de ton qui caractérise ce genre littéraire, dont il ordonne le decorum, unifie le tissu métaphorique, nourrit de réalité les fantaisies.

III-2-1   Le decorum: l'hymne est un temple

Le récitant de l'hymne est le servant de la grande tradition lyrique «comme au lustre Olympien» (p. 73),

mais il sait tenir un propos continu, ce qu'il ne faisait
pas dans l'*Ode*, pour inventer le salut rituel adressé par
la société des hommes aux puissances qui la maintien-
nent dans un ordre bénéfique et rayonnant:

> Lors moy, le seul autheur d'un si divin office,
> Je feray dignement le premier sacrifice,
> Environné du peuple, à tes nobles Ayeux,
> Qui habitent l'Olympe assiz au rang des Dieux
> Puis aux Herôs qui sont tes deux Freres qui vivent
>
> (p. 83)

Plus qu'une impression de lecture ou de récitation littéraire, on retire des *Hymnes* la sensation d'une participation à un rituel processionnel devant des reposoirs
historiés. Le chantre ne peut louer, prier, évoquer les
êtres auxquels il s'adresse que dans une mise en scène
qui lui permet de procéder et de se retirer selon une
liturgie sacerdotale, à la différence de la chorégie dramatique, où les fonctions de commentaire et de jeu
prédominent. Par la cohérence des images mythologiques, l'hymne constitue un univers clos. Comme dans
le *Temple des Chastillons*, tout hymne définit ses divinités en leur consacrant un espace liturgique; ce n'est
que par un poème de ce genre que la Mort même
pourra avoir chez les hommes son temple. La récitation hymnique fait entendre que c'est *enfin* par la con-
sécration dans l'espace du sanctuaire et dans le temps
de la cérémonie que les êtres providentiels entrent dans
l'univers connu de la Fable. Justice le souligne et Clémence le répète (pp. 58, 63). L'hymne inaugure le
mythe: ce n'est pas par la grâce du marteau du sculpteur «qui son renom déifie» en dressant une statue

> Pour la faire adorer du peuple bas   (p. 35)

que le Roi rejoindra les Héros, mais par le poème,

ostension discursive de ses *mérites*, bien réels, mais dont la *divinité* reste à célébrer.

III-2-2   La cohérence: le mythe comme passage

Le dédicataire de l'hymne et la divinité titulaire sont réunis grâce à cette mythologie primaire; Vertu et le Prélat protecteur sont logés en un même Temple (pp. 99, 100 et 101); l'affabulation a pour but final de lancer un pont entre l'humain et le divin. Les vivants sont les acteurs d'une Incarnation continuée,

> imitant l'Eternel
> Qui se daigna vestir d'un habit corporel
>
> (p. 331; cf. 210)

Le regard éduqué par la Fable sait reconnaître que celui qui fait régner la justice est en réalité une épiphanie de Justice, qui a *revestu* son corps (pp. 66, 67). Comme pour la pensée primitive, les phénomènes apparents sont une manifestation de Forces latentes dont les desseins et les cheminements rappellent ceux des humains; c'est l'anthropomorphisme propre à toute mythologie qui fait percevoir le plus nettement l'unité de ton de l'hymne; le monde du quotidien perceptible est non seulement analogue à l'univers métaphysique des valeurs et des vertus, mais il lui est homologue; la similitude entre les deux mondes n'est pas seulement rapport de ressemblances, mais ressemblance de rapports fonctionnels.

Cette cohérence caractérise la mythologie de l'hymne: les formes divines se retrouvent et se complètent non plus dans le tohu-bohu d'images aux bords abrupts de l'ode, mais en un tissage uni, un réseau bien ourdi d'évocations signicatives.

III-2-3   Le mythe comme «manteau»

Le réel ne peut être perçu que sous un déguisement, le «fabuleux manteau» dont la poésie enclôt toute chose selon l'enseignement de Jean Dorat. Plus qu'un ornement mental ou sentimental, le mythe est instrument de la raison qui comprend l'être. C'est d'un même mouvement qu'un «esprit prompt à sçavoir la nature esplucher» va «jusqu'au Ciel la Vérité chercher» (p. 101); une suite de tableaux imaginés pour le *Temple* présente successivement les combats terrestres et maritimes pour Boulogne, Hesdin, Montmédy, et, sur un autre volet l'image «des Sœurs Néréides, d'Inon, & des Tritons... flottans demy-poissons» (p. 80); l'histoire vraie, qui a un sens, est celle qu'on fait écouter aux portes de la légende. Quand Ronsard, tout désemparé à la cour d'Anet, voit surgir la providentielle silhouette de son Cardinal «flambant pour son secours», il ressent le même divin soulagement que les marins au péril de la mer à la vue des Jumeaux.

Seule l'allusion aux Daimons salvateurs — répertoriés par les traités de météorologie comme par les mythologues — permet de faire comprendre le sentiment de reconnaissance éperdue et l'émerveillement qui forment l'essentiel de ce détail biographique. Seul le mythe permet d'exprimer ce qu'a de significatif une vérité.

III-3   *L'Ordre*

Sur le manteau pourpré du Cardinal de Coligny, le poète figure la «belle histoire» de l'Age d'Or, mythe du Paradis Perdu, mais surtout des Lendemains dont les chants déjà se laissent percevoir. Il est révélateur

que les Allégories qui se pressent autour de Saturne,
Foi, Espérance et Amour, les trois «Vertuz» théologa-
les, soient précédées de Vérité: dans l'univers de
l'hymne, la connaissance pure est privilégiée. Mais à
cette broderie le poète ajoute le bal des divinités inspiratrices: le mythe d'une nation heureuse et pacifiée
n'est crédible que s'il se place sous le signe de l'harmonie poétique.

III-3-1   Le poème exorcise la Menace originelle

Le mythe des Muses, pour lesquelles Ronsard était
en train de façonner un *Hymne* (p. 141) est au cœur de
la leçon hymnique, non seulement pour vanter le
labeur de l'auteur ou pour lui permettre d'exposer ses
théories sur les Lettres, mais surtout parce que
l'hymne est fondamentalement «*musique*». Selon la
philosophie néo-platonicienne en vogue, les rythmes et
les nombres de la grande poésie ont une efficacité
magique: l'acte poétique perpétue la Genèse créatrice
par laquelle Dieu mit en harmonie les Eléments brouil-
lés dans l'im-monde Chaos; si le Monde par malheur
retrouve un jour

> De son premier Chaos la figure ancienne...
> qui adoncques dira

les *Hymnes* de la gloire de Dieu? L'im-mense Chaos
est le Mythe primordial, antérieur à toute manifestation de l'esprit, incompatible avec la psalmodie du
poème harmonieux. Si le Créateur, qui «dès le commencement» a départi en «naturel office... à Phebus
la musique» (p. 64) juge que

> Le monde ne doit pas encore prendre fin   (p. 65)

il doit continuer à illuminer de son esprit les cœurs des
Sibylles et des Prophètes.

140

III-3-2   Le poème exorcise les volontés mauvaises

La création mythographique dans l'*Hymne* revient essentiellement à *nommer* non seulement les puissances bénéfiques, mais les forces du mal aussi; la menace permanente de dissolution de l'être est incarnée par Discord, l'«ennemy» satanique de l'Eternité, Discord

> qui ses forces assemble
> Pour faire mutiner les Elementz ensemble
> A la perte du Monde...
> Et vouldroit, s'il pouvoit, rengendrer le chaos
>
> (p. 249-250)

C'est le même Discord qui anime à la subversion «le meschant peuple empoisonné d'erreur» qui, dans les ténèbres, rompt les «loix tranquilles» (p. 54); c'est lui qui est choisi comme Dieu par «noz Roys», qui ont

> Pour cherir Mars chassé la belle Astrée...
> Dedans leurs cœurs ayant bien peu de crainte
> De JESUSCHRIST, & de sa loy tressainte
>
> (p. 107)

La mythologie de l'hymne a pour obsession de maintenir des lois, c'est-à-dire des rythmes vitaux pour tout organisme. Il en va de même

> de nostre esprit, qui tant soit chagrigneux,
> Despit, triste, pensif, resveur, melancholique,
> Est tout soudain gary d'une douce musique,
> Ou de livres nouveaux divinement escris
>
> (p. 190)

Sont divinement composés les «accordz» de toute «chanson nouvelle» (pp. 163-164), qui propage l'apaisement souverain qu'on voit régner dans les «discordans accordz» du bal céleste (p. 143), dans le «tresfidelle accord» que gardent

> La Mer, le Ciel, la Terre, & chascun Element
>
> (p. 68)

Le rite poétique, qui situe les hommes par rapport aux

dieux de tous ordres, qui organise les dieux entre eux, apporte aux hommes l'ordre entre eux et en eux; le rite poétique unit en lui le rythme et le mythe, par lesquels s'exerce la volonté de vivre dans la communauté humaine.

III-3-3   La danse sacrée

Le poème mythologique instaure une dynamique de l'ordre; la Philosophie qu'il vénère

> A sçeu comment tout le firmament dance
> Et comme DIEU le guide à la cadance,
> A sçeu les corps de ce grand Univers
> Qui vont dançant de droit, ou de travers,
> Ceux qui vont tost au son de l'harmonie,
> Ceux qui vont tard apres leur compagnie,
> Comme Saturne aggravé de trop d'ans
> Qui suit le bal à pas mornes & lens.   (p. 91)

Mais c'est l'hymne qui rend efficace et actuelle cette

> science premiere
> De qui toute autre empesche sa lumiere   (p. 86)

non seulement en louant la Philosophie, máis en l'associant à l'action d'un Prélat qui est en tout lieu

> Aymé du Roy, de son peuple, & de DIEU.   (p. 101)

Les figures animées par l'écrivain, mieux que celles qu'«imite d'artifice» l'ingénieur, ou que grave l'artiste,

> Peintre, Imager, Armeurier, Entailleur,
> Orfevre, Lapidere, Engraveur, Emailleur   (p. 32)

reproduisent

> Cela que DIEU bastit dans le grand edifice
> De ce Monde admirable, & bref ce que DIEU fait
> Par mouvement semblable est par luy contrefait;
>   (p. 33)

le mythe «contre-fait», c'est-à-dire *re-produit en se fiant au modèle*, les merveilles de la Création.

L'ordre poétique contribue à la grâce aimable et à l'actualité de l'harmonie cosmique, avec laquelle il a mainte analogie; les Heures, «qui vont d'ordre à grandz pas tous egaulx»

> Et l'An qui tant de fois tourne, passe & repasse,
> Glissant d'un pied certain par une mesme trace
>
> (p. 251)

évoquent la coulée calme et souveraine des alexandrins dans la vaste composition isométrique que les *Hymnes* de 1555 inaugurent magistralement.

*

La mythologie allégorique qui caractérise les *Hymnes* de Ronsard à partir de 1555 est une recherche originale, et non plus la découverte d'un trésor enfoui: le créateur s'adonne à son tour à la «mythopoïèsis» au lieu d'exploiter le catalogue de la Fable. La personnification des grandes forces divines dont on perçoit dans l'univers et dans l'histoire les effets mystérieux permet au poète né chrétien et français de retrouver la ferveur des voyants qui ont doté l'humanité du trésor des fables. Remontant d'instinct aux archétypes de l'investigation, son inspiration est préservée tout naturellement du recours aux stéréotypes ambitieux qu'on lui reprochait; les insignes pris dans l'arsenal mythographique retrouvent leur rôle de symboles. Le mythe, pour cette poésie religieuse, demeure thème de spéculation dans la mesure où il est reçu de la tradition régulatrice, mais devient instrument d'investigation dans la mesure où il est le produit de l'invention. L'*Hymne* ne se satisfait pas de l'érudition mythologique, et il appelle la méditation à poursuivre son mouvement pour suggérer des vérités divines, qui demeureront toujours inaccessibles, mais toujours étonnantes.

Un mythe inventé par Ronsard résume les mérites de cette inspiration: c'est celui de la Parédrie de Jeunesse, «au dextre costé d'Eternité» (p. 248): jeunesse toujours renouvelée de l'histoire et éternité des lois de l'harmonie; jeunesse de l'esprit humain, qui sait qu'il ne jouit pas de l'immortalité, mais qui comprend qu'il est appelé à participer à l'éternité de Dieu (p. 61); le monde de la Fable résume les espoirs d'une humanité qui, selon des systèmes symboliques différents, met les certitudes de sa foi et la solidité de son espérance dans le mythe d'une victoire sur la mort:

> Hercule au ciel espousa la Jeunesse,
> Et JESUSCHRIST l'Eternité. (p. 222)

Sur le personnel du premier livre des *Hymnes*:
A l'ombre de Dieu

par

Michel SIMONIN

L'hymne m'embarrasse guère le *Dictionarium*[1] d'Ambrogio Calepino:

> Hymnus, ὕμνος, Latinè laus, canticum.

Et de donner pour référence un vers de Martial qui s'applique à tout autre chose[2]. A quelques nuances près le *Premier Livre des Hymnes* groupera des éloges,

---

[1] Bon représentant du savoir moyen, cette encyclopédie voit le jour à Reggio d'Emilie en 1502; elle ne sera pas réimprimée moins de deux cents fois entre cette date et le XVIII⁽ᵉ⁾ siècle. Présente dans toutes les bibliothèques, elle engendra le nom commun que Montaigne et Boileau connaissent déjà (voir A. Labarre, *Bibliographie du Dictionarium d'Ambrogio Calebino*, Baden-Baden, 1975). Notre citation est prise dans l'édition de Lyon, J. Fresson, 1560, fol. 237 v°.

[2] «Invitus puerum fatetur hymnus» (XII, lxxv, 2). Mauvaise lecture de toute une famille de manuscrits pour «Hypnus». Calepin et les lecteurs qui l'ont suivi ont compris: «L'hymne dit la vérité de l'enfant», là où Martial avait écrit: «Hypnus convient être un garçon à regret.» L'édition Farnaby (voir p. 515 de l'édit. de Genève, Chouet, 1623) conserve *Hymnus* mais sait qu'il s'agit d'un nom propre.

qu'ils soient nommés «Hymne», «Temple» ou «Epitaphe», ou que Ronsard se soit borné à désigner la matière de son poème (*Les Daimons*, *Hercule chrestien*), confiant à la situation de la pièce dans le recueil de nous apprendre ce que ne nous dit pas son titre. Nécessaire, comme on le verra, au projet de 1555, l'«Epistre à Charles de Pisseleu» passe dans la section des *Poëmes* lors de la réorganisation qu'implique la préparation de l'édition collective de 1560. Quant à la *Prière à la Fortune*, que Michel Dassonville exclut de sa définition du genre[3], elle participe à la fois de l'éloge et du blâme, ce qui montre combien Ronsard connaissait son *Institution oratoire*: Quintilien ne traite-t-il pas de conserve «De laude et vituperatione»[4]?

Pas plus que l'*hymnus* entendu comme un *éloge* n'appelle une forme particulière, il ne suppose un objet particulier:

> (...) proprium laudis est res amplificare et ornare. Quae materia praecipue quidem in deos et homines cadit, est tamen et aliorum animalium; est etiam carentium anima[5].

Dans sa *Rhétorique*, Aristote affichait déjà l'opinion que nous venons de lire sous la plume de Quintilien[6].

Si l'on consent, à titre d'hypothèse, à tenir pour réglée cette question préalable parce qu'elle ne semble pas avoir existé pour les hommes du XVIe siècle, il convient en revanche de s'arrêter plus longuement aux

---

[3] «*Temple* et *Prière* appartiennent à des genres différents de l'hymne» («Eléments pour une définition (...)», *BHR*, XXIV (1962), p. 64, n. 1).

[4] *Institution oratoire*, III, vii.

[5] *Op. cit.*, III, vii, 6.

[6] *Rhét.*, 1366 a.

problèmes posés par l'*amplificatio* et à l'*ornatus*. Le rhéteur latin ne les soupçonne pas. L'*Institution oratoire* se borne à distinguer «la louange des dieux et des héros, que les premiers siècles ont produits» dans lesquels sa piété lui interdit de voir des «matières douteuses» (*res dubiae*)[7], des autres louanges pour lesquelles il prodigue ses conseils. Or pour le chrétien il n'est qu'une matière certaine d'éloge: Dieu, «(...) admirable / En ses effectz divins», seul «suget perdurable»:

> L'Hymne qu'à tel Vainqueur tu chantes sainctement,
> Plus que tout autre chant chanté prophanement,
> Doit affranchir ton nom d'une mort eternelle[8].

*

A cette lumière la diversité des éloges n'est que l'accidentelle apparence de la célébration des «effects divins», l'espace orné et amplifié de l'effusion:

> (...) quant à son ame, certainement la mort luy a apporté une infinité de biens et de felicitez, et ne luy a rien osté que la participation et le sentiment des douleurs de son corps: elle jouïst maintenant de la conversation des Anges, de la contemplation des choses qui ne se peuvent imaginer, de la gloire et de la lumiere de Dieu, du repos et du contentement eternel. Elle a laissé la contagion et l'impurité de la matiere, qui est comme une espece de mort, et commence maintenant à vivre veritablement: elle ne voit plus l'ombre et la figure des choses celestes, mais contemple le vray original et le vray exemplaire: elle ne voit plus Dieu par enigme, et comme dans un miroir, mais elle le voit face à face, et discourt avecques luy, et

---

[7] *Institution oratoire*, III, vii, 4.

[8] «Sonnet du Conte d'Alsinois», *i.e.* Nicolas Denisot dans l'édition des *Œuvres complètes* de Ronsard, t. VIII, p. 206. Nos citations du *Premier Livre des Hymnes* sont toujours prises de ce volume.

implore sa misericorde pour nos pechez et pour nos offenses[9].

Mais le voyage de l'âme du poète n'a pas encore commencé[10]. Il faut tenter d'écrire. Des choses celestes, Ronsard ne pourrait dire que l'ombre et la figure. Et il s'en garde, comme d'une vaine et périlleuse curiosité. *Non altum sapere*: «(...) nous ne povons comprendre / Ce que Dieu nous escris (...).»[11]

Suffirait-il de nommer Dieu? Albert Py a montré la rémanence de l'antique croyance du *Nomen numen* dans les *Hymnes*[12]. Vocation du prêtre, l'*hymnologia* peut bien être la fin du poète, ce n'est pas son office. Il

---

[9] Du Perron, *Oraison funebre sur la mort de Monsieur de Ronsard*, Paris, 1586, pp. 116-7. La «contemplation», figurée par le panégyriste, forme l'attitude finale de l'orant, le terme du mouvement qu'entreprennent les *Hymnes*; elle est, comme le rappelle F. Joukovsky, «au sens religieux» l'«opération confuse de l'intelligence par laquelle l'âme s'unit à Dieu» («Quelques termes du vocabulaire philosophique dans les *Hymnes* de Ronsard» dans *Histoire et Littérature*, Paris, P.U.F., 1977, p. 260).

[10] Sur ce motif, voir la contribution de Michel de Certeau dans les actes (à paraître) du colloque «Voyage et voyageurs à la Renaissance» (Tours, C.E.R.S., 1983).

[11] P. 159, vv. 218-9. Ronsard exprime ici une idée développée par son dédicataire Melin de Saint-Gelais dans son *Advertissement sur les jugemens d'astrologie* (1546): «Pour laquelle indignité fuyr se fault neanmoins garder de tomber en une encores plus grande qui seroit, si par curiosité nous voulions... nous enquerir trop avant des mysteres que Dieu (comme j'ay dict) ha reservez à luy» (édit. Blanchemain, t. III, pp. 269-270). Preuve complémentaire de la convenance étroite entre le poète et son dédicataire, on trouve déjà dans l'*Advertissement*, seulement esquissé, le mythe des géants: «oultre la sobriété que recommande sainct Paul, nous devenons semblables aux géantz que les poëtes feignent avoir tenté le ciel» (*op. cit.*, t. III, p. 70 et *O.C.* VIII, pp. 152-3, vv. 41-78).

[12] Introduction à son édition des *Hymnes*, Genève, Droz, T.L.F., 1978, pp. 22-4.

lui échoit de s'arrêter à ce qu'Il a «departy à chacun»,
savoir «un naturel office», «un propre mestier». Ronsard croit avec Manetti, après Lactance, que Dieu a
créé l'homme pour qu'il le connaisse et l'aime:

> Solus est enim qui sentiens capaxque rationis intelli-
> gere possit Deum, qui opera ejus admirari virtutem
> potestatemque perspicere (...)[13].

Que l'éloge s'attache aux choses, aux créatures, aux
puissances, aux croyances qui habitent le monde d'en-
bas ou le ciel intermédiaire, il chantera toujours les
opera de Dieu. Ne lisait-on pas avec hâte, autour de
Ronsard, en 1555 le très récent ouvrage de Pierre du
Val, évêque de Sées, *De la Grandeur de Dieu et de la
cognoissance qu'on peut avoir de luy par ses œuvres*[14]?
Ce sera le programme des *Hymnes*. Et la raison profonde de la tendance qu'on ne peut manquer d'y
observer à l'éloge indirect[15].

*

> Au bas du Roc, un long peuple se suit[16].

Le sol des *Hymnes*, comme le pied du Rocher de
Vertu, est couvert par les états du monde

> Où cent mille artizans en cent mille façons
> Exercent leurs mestiers: l'un aux lettres s'adonne,
> Et l'autre Conseiller tes sainctes loix ordonne

---

[13]   *De Dignitate et excellentia hominis*, édit. Leonard,
Padova, 1975, pp. 94-5.

[14]   Voir P. Boaistuau, *Bref discours de l'excellence et dignité
de l'homme* (1558), édit. M. Simonin, Genève, Droz, T.L.F., 1982,
p. 99.

[15]   A. Py, *op. cit.*, pp. 20 et suiv.

[16]   P. 98, v. 229.

> L'un est Peintre, Imager, Armeurier, Entailleur,
> Orfevre, Lapidere, Engraveur, Emailleur[17],

Parmi la multitude, point de nom, tout au plus des fonctions. Les hommes habitent un espace plat, écrasé que Philosophie s'emploie à cartographier:

> Il n'y a bois, mont, fleuve, ne cité
> Qu'en un papier elle n'ait limité[18].

Dans ce monde où l'on «erre» et que «Vient mesurer», arpenter la déesse, les noms manquent encore.

En «ce bas monde»[19], même les états, si modestes soient-ils, ne sont point sûrs:

> Si quelquefois d'estat, comme son pere il change
> (...) nous voyons cela, pour mieux l'homme asseurer
> Que rien ferme ne peut en ce monde durer[20].

Contrepoint de la Puissance divine, la *miseria hominis*, moment d'exil et figure de la prison du corps, résume les «maux aux quelz il faut en ce bas monde vivre»[21]. C'est le lieu que l'on souhaite quitter:

> Comme un bon pelerin s'esjouist en son cœur
> D'avoir en son voyage accomply la longueur
> Pour revoir au logis la face de son pere[22].

Et Ronsard ne s'attarde pas. Son sujet est ailleurs, de la Terre au Ciel et du Ciel à la Terre, plus souvent près de l'une, quelquefois, d'une aile icarienne mais pru-

---

[17]   P. 32, vv. 514-8.
[18]   P. 95, vv. 157-8.
[19]   P. 224, v. 1.
[20]   P. 225, vv. 32-4.
[21]   P. 230, v. 36.
[22]   P. 230, vv. 29-31.

dente, vers l'autre. Là jouent les acteurs du théâtre suspendu[23] des *Hymnes*.

*

Sur la «terre basse»[24] poussent les grandeurs du Roi, des Princes et des Poètes. Les premiers dorment dans un «Mausolee»[25]; un «temple»[26] perpétue les seconds, grâce à l'inspiration des derniers. Tous, à des degrés divers, ont entrepris de lutter contre le Temps[27]. Tous accèdent au Nom qui individualise. Mais la reprise anaphorique de Chastillon, Montmorency, d'Albon ou Lorraine, qui rythme le recueil ne doit pas égarer. Ronsard dit ce qu'ils sont et ce qu'ils font en termes encomiastiques mais leur refuse la qualité de personnage. Telle n'est pas son attitude à l'égard d'Henri II. Il n'est point pour lui l'occupant provisoire d'une fonction héréditaire; c'est un être singulier dont il a entrepris la *vita* à un moment où les panégyristes, peut-être encouragés par la propagande royale, se

---

[23]   Il y aurait avantage à étudier pour elles-mêmes les rencontres entre l'univers hymnique et celui du mystère médiéval (voir la remarque de F. Joukovsky, «La guerre des dieux et des géants (...)», *B.H.R.*, XXIX (1967), p. 78). On notera surtout combien s'oppose à «L'homme qui n'est sinon que fumée, et que vent», la réalité feinte mais apprêtée des créatures poétiques qui le cernent, le manipulent, l'humilient pour en définitive le provoquer par leur merveille à l'amour de Dieu.

[24]   P. 6, v. 8.

[25]   P. 22, v. 325.

[26]   Pp. 72 et suiv. Le roi construit un monument funéraire; le Poète, d'une truelle qui se rit bien de celle des «maçons», un temple. On ne rencontre pas d'autres architectes monumentaux dans le *Premier Livre*.

[27]   Par ex., p. 44, vv. 731-6; p. 72, vv. 541-2.

pressent[28]. Le prix de l'éloge vient ici des entorses à la
topique de l'éloge. Le souverain est prématurément
vieilli[29]; il se complait dans la voltige et les tournois[30];
c'est un fils qui honore la mémoire de son père[31].
Autant de matières douteuses. Pourquoi leur avoir fait
une place? C'est, me semble-t-il, que Ronsard a
recherché à tout prix l'«effet de réel», le moyen le plus
sûr de convaincre son héros et narrataire privilégié du
pouvoir de son écriture. Dans le même temps, le narrateur travaille — comme il le fera plus tard dans son élégie à Pierre de Paschal — à disposer pour les biogra-
phes futurs, les éléments de sa propre *vita*, qui frôle à
deux reprises l'existence domestique du Prince[32].

*

[28]   Pendant qu'il passe encore pour avancer sa mission histo-
riographique, Paschal (voir Nolhac, *Ronsard et l'humanisme*, pp.
257-339) donne son *Ad Principes christianos exhortatio pacificato-
ria* en 1555. La même année Tahureau signe une *Oraison au roi de
la grandeur de son regne* (...); Jean Macer célèbre le roi *De prospe-
ris Gallorum successibus* et G. Symeoni «prognostique» le *Présage
du triomphe des Gaulois*. Cette floraison ressemble fort à une cam-
pagne de presse dont l'*Hymne à Henri II* serait l'une des pièces. Le
souci du Prince est au reste trahi par une peinture anonyme de
l'Ecole française, elle aussi datée de 1555, qui le représente dans
l'attitude qui est celle d'Henri VIII dans le portrait d'Holbein: de
face, paraissant vouloir de sa puissance crever la toile (Le Puy,
Musée Crozatier, reprod. dans le catalogue de l'exposition
Coligny, Paris, Archives Nationales, 1972-3, p. 41 et notice 420).
[29]   P. 15, vv. 204-6. Est-il besoin de dire que le tableau cité ne
laisse rien deviner de tel.
[30]   P. 11, vv. 112-32.
[31]   P. 21, vv. 315-24 et la note 2.
[32]   P. 16, vv. 215-20 (indiscrétion inédite sur le comportement
du monarque pendant les séances du Conseil du Royaume); p. 12,
vv. 133-42 (le narrateur, témoin visuel).

Dans le monde des *Hymnes*, au-dessus du Roi sont les déesses. Les personnages historiques étaient pierres vives; les personnages mythologiques, les abstractions médiévales sont des êtres de papier, des motifs d'«ystoires»[33] ou de gravure. Des traditions culturelles parasitaires encouragent et gênent tout à la fois leur présence dans le recueil. Ronsard commence, comme il l'avait fait pour Henri II, par les animer. Philosophie est douée d'une immédiate capacité de connaissance qu'elle exerce sans relâche:

> Mais d'un clin d'œil, habile, elle comprend[34].

On a vu ses goût gyrovagues. Elle invente, comme le veut la loi de l'éloge[35]. Toute cette industrie participe de la création divine qu'elle va enrichissant[36]. Nous l'avons vu, jeune et vive, courir le monde. Elle se dérobe maintenant, hiératique et distante, protégée telle une châtelaine, par une garde vigilante, qui «en son temple repose»[37].

Aux Astres Ronsard applique les mêmes procédés mais en les inversant. Mobiles à l'origine, ils seront immobiles par un décret ironique de Jupiter[38]. Bien que «caractères» et «fideles secretaires»[39] (= confi-

---

[33] Entre projet et rêve, la mythologisation des Châtillons passerait par une tapisserie (p. 84, vv. 257-8).

[34] P. 89, v. 57. Ronsard pallie au moyen de l'anaphore des verbes, ici synonymes, qui expriment la connaissance (vv. 31, 58, 95, 113, 115, 118, 130, 135) ou le savoir (vv. 41, 81, 85, 87, 99, 137, 152, 156), l'inconvénient de cette célérité.

[35] P. 96, vv. 181-2. Cf. avec Quintilien, III, vii, 8.

[36] P. 90, vv. 79-80.

[37] P. 99, v. 247.

[38] Pp. 153-4, vv. 79-88.

[39] P. 159, vv. 205-6.

dentes) de Dieu, les Astres, féminisés en Etoiles, ne
doivent pas accéder à une existence supérieure. Ils ou
elles seront des personnages sans volonté[40], servis par
la modeste Occasion[41], transparent(e)s à une volonté
qui les trancende. Ce n'est qu'en apparence que les
hommes sont leurs sujets[42].

Fortune est une déesse plus mal lotie encore. Il est
vrai que le royaume de cette aveugle est d'ici-bas.
Emperiere d'un monde inférieur[43], muette[44], elle
s'exprime d'un mouvement du chef. Oxymoron incarné, elle garde des maux mais sait parfois les provoquer. Le narrateur doute de sa perspicacité et lui fait
connaître ce qu'il souhaite qu'elle sache[45]. Elle sombre
enfin dans le ridicule lorsque le poète entreprend de la
morigéner[46].

*

Au travers de la poétique de ces personnages on
surprend mieux le dessein de Ronsard. Tous sont des
métonymies de Dieu mais demeurent des matières douteuses à un titre ou à un autre. Le statut de Fortune est
à cet égard exemplaire des contradictions qui encom-
brent des référents de ces «personnifications»[47]. Sous

---

[40]   P. 154, vv. 92-6.
[41]   P. 154, v. 99.
[42]   P. 154, vv. 105-6.
[43]   P. 106, v. 95.
[44]   P. 106, v. 97.
[45]   P. 111, v. 211.
[46]   «Je t'envoiray (...) / (...) mille iambes (...)» (p. 112, vv.
242-3).
[47]   Sur le travail de personnification chez Ronsard, voir H.
Weber, *La Création poétique*, pp. 480, 506, 509, 511; J. Céard,

le personnage équivoque percent les contradictions de la culture contemporaine, partagée entre ses tendresses stoïciennes, ou plus souvent encore ses habitudes allégoriques, et l'hostilité que les Protestants comme les Catholiques marquent envers une notion pré-chrétienne[48]. Pour des raisons identiques, Ronsard a nuancé le portrait des Astres dont il importait de prévenir la séduction sur les esprits[49].

*

Un caractère commun toutefois les réunit dans leur diversité, qui les distingue des Grands et manifeste leur divinité: le don. Elles le partagent avec Dieu et le narrateur. Le Prince manifeste bien sa «libéralité»; sans doute Odet de Châtillon est-il un peu légèrement qualifié de Mécène (mais n'est-ce pas que Ronsard serait alors ou Virgile ou Horace?); mais dans les deux cas, le rapport est d'échange. Le poète troque ses vers contre des biens terrestres.

A l'opposé les déesses donnent. Justice, les Etoiles,

La Nature, p. 109; G. Demerson, *La Mythologie*, pp. 427, 429, 453 — nombreuses remarques précieuses; A.-M. Schmidt, *La Poésie scientifique*, p. 97 de l'édit. de 1970.

[48] Voir le dossier dans l'édit. P.M. Smith des *Deux Dialogues* d'H. Estienne (Genève, Slatkine, 1980, pp. 342-3). Au début du siècle Fortune règne encore sans partage: v. un poème de 1525, homonyme, dans Montaiglon, *Rec. des anc. poésies franc.*, x, 77-8. Mais après le Concile de Trente, les Catholiques poursuivent cette allégorie avec un zèle égal à celui qu'avaient, avant eux, manifesté les Protestants: le mot est interdit par Rome (voir Montaigne, *Essais*, édit. Villey-Saulnier, p. 317) et Garasse (*Doctrine curieuse*, édit., de 1624, p. 459) souligne «Avec quelle modération il faut user parmy les Catholiques du mot de Destin, de Fortune (...)».

[49] Celui de l'*Advertissement* est homologue.

la Mort, Philosophie donnent aux hommes. Elles renouvellent ou prolongent le geste du Créateur, selon une circulation du haut vers le bas qui dynamise l'univers hymnique, qui croise la prière qui s'élève.

*

Au cœur du livre, à mi-chemin, Ronsard a placé ses *Daimons*. Ici point de tradition artistique pour soutenir le travail du poète[50]. Se serait-il borné à mettre en vers Psellos comme le soutenait Jean Besly et son effort dans cet hymne «tout théorique» (Franchet) n'appellerait-il que des remarques assez banales sur la forme (Schmidt)?

Il nous paraît au contraire que l'orant se veut dans la circonstance, démiurge, et qu'il bâtit dans un dessein précis d'impossibles personnages. Car l'ambition esthétique tient de la gageure: voici des êtres métamorphiques — comme le sont d'autres déesses —, masqués, qui «comme nous (...) ont un sentiment» alors qu'ils n'ont ni «veines / Ni arteres, ny nerfs»[51]. Nombreux, inconstants, ils se dérobent à l'effort du poète comme ils échappent à la curiosité des hommes. Ronsard ne les capturera pas mais leur donnera une chasse studieuse. Entreprend-il d'énumérer, la liste demeure ouverte[52]. Choisit-il de décrire, sa plume semble prise d'un mouvement pendulaire qui manifeste son égarement[53]. Tente-t-il de consulter les doctes, il est contraint

---

[50]   G. Lafeuille, *Cinq hymnes*, p. 140.
[51]   P. 135, vv. 375-8.
[52]   Vv. 88-9; 103-8, 160-1.
[53]   L'alternative n'est pas, de plus, entre des termes précis et fixes mais entre des indéfinis: l'un / l'autre (v. 78) et surtout les uns / les autres (vv. 100-3; 152-3).

de dresser au regard du tableau de leur inconstance, celui de la variété des opinions les concernant[54]. Un instant l'hymne paraît progresser vers une meilleure connaissance, l'esquisse d'une caractérisation axiologique où l'on discernerait les bons des mauvais[55]. Mais déjà revient le balancement qui était celui de l'incertitude primitive[56]. En définitive, le seul discriminant que retiendra Ronsard est celui de leur position par rapport au haut et au bas. Plus ils vivent en altitude près du feu subtil, plus vif est leur désir de changement; à l'autre extrémité les démons souterrains s'étiolent lourdement, quand ils ne nuisent pas[57].

Mais c'est dans un paysage ronsardien familier que le narrateur trouve son hâvre, parmi des transfuges de la mythologie gréco-latine, au milieu de personnages fixés par l'iconographie contemporaine[58]. Eux seuls bénéficient d'un *exemplum* voué à certifier leur existence[59]. Que l'on ne se trompe pas sur la fonction de cette confidence où le narrateur engage son crédit[60]: il est moins ici question de «vécu» que de rhétorique et surtout de poétique. L'orant est le dernier recours contre l'évanescence de son hymne[61], le seul point

---

[54]   Vv. 167 et 177; 180 et 192. Saint-Gelais (*Advertissement*, édit. cit., p. 249) use du même argument.

[55]   Vv. 209-30.

[56]   Vv. 231-49.

[57]   G. Lafeuille, *op. cit.*, pp. 176-7.

[58]   «La faveur que Ronsard accorde à ces démons est visible» (Lafeuille, p. 175).

[59]   Vv. 347-74. Cet exemple marque en outre une progression dans l'effort persuasif (comparer avec les vv. 283-6 et 251-6).

[60]   G. Lafeuille, *op. cit.*, p. 184.

[61]   Vv. 257-60.

d'ancrage possible pour un peuple nécessaire d'êtres intermédiaires[62].

«Que diray plus?» Le narrateur n'en peut mais, et la multiplication des épithètes dit autrement l'impossibilité de conclure par ce moyen. Aux signes, ici leur incarnation dans les «simplettes bergeres» trompées[63], de manifester au terme d'une généalogie convaincante, leur malfaisance.

*

Les Daimons, grâce au mouvement centripète qui les parcourt, de l'inconnu, et du très difficilement connaissable, vers le familier, dessinent en abîme le projet de ce Premier Livre et éclairent la fonction dévolue au personnel hymnique dans l'entreprise ronsardienne. Du genre épidictique, Aristote note qu'il a pour matière des actions sur lesquelles tout le monde est d'accord et que l'amplification en est la forme oratoire la plus appropriée[64]. La définition s'applique à la louange de Dieu dont on ne saurait disputer mais qui exige la pratique du long poème. Or entre Lui et nous, réserve faite des Anges — auxquels Ronsard fait une place discrète — et des Démons, point de truchement, et, dans un livre dédié à un cardinal sur le point de devenir protestant, moins encore qu'ailleurs. A l'orant donc de peupler cet espace d'improbables personnages. Plusieurs des tentatives de 1555 demeureront sans lendemain; certaines seront même supprimées plus

---

[62]   Vv. 157, 201-2.
[63]   Voir Muchembled, La Sorcière au village, pp. 50-1.
[64]   Rhét., 1368 a.

tard des éditions collectives. Ronsard cherche. Croit-il
avoir trouvé sa voie dans l'actualisation chrétienne du
personnage d'Hercule? Violer la Fable païenne pour
lui faire un Christ, au sens où Claudel entendait traiter
la grammaire ne va pas sans inconvénient, comme on
le lui représentera assez au moment de la polémique[65].
Les lecteurs des années 1586 préféraient l'*Hymne des
Quatre Saisons*[66]. Ce choix s'explique peut-être par le
fait que c'est lorsqu'il se trouve devant les objets les
plus éloignés du statut de personnage (les Démons, les
Saisons, les Estoiles), que le poète, préservé d'une tradition culturelle commode mais contraignante, sait le
mieux chanter:

> Coelestis coelum est dicere vatis opus[67].

---

[65]   Jung, *Hercule dans la littérature française du XVIe siècle*,
p. 121.

[66]   «Il est quasi impossible de jeter les yeux dessus que l'on
ne sente quelque alienation et quelque transport d'esprit» (Du Perron, *op. cit.*, p. 42.

[67]   Dorat dans le t. VIII des *O.C.*, p. 5.

L'Hymne du Treschrestien Roy de France Henri II de ce nom

par
Daniel MÉNAGER

De tous les *Hymnes* de 1555-1556, celui que Ronsard offrit au «Treschrestien Roy de France Henry II» est sans aucun doute le plus négligé par la critique actuelle. On polémique autour de l'*Hymne de l'Or*[1], on débat de la philosophie du recueil[2]: l'*Hymne d'Henri II*, lui, ne suscite qu'une indifférence à peine polie. On le condamne parfois avant même de le lire comme tout ce qui relève de la poésie courtisane. On admet sans peine que le spectacle du ciel ou celui du Cosmos puisse inspirer un poète de la Renaissance, mais que l'image du roi et de son pouvoir soit capable de l'enthousiasmer, voilà qui relève des obligations souvent peu glorieuses d'un poète de ce temps[3]. La critique du soupçon a vite fait de dénicher des raisons intéressées et, dans le cas de cet hymne, elle rappelle

---

[1] Voir la bibliographie pour cet hymne.
[2] Voir la bibliographie générale.
[3] La critique d'A. Py est plutôt d'ordre stylistique. Il parle en effet de «l'énumération laborieuse des traits physiques, intellectuels et de caractère qui mettent hors de pair le roi de France» (Ronsard, *Hymnes*, Genève, Droz, 1978, introduction, p. 28).

que Ronsard attendait du roi qu'il lui permît de mener à bien sa fameuse *Franciade*[4]. Point n'est besoin d'ailleurs d'être bien subtil et Ronsard a pris soin lui-même de désamorcer la critique:

Mais quoy? Prince, on dira que je suis demandeur.

(v. 745)

L'*Hymne d'Henri II* n'était pas le premier panégyrique de celui qui était roi de France depuis 1547. Deux *Odes* de 1550 lui étaient consacrées[5]. La nouvelle édition des *Quatre Premiers livres des Odes*, parue en 1555, très peu de temps avant le *Premier livre des Hymnes*[6], contient un poème-dédicace qui place l'œuvre sous la protection du roi dont il fait, rapidement, l'éloge[7]. Les autres poètes n'étaient pas en reste, en France ou hors de France. P. Laumonier a attiré l'attention sur une «canzone» que «le poète italien Annibal Caro avait publiée en 1553 en l'honneur de la France et de la famille royale des Valois, une canzone dont on parlait beaucoup lorsque Joachim Du Bellay

[4]   Voir Ch. Dédéyan, «Henri II, la *Franciade*, et les *Hymnes* de 1555-1556», *BHR*, 9, 1947, pp. 114-128. La chronologie précise des projets de Ronsard et des promesses d'Henri II se trouve dans l'introduction au tome VII des *Œuvres complètes* (éd. P. Laumonier, R. Lebègue, I. Silver), pp. VIII-XI. Voir aussi M. Dassonville, *Ronsard III*, Genève, Droz, 1978, pp. 117-118.

[5]   I, 1 et II, 1, *Lm.*, I, pp. 61 et 167 (les références sont toutes celles de l'édition citée ci-dessus et notées Lm.). Il faudrait ajouter à ces odes bien d'autres pièces comme l'*Avantentrée du Roi trescrestien à Paris*, plaquette de 1549 (*Lm.*, I, p. 17). Beaucoup d'éloges du roi furent écrits à cette occasion.

[6]   Publié selon P. Laumonier en octobre ou novembre 1555 (*Lm.*, t. VIII, p. VII).

[7]   T. VII, pp. 5-10. Le poète sollicite sans grande pudeur la générosité du roi.

arriva à Rome: venite à l'ombra de' gran gigli d'oro, et dont celui-ci le remercia dans une pièce latine très élogieuse»[8] des *Poemata*[9]. Et cette «canzone» a pu influencer Ronsard. Malgré ces antécédents, l'*Hymne d'Henri II* reste à part. Par son ampleur (776 vers dans la version originale[10]), par l'ambition du propos, il se distingue de la production courtisane ordinaire. Et s'il passe aujourd'hui plus ou moins inaperçu, ce ne fut pas le cas à l'époque, comme le montreront les éloges dont il fut l'objet[11]. Ronsard a pris soin de commencer par lui le recueil de 1555, invitant ainsi son lecteur à passer sous ce portique royal avant de s'engager plus avant dans le livre. Cinq ans plus tard, dans la section *Hymnes* de la première «collective», cette place prestigieuse lui est ravie, au seuil du premier livre, par l'*Hymne de l'Eternité* qui maintiendra ensuite sa position[12]. L'honneur de Dieu supplante peut-être, dans cette nouvelle disposition, celui des rois. Parallélisme suggéré par le poète lui-même dans les premiers vers de l'hymne:

> Muses, quand nous voudrons les loüenges chanter
> Des Dieux, il nous faudra au nom de Jupiter

---

[8] T. VIII, note 2, p. 46.

[9] *Poésies françaises et latines*, éd. Courbet, Paris, Garnier, 1918, t. I, p. 455.

[10] En 1585, 272 vers de l'hymne auront été supprimés.

[11] Curieusement, ce furent les Italiens qui, à la faveur d'une polémique littéraire entre Castelvetro et Annibal Caro, le remarquèrent le plus. Il n'exerça pas une grande influence sur la poésie française.

[12] Dans la «collective» de 85, l'*Hymne d'Henri II* figure au premier livre des *Hymnes*, en troisième position, après l'*Eternité* et *Calays et Zethes*. Le livre II, quant à lui, commence par l'*Hymne de la Philosophie*.

Commencer, et finir, comme au Dieu qui la bande
Des autres Dieux gouverne, et maistre leur commande:
Mais quand il nous plaira chanter l'honneur des Roys,
Il faudra par Henry, le grand Roy des François,
Commencer, et finir...   (vv. 1-7)

Pourquoi donc ne pas lire l'*Hymne d'Henri II* comme un grand chant royal[13], inférieur peut-être à l'Eternité, devant laquelle il s'efface, à part elle sans rival(e)? Cela suppose qu'on redonne à la figure royale et à la monarchie le prestige intact qu'elles possédaient à l'époque de Ronsard, faute de quoi l'hymne tout entier restera lettre morte. Mais ce qu'ont de commun le roi et l'Eternité c'est de trouver un chantre «à la hauteur»: le poète lui-même qui organise ici sa propre célébration.

*

Le titre annonce d'emblée ce qui dans l'hymne appartient à l'histoire et ce qui lui échappe. Chaque roi de France est «très-chrétien», comme est «très catholique» chaque roi d'Espagne. Le nom ou plutôt le prénom introduit quant à lui le signe d'une différence, la marque d'un individu à nul autre semblable.

A sa manière, l'*Hymne d'Henri II* inscrit dans son texte quelques faits d'histoire. Le souci de celle-ci explique le long moment de «récit» (vv. 567-689) qui permet de passer en revue les exploits militaires du roi: prise de Metz (v. 603), victoire de Renty (v. 635), cam-

---

[13] Sans véritable rapport avec ce genre médiéval proscrit par la *Deffence* (II, 4). Notons pourtant que Sebillet appelle «chant royal» un poème dont la fin est de «chanter les louenges, prééminences et dignités des *Roys tant immortelz que mortelz*», *Art poétique*, II, 5.

pagne du Piémont marquée notamment par le tout récent succès des troupes françaises à Volpiano (v. 564), opérations navales en «mer Tyrrene» par lesquelles la France enlève à Gênes «la belle isle de Corse» (v. 676)[14]. On rejoint ainsi l'événement le plus proche et le plus dramatique, la rupture des négociations de paix engagées par le connétable de Montmorency et la perspective inévitable d'une reprise des hostilités avec l'Allemagne (v. 689)[15]. Grâce à l'insistante reprise du «tu», Henri II est le sujet de toutes ces actions qui le couvrent de gloire. Ce passage se signale aussi par l'abondance des noms propres (noms de lieux surtout) qui sonnent dans la mémoire du poète et peut-être dans la mémoire collective comme autant de bulletins de victoire (qu'on songe par exemple au retentissement du siège de Metz dans l'opinion et aux pièces de vers, parmi lesquelles une de Ronsard[16], qu'il a inspirées).

Les noms propres ne ponctuent pas seulement ce récit. La célébration de la cour (vv. 423-496) en fait un large usage parce qu'ils concourent à la renommée du règne: «Vandosme» et Guise, Nemours et Nevers, Lorraine et Montmorency, Chastillon et d'Albon, les princesses: celle de Ferrare et l'«unique sœur», réunis malgré leurs inimitiés[17], forment autour du roi et de la reine une guirlande de gloire. Et la mention de quelques poètes (Lancelot Carles et Saint Gelais, (vv.

---

[14] Voir sur ce contexte, A. Hauser et A. Renaudet, *Les Débuts de l'âge moderne*, PUF, 1956, pp. 491-498.

[15] Voir *Lm.*, t. VIII, note I, p. 41.

[16] *Lm.*, t. V, pp. 203-219.

[17] Celle de Montmorency et des Guise était fameuse: voir M. Dassonville, *Ronsard III*, pp. 203-204.

490-492) réconcilié maintenant avec Ronsard[18]) permet dans un premier temps de donner aux lettres la place qu'elles méritent avant de nommer (disjonction subtile) les nouvelles étoiles de la poésie, celles de la Pléiade: Du Bellay, Jodelle, Baïf, Peletier, Belleau, Tyard, sans oublier Ronsard, ordonnateur de cette mise en scène (vv. 740-741). La célébration du présent serait incomplète et sans force si le poète se privait du secours des noms propres imposés par l'histoire[19] et qu'il ne cherche d'ailleurs nullement à motiver. Il est important cependant qu'ils puissent signifier, ce qui entraîne parfois le remplacement pur et simple du nom propre par son modèle mythique. La sœur du roi n'est pas vraiment nommée («une Minerve sage / ta propre unique Sœur», vv. 471-472); ailleurs c'est un article qui précède le nom propre comme pour lui donner signification plus générale: «Un Carle, un Sainct Gelais» (v. 491), et les poètes de la Pléiade, nommés plus loin, devront subir aussi la compagnie de l'article.

Il importe en effet que l'histoire soit exemplaire, ce qui explique le recours aux abstractions et la présence des noms communs à proximité des noms propres. C'est ainsi que Vendôme et Guise incarnent la valeur militaire et le cardinal de Lorraine l'éloquence. Système efficace mais encore trop simple pour un poète comme Ronsard qui fait appel aussi à la mythologie. Les dieux de l'Olympe antique offrent leurs ser-

---

[18]   Depuis 1553. Voir P. Laumonier, *Ronsard poète lyrique*, pp. 90-93.

[19]   C'est l'une des différences entre l'*Hymne* de Ronsard et la canzone de Caro qui supprime presque complètement le plan de l'histoire pour ne laisser subsister que des noms mythologiques. Castelvetro le lui reprochera.

vices, permettant à l'histoire de devenir aussi claire que l'espace céleste, assurant une lecture ordonnée du monde. Si la cour ressemble à l'Olympe, c'est sans doute parce qu'il est de règle que chaque grand personnage trouve un nom qui lui aille dans la mythologie antique[20], qui devient ainsi un langage parfaitement codé. Mais cet hymne montre aussi l'intérêt évident de cette transposition dans l'organisation de la réalité. Plus de compétition et de confusion, à chacun son dieu, c'est-à-dire sa fonction. C'est à peine si le souci de la «varietas» parvient à faire admettre le «nec plus ultra» de la rhétorique épidictique: la réunion en une seule figure de vertus habituellement séparées: ainsi de Montmorency conciliant «sapientia» et «fortitudo», aussi propre à la guerre qu'au conseil[21].

Le poète ne plonge dans l'histoire que pour en tirer des significations, non des faits. L'une des raisons profondes de l'existence de cet hymne est au reste la passion de l'ordre dont on trouve plus d'une expression dans le recueil de 1555. Le roi que chante le poète est, d'abord, une figure d'ordre. Et ce serait mal le comprendre que de confondre ordre et autorité. Certes Ronsard défend aussi celle-ci mais comme une conséquence d'une mission royale infiniment plus vaste. Rien de plus révélateur à cet égard que la manière dont s'ordonne l'éloge d'Henri II. L'idée maîtresse est que le roi concentre en sa personne toutes les vertus dispersées par le monde:

---

[20]   Voir G. Demerson, *op. cit.*, et son chapitre sur la mythologie dans le présent volume.

[21]   Voir E.R. Curtius, *La Littérature européenne et le Moyen Age latin*, Paris, PUF, 1956.

> Celluy qui est en guerre aux armes estimé
> En temps de paix sera pour ses vices blasmé,
> L'un est bon pour regir les affaires publiques,
> Qui gaste en sa maison les choses domestiques,
> L'un est recommandé pour estre bien sçavant
> Qui sera mesprisé pour estre mal vivant:
> Mais certes tous les biens, que de grace Dieu donne
> A tous diversement, sont tous en ta personne.
>
> (vv. 54-60)

Le roi (celui-ci ou un autre: qu'importe!) devient ainsi l'abrégé du monde moral, le lieu où se recueille tout l'espace des vertus que la suite énumère: sagesse, justice, clémence, libéralité[22]. Ce que la cour elle-même présente encore, on l'a vu, d'une façon dispersée, le roi le résume. Ou plus exactement — car la disposition prend ici tout son sens — la cour émane du roi comme le pluriel de l'un. Et le Roi précède la cour dans le poème[23] comme dans les cérémonies.

A cette idée s'ajoute un corollaire: en la personne du roi, l'intérieur correspond à l'extérieur. Pas de déception possible: si le corps est beau, l'âme sera belle aussi. C'est bien pourquoi Ronsard peut commencer son hymne par un éloge des biens du corps, suivi, cent cinquante vers plus loin, par celui des biens de l'esprit (v. 157). Les deux classes de «topoi» n'ont en elles-mêmes rien d'original: les rhétoriques antiques et médiévales les avaient recommandées depuis long-temps[24]. Ce qui compte, c'est que l'intérieur et l'exté-

---

[22] L'*Hymne d'Henri II* relève à la fois de l'ἔπαινος et de l'ἐγαώμιον. D'après Aristote (*Rhétorique*, I 376, b, 26) l'ἔπαινος met en lumière la grandeur d'une ou de plusieurs vertus: l'ἐγαώμιον célèbre les actes d'un héros. Il correspond au panégyrique.

[23] Eloge du roi (vv. 79-412), de la cour (vv. 423-488).

[24] Voir la *Rhétorique à Herennius* (III, 10) et Quintilien (*Institution oratoire*, III, 7, 10). La disposition choisie par Ronsard

rieur soient en harmonie, que les dons physiques du
roi, habile cavalier et escrimeur adroit (vv. 101-102),
annoncent ses dons intellectuels et ses qualités morales. Autrement dit, le roi n'est pas un de ces grotesques
silènes, célèbres depuis le prologue du *Gargantua*, et
que Ronsard retrouvera un peu plus tard pour chanter
sur le mode burlesque son ami Belot[25]. Mais s'il y a
correspondance, il n'y a pas reflet. Ici comme ailleurs
peu platonicien, Ronsard ne dit pas que le corps révèle
l'âme ou que le poète, savant physionomiste, devine
son roi grâce aux signes du regard ou de la voix[26]. Philosophie et poétique du dénombrement, non de la révélation.

Peut-on dans ces conditions établir une hiérarchie
dans la liste des vertus qui semblent tout droit sorties
d'un «Miroir du prince» médiéval? Ronsard pourtant
n'hésite pas à nommer celle qui par excellence recommande le roi:

> C'est Libéralité, à l'exemple des Dieux
> Qui donnent à foison, estimans l'Avarice
> (Comme elle est vrayement) l'escolle de tout vice,
> Laquelle plus est soule et plus cherche à manger
> De l'or tres miserable acquis à grand danger.
>
> (vv. 265-270)

Discours très différent de celui de l'*Hymne de l'Or*
avec sa double condamnation de l'avarice et de la pro-
digalité. Point de contradiction cependant: l'*Hymne
de l'Or* parlait pour l'homme en général, tandis qu'il
s'agit ici des vertus toutes spéciales du roi. Et à sa

---

s'écarte, semble-t-il, de celle proposée par les théoriciens qui suivent plutôt un ordre descendant: l'âme, le corps, les circonstances.

[25]   *Lm.*, t. XV, p. 15.
[26]   Sauf aux vers 172-180.

manière, Ronsard prend en fait partie dans un débat qui divise ses contemporains: la libéralité est-elle ou non une vertu princière? A la fin de son *Gargantua*[27], Rabelais l'avait exaltée. Machiavel en revanche, peu de temps auparavant, avait mis en garde son Prince contre les dépenses excessives qui ruinent un royaume[28]. La politique de prestige menée par les Valois, les fêtes et la construction incessante de nouveaux châteaux inquiétaient bien des contemporains de Ronsard. Celui-ci, du moins dans l'*Hymne d'Henri II*, voit les choses d'un tout autre point de vue. Pour que la royauté soit vraiment elle-même, pour que le roi ressemble à Dieu, il doit savoir donner (aux soldats, aux conseillers, aux Princes eux-mêmes, et, sans doute, aux poètes!) et dépenser («en Royaux bastimens», v. 277).

Les dieux ont montré l'exemple, qui ont donné tous les dons au bénéficiaire de l'hymne, avec l'aide de la nature qualifiée elle aussi de «libérale» (v. 50). Tout l'hymne célèbre en fait la beauté du don, moins dans son contenu que dans son geste et Ronsard imagine un Cosmos largement ouvert à la circulation des dons qui le font vivre. Des relevés de vocabulaire[29] montreraient par exemple la fréquence de l'adjectif «large»[30]. «Large», la main du roi, mais aussi le royaume de France (v. 499), objet d'un éloge à l'intérieur de l'éloge[31].

---

[27]   Ch. 50.

[28]   *Le Prince*, ch. 16.

[29]   Utiliser pour cela la concordance de A.E. Creore, *A Word-index to the poetic works of Ronsard*, Leeds, 1972.

[30]   Vv. 398, 499, 535.

[31]   Ronsard, en 1549, a publié un *Hymne de France*, *Lm.*, t. I, p. 24.

C'est que la terre elle-même ressemble à celui qui y règne, et qu'elle sait donner[32] avec autant de générosité que le roi, terre-épouse, comme si les dons de son sol étaient actes d'amour:

> Pour toy la Terre est grosse, et tous les ans enfante.
> (v. 551)

Et le poète ne se lasse pas de dénombrer ses biens, ses villes et ses forts. Autant qu'une célébration du roi, l'*Hymne d'Henri II* est un nouvel «Hymne de France». Caro, qui a peut-être inspiré Ronsard, avait d'ailleurs disposé sa «canzone» de manière à ce que l'éloge de la France précédât celui du roi, et Du Bellay, remerciant l'Italien, avait lu dans ses vers une «laus Galliae» plus qu'un éloge d'Henri II:

> Magna virum, frugumque parens, Mavortia tellus,
> Gallia sic per te tollit ad astra caput[33].

On peut se demander si des images, empruntées pour beaucoup d'entre elles à un éloge de Ptolémée par Théocrite[34], s'inscrivent vraiment dans les représentations de la Renaissance. Ronsard, cédant à son érudition, se serait-il coupé de ses contemporains? Certainement pas. L'image des noces mystiques du prince et de son royaume, implicite ici, se retrouve, explicitement, sous la plume des juristes de l'époque, rien moins que poètes. C'est même au sacre d'Henri II, comme l'a

---

[32]   Voir aussi le don de l'or par la terre, *Hymne de l'Or*, vv. 277 sqq.

[33]   *Op. cit.*, vv. 9-10.

[34]   *Idylle XVII*, éloge de Ptolémée. Source signalée par P. Laumonier. Voir aussi I. Silver, *Ronsard and the Grecian Lyre*, Genève, Droz, 1981.

montré Kantorowicz[35], que pour la première fois il est
fait appel à celle-ci, et pour le moment où le roi reçoit
son anneau: «Le roy espousa solemnellement le
royaume, et fut comme par le doux, gracieux, et amia-
ble lien de mariage inseparablement uny avec ses sub-
jects, pour mutuellement s'entraimer ainsi que sont les
espoux.»[37] Le signe le plus éloquent de cet amour se
trouve dans la fertilité du sol. Est-il même interdit de
penser que la fécondité de la reine, nouvelle Cybèle,
constitue un autre signe de la faveur des dieux?

C'est aussi en poète de son temps que Ronsard célèbre en la personne du roi un monarque absolu. Grâce
d'abord à une comparaison avec ses devanciers:

> Car tu n'es pas ainsi qu'un Roy Loys onziesme,
> Ou comme fut jadis le Roy Charles septiesme,
> Qui avoient des parens et des freres mutins,
> Lesquelz en s'aliant d'autres princes voisins,
> Ou d'un duc de Bourgongne, ou d'un duc de
> [Bretaigne,
> Pour le moindre rapport se mettoient en campagne
> Contre le Roy leur Frere, et faisoient contre luy
> Son peuple mutiner pour luy donner ennuy.
>
> (vv. 535-542)

Autant d'allusions à des épisodes récents de l'histoire
de France et qui étaient encore dans bien des mémoi-
res: la lutte dramatique du «petit dauphin» contre les
«Bourguignons» alliés aux Anglais; la révolte dite du
«Bien public» menée contre Louis XI par le propre
frère du roi, le duc Charles de Berry. Ronsard exagère
à peine quand il célèbre la restauration de l'autorité
royale sur les princes de sang et les grands féodaux. A

---

[35] *The King's two bodies*, Princeton, 1957.
[36] Godefroy, *Cérémonial français*, p. 681, cité par E.H. Kantorowicz, p. 222.

cette autorité territoriale, s'ajoute la conception même du pouvoir monarchique, de plus en plus libre d'entraves et que les juristes de la première moitié du siècle n'ont cessé de déclarer absolu[37].

Absolu, le roi l'est aussi parce qu'il n'a de compte à rendre qu'à Dieu. Mais ce genre de devoir dépend bien sûr de la conscience du prince. Ronsard va toutefois plus loin que la plupart des chantres de la puissance royale. Il imagine en effet un partage du monde entre Jupiter et le roi qui tourne à l'avantage du second puisque le maître de l'Olympe ne garde pour lui qu'un domaine peu attrayant («Des Comettes, des Ventz, et des Gresles menües, / Des Neiges, des frimatz, et des pluyes de l'air,») et que le roi retient pour sa part le plus beau pays d'Europe: la France. Le partage a paru si désavantageux pour Jupiter que Le Tasse n'a pas hésité à écrire que Ronsard tournait en ridicule le dieu de l'Olympe — ce que, dans l'esprit de la Contre-Réforme, il approuvait: «Ne' quai versi, par che non scemi solamente, ma quasi rivolga in gioco la possanza di Giove.»[38] L'hyperbole aurait de quoi faire sourire si les vers en question n'exprimaient, par l'image, une idée très sérieuse et dont se sont inquiétés les Réformateurs, Calvin notamment[39]. Il s'agit là de ce qu'on pourrait appeler «une métaphysique de la non-ingérence». Le roi n'intervient pas dans les affaires de

---

[37]   Sur le courant absolutiste au XVIe siècle, voir P. Mesnard, *L'Essor de la philosophie politique au XVIe*, Paris, Vrin, 2e édition, 1952.

[38]   *Dialoghi*, «Il Cataneo», Firenze, L. Le Monnier, t. III, p. 208. Ce dialogue a été publié en 1585.

[39]   Voir D. Ménager, *Ronsard, le Roi, le Poète et les hommes*, Genève, Droz, 1979, p. 160.

Dieu, mais celui-ci se garde bien à son tour de s'occuper des affaires du roi. La cité terrestre défait les liens qui la rattachent à la cité de Dieu. Voilà à quoi aboutit une mauvaise lecture de la *Cité de Dieu*, très fréquente à l'époque[40]. Quant au thème du partage du monde, il revient aussi très souvent dans l'œuvre de Ronsard.

Est-il encore «treschrestien» le roi qu'on célèbre ainsi? Si l'adjectif accompagne toujours son nom, il y aurait beaucoup à dire sur un enseignement qui donne au roi une liberté aussi grande. La notion classique de «princeps imago Dei» rend compte encore de certains développements: sur la clémence du prince, par exemple (vv. 240 sqq.), et on ne saurait oublier que ce roi tout-puissant sait se montrer humain (vv. 291-314). Mais que dire de ce parallèle entre le Prince et Jupiter qui suit le partage du monde? La puissance et la richesse du roi de France semblent l'emporter sur ce qui est là-haut et le «sublunaire» rivalise avec le céleste. Si rhétorique il y a, et emploi de l'hyperbole, elle ne saurait à elle seule expliquer ce discours.

Ce roi tout-puissant n'existe toutefois que par la grâce du poète. Tel est le paradoxe majeur que celui-ci nous propose. Le roi a besoin de cette célébration s'il veut vaincre l'oubli et la mort. Et le poète n'a de cesse qu'il lui ait fait comprendre, parfois jusqu'à l'impertinence, qu'il est le maître du temps et du discours.

*

---

[40]   On a voulu attribuer à saint Augustin, du côté catholique comme du côté protestant, un schéma dualiste (ciel / terre) qui ne se trouve pas dans la *Cité de Dieu*.

L'*Hymne d'Henri II* commence par un proème dont l'ampleur n'a pas été assez remarquée. Comme tout proème, il a pour fonction officielle de faire entrer doucement le lecteur dans le territoire de l'Hymne, de le préparer au chant qu'il va entendre[41]. Ronsard en profite pour se mettre en scène: il est ce bûcheron (v. 35), qui, devant la richesse de la forêt, ne sait par où commencer:

> Ainsi tenant es mains mon Luc bien apresté,
> Entré dans ton Palais devant ta Majesté,
> Tout pensif, je ne sçay quelle vertu premiere
> De mille que tu as sera mise en lumière.

Adroite hésitation[42], mais dont le résultat est de projeter le poète au premier plan. C'est lui qui est au centre du discours. Tout se passe comme s'il retardait le plus longtemps possible le moment où le roi, le roi seul, serait l'objet de son poème. Il s'est même offert le luxe, en bon rhéteur[43], d'énoncer le reproche qu'il encourt à musarder ainsi:

> Si faut il toutesfois qu'à l'une [des vertus] je
>   [commence
> Car j'oy desja ta voix d'un costé qui me tance,
> Et de l'autre costé, je m'entens accuser
> De ma lyre, qu'en vain je la fais trop muser,
> Sans chanter ta loüenge. Or' sus chantons-la
>   [donques.
>   (vv. 68-71)

Ce proème nous fait aussi assister à la naissance du discours. Dans un premier temps (vv. 1-44), Ronsard ne

---

[41]   Voir R. Barthes, «L'ancienne rhétorique», *Communications*, 16, 1970, p. 214.

[42]   Elle est parfaitement codée en rhétorique: voir A. Gordon, *Ronsard et la rhétorique*, Genève, Droz, 1970.

[43]   Utilisation de la figure d'«occupatio».

parle qu'aux Muses, c'est à celles-ci que renvoient les
formes de deuxième personne. Le roi, pour l'instant,
n'est qu'une troisième personne et, pour reprendre une
formule connue, une «non-personne»[44]. Il n'est sans
doute question que de lui mais le discours ne lui est pas
encore adressé. Tout change avec le vers 46, qui met
précisément en scène l'entrée du poète au palais du roi.
Mais on ne passe pas seulement d'un allocutaire à un
autre. Ce que dit une partie du proème serait peut-être
déplacé dans un discours adressé au roi: le poète
pourrait-il comme il le fait mettre en valeur son don:

> Est-ce pas un beau don? que luy donroy-je mieux?
>
> (v. 17)

Le proème nous fait connaître les soliloques ronsardiens, l'état d'esprit, ambigu, qui est le sien lorsqu'il
joue son rôle de poète du roi.

Par la suite et sauf dans la rituelle prière finale[15],
Ronsard s'adresse directement à son roi, unique «tu»
de l'hymne qui appartient ainsi, selon la typologie
d'A. Py, au discours d'invocation. La «parole linéaire», ici comme ailleurs, «jette un pont entre une
présence explicite et une seconde présence explicite
aussi», à la différence de la «parole orbitale» qui
«tourne pour ainsi dire autour de l'objet qu'elle célèbre»[46]. Ronsard a toutes les raisons de prendre ici ce
parti. Le «tu héroïque»[47], maintenu d'un bout à l'au-

---

[44] E. Benveniste, *Problèmes de linguistique générale*, I,
Paris, Gallimard, 1966, p. 228.

[45] Voir les analyses de structure proposées par A. Py, *op. cit.*

[46] *Op. cit.*, pp. 11-12.

[47] Celui qu'on emploie dans la langue classique, mais aussi
au XVIe siècle pour s'adresser à Dieu et au roi.

tre, crée l'illusion de cette proximité à laquelle le poète attache beaucoup de prix. N'oublions pas que pour écrire cet Hymne, Ronsard se présente comme celui qui a ses entrées au palais du roi. Pour lui le pouvoir ne possède plus d'arcanes, le roi, interdit aux autres, devient ici une personne familière. Ce face à face du poète et du roi rend inutile la présence de quelque intermédiaire ou intercesseur que ce soit, ce qui retentit aussi sur le type de discours. Point de dédicataire comme dans les Hymnes voués à la célébration d'une entité métaphysique, la Mort, le Ciel ou l'Eternité. Le roi est à la fois bénéficiaire et dédicataire de l'hymne, cumulant toutes les fonctions. Il accapare la deuxième personne et hisse le poète à sa hauteur.

Seule la Muse retarde un moment l'apparition de la personne royale. Comment ne pas faire droit à la classique invocation, que l'on trouvait d'ailleurs dans la «canzone» d'A. Caro? Il faut donc le secours des «divines Sœurs» pour «chanter dignement» leur frère, «mon Roy». Mais le poète en a-t-il vraiment besoin, lui qui a déjà proclamé qu'il savait fort bien chanter les rois?

> ....car moy qui sçay tresbien
> Comme on chante les Roys, je veux chanter du mien
> L'honneur et les vertus, et ses faitz admirables.
>
> (vv. 12-15)

Les Muses n'apportent rien au poète, déjà inspiré ou, plutôt, déjà pourvu de toutes les ressources de la rhétorique pour mener à bien sa tâche. S'il les convoque, c'est comme témoins de la grandeur du roi. Les Muses ne lui donnent rien qu'il ne possède déjà, et le don, c'est celui qu'il fait au roi. L'indépendance du poète à l'égard de la Muse se vérifie encore, à la fin de l'Hymne, lorsque, renversant une fois de plus une image classique[48], il promet au roi de revenir en son palais, menant avec lui,

(Si homme les mena) Phebus et Calliope.   (v. 727)

La parenthèse atténue à peine l'orgueil de l'affirmation. Ronsard en coryphée n'a plus rien de commun avec l'humble serviteur des Muses, avec celui qu'elles admettent dans leurs danses conduites par Calliope. C'est lui qui guide les chœurs, sûr de son génie et des ressources de son métier.

On ne peut donc parler de soumission aux Muses. Il n'y a pas davantage de soumission au roi. Si l'on s'en tient aux signes du lexique, Ronsard est absent de sa célébration: le «je» du poète n'apparaît presque pas. Mais c'est dans l'énonciation qu'il prend sa revanche. L'*Hymne d'Henri II*, comme ceux qui font l'éloge d'un dieu ou d'un grand personnage, indique la volonté de se saisir, en quelque sorte, de lui. C'est ce que note très bien A. Py: «Ce qu'il est censé le mieux savoir, comme étant son propre même et la manifestation de ce propre dans les actes, lui est scrupuleusement remémoré. Peut-être cette remémoration trahit-elle la volonté obscure de lier le dieu [ici le roi] par la parole qui est dite de lui.»[49] Cette volonté de puissance est inséparable de la fonction attribuée à la mémoire. Mais il ne suffit pas au poète de savoir ce que tout le monde sait: la générosité du roi, par exemple, envers les captifs et les exilés de toute sorte, Ecossais, Allemands ou Italiens. Il doit posséder une connaissance

---

[48] Voir F. Joukovsky, *Poésie et mythologie au XVIe siècle*, Paris, Nizet, 1970, p. 203.

[49] *Op. cit.*, p. 15.

toute personnelle de la vie et des œuvres du roi. L'allégorie de l'Allemagne suppliant le roi de France de venir
au secours de sa liberté (vv. 610-620) n'apporte pas
seulement à l'hymne un ornement de plus. Elle est là
pour prouver la puissance de pénétration du poète
capable de comprendre, de l'intérieur, le sens des déci-
sions royales. Mais le passage le plus significatif est
encore celui qui présente Henri II plongé dans ses
réflexions et le poète devant lui qui les exprime à haute
voix (vv. 169-180). Comment mieux dire que rien
n'échappe à celui-ci? De cette prise de possession
relève aussi le récit de la naissance, avec ce généthlia-
que prêté aux Nymphes et retranscrit ici. Voici que le
poète captive aussi le futur du roi, qui n'a plus d'autre
liberté que d'«accomplir ses écritures».

Le pouvoir du poète est fonction de son art et
l'*Hymne d'Henri II* sait aussi «mettre en abyme» cette
question. Parmi les gloires du règne, figurent en bonne
place ceux qui cultivent les lettres et les arts:

> ....l'un aux lettres s'adonne,
> Et l'autre Conseiller les sainctes loix ordonne,
> L'un est Peintre, Imager, Armeurier, Entailleur,
> Orfevre, Lapidere, Engraveur, Emailleur,
> L'autre qui est Abel, imite d'artifice
> Cela que Dieu bastit dans le grand edifice
> De ce Monde admirable, et bref ce que Dieu fait
> Par mouvement semblable est par luy contrefait.
>
> (vv. 515-522)

L'irritation parfois ressentie par le poète devant les
succès des architectes et des sculpteurs ne doit pas faire
oublier son intérêt pour les arts plastiques, qui lui
paraissent admirables moins par leur capacité d'imitation que par leur pouvoir de créer l'illusion, et de rivaliser avec l'œuvre de l'artiste suprême, Dieu. Les poètes n'apparaissent pas dans cette première énuméra-

tion. Tout cependant laisse à penser qu'ils forment une
catégorie à part. Avec les sculpteurs, sans doute, ils
concourent aussi à la célébration des princes. Mais si le
marbre peut s'animer sous le ciseau de ceux qui ornent
des tombeaux (vv. 322-324), la sculpture comme la
peinture ne sont finalement que de la poésie muette,
alors que l'Hymne tout entier met en valeur la puissance du chant. Quand Jupiter eut triomphé des
Géants (vv. 20-21), c'est un hymne qu'il demanda, non
un monument. Et c'est «la Fame» (la renommée) qui
«vole et parle librement». Voilà pourquoi les «offres
de service» du poète au roi excluent totalement les
peintres et les sculpteurs. Hypocrite à souhait, Ronsard a d'abord fait semblant de croire qu'Henri II,
craignant l'idolâtrie, refusait qu'on érigeât des statues
de lui aux places et aux carrefours (vv. 555-556), et
quand vient le moment de conclure, il présente seulement ceux

> Qui des neuf Sœurs en don ont reçeu le bel art
> De faire par les vers les grandz Seigneurs revivre
> Mieux que leurs bastimens, ou leurs fontes de cuivre.
>
> (vv. 742-744)

Paroles intéressées mais aussi convaincues. Convaincues que dans la lutte contre l'oubli et la mort, la poésie possède des moyens supérieurs à ceux du sculpteur
parce qu'elle est parole. Dictées aussi par le sentiment
de la liberté du poète dans son art.

Pour composer cet *Hymne*, Ronsard disposait d'une
liberté à peu près totale. L'Hymne, par lui-même, est
une forme libre, plus libre sans doute que l'ode qui
avait déjà servi à glorifier de grands personnages[50]. Le

---

[50]   Voir les *Odes* de 1550 et peut-être surtout l'*Ode à Michel
de l'Hospital* publiée en 1552, *Lm.*, t. III, pp. 118-170.

poète lui donnait la longueur qu'il voulait. Point de strophes. Quant au mètre, Ronsard avait aussi le choix entre le décasyllabe et l'alexandrin, qualifié ici d'héroïque. Comme le note P. Laumonier, «c'est Ronsard qui le premier transporta aux vers alexandrins la qualité d'héroïque, et cela dans la deuxième édition des *Mélanges*, donc de janvier à avril 1555. Jusqu'à cette date, aucune de ces pièces en alexandrins ne portait une mention de ce genre, pas même celles qui sont d'inspiration et d'allure épique»[51]. On sait que dans le premier livre des *Hymnes*, l'alexandrin se taille la part du lion avec douze pièces sur quinze écrites en ce mètre, et que le décasyllabe disparaît même tout à fait du second livre. Le choix de l'alexandrin imposait peu de contraintes, si du moins on adopte le point de vue de Ronsard dans son *Abbrégé de l'art poétique françois*: la césure à la sixième syllabe et une composition «grave, hautaine, et (si fault ainsi parler) altiloque, d'autant qu'ilz sont plus longs que les autres et sentiroyent la prose, si n'estoyent composez de motz esleus, graves, et resonnans, et d'une ryme assez riche, afin que telle richesse empesche le stille de la prose, et qu'elle se garde tousjours dans les oreilles jusques à la fin de l'autre vers»[52]. L'écueil de l'alexandrin, c'est en effet la prose, et la rime à elle seule ne peut le sauver, sinon les poètes ne seraient que des versificateurs.

Tous les *Hymnes* en alexandrins sont pourtant loin de posséder une facture identique. A. Py a mis en évidence l'existence de deux modèles. D'un côté, ceux où le poète a recours à une certaine «rigidité paratac-

---

[51]   *Lm.*, t. XIV, note 1, p. 24.
[52]   *Lm.*, t. XIV, p. 25.

tique»[53]. Il s'agit souvent d'*Hymnes* philosophiques ou cosmologiques, ceux du Ciel ou de l'Eternité par exemple. Le poète énumèra alors les merveilles de son objet, juxtaposant parfois les vers comme une litanie, pratiquant peu rejet et enjambement. Les vers s'ajoutent aux vers comme les adjectifs aux adjectifs pour tenter de cerner l'infini. A l'opposé, un certain nombre d'*Hymnes* se signalent par ce que A. Py appelle «une narrativité fluide». L'*Hymne d'Henri II* est de ceux-là, même si, au sens strict, il n'y a pas de narration (pas d'actions rapportées à une troisième personne). Mais le discours recherche la fluidité.

Ronsard multiplie rejets (vv. 20, 70, 104, 108, 346 etc.) et enjambements (vv. 13-14, 36-37, 41-42, 98-99, 129-130, 133 sqq. etc.), soit pour mettre en valeur un mot («dieux», «geans», «toy») soit pour casser la raideur des suites d'alexandrins. Les enjambements en particuliers ne sont jamais aussi nombreux que dans les passages où le poète parle à la première personne, évoquant par exemple ses souvenirs d'écuyer (133 sqq.) ou déchiffrant les pensées secrètes du roi (173-174). Le discours poétique, débordant les limites du vers, veut alors donner l'impression de naturel, comme si l'*Hymne* que nous lisons, au lieu de se conformer aux prescriptions d'un genre, prenait sa source dans le mouvement de la pensée et du souvenir. En ces passages et en d'autres, l'allure poétique s'apparente plus à celle d'une épître[54], avec ce qu'elle suppose de liberté et de nonchalance, qu'à celle d'un *Hymne*. Le recours

---

[53]   *Op. cit.*, p. 12.

[54]   Cela sera ensuite plus vrai dans l'*Hymne du Cardinal de Lorraine et sa Suyte*, Lm., t. IX, pp. 29-72 et 145-153.

aux incises (v. 335 par exemple), les façons de relancer
ou d'abréger le discours («et bref»: vv. 529, 699, 759)
concourent à cet effet. Les signes de «naturel» ne sont
jamais aussi remarquables que dans les vers qui abordent les sujets sublimes. Un «si je ne me trompe»
intervient par exemple au moment où le poète se
hasarde à partager le monde entre Jupiter et le roi.

Ce qui frappe, surtout, c'est l'ensemble des ruses
qui permettent à Ronsard de prendre quelque distance
par rapport à son discours. Qui parle? Le poète sans
doute, mais qui joue, à tour de rôle, sur le «nous» et le
«je»: «Que diron-*nous* encore?» (v. 196), mais aussi:
«Que *diray* plus de toy?» Trop content d'être le poète
élu, il sait aussi se réfugier dans l'anonymat du
«nous». Assume-t-il totalement la comparaison si
banale entre la Cour et l'Olympe? Rien n'est moins
sûr. Remarquons en effet qu'aux tournures affirmati-
ves («tu as»: vv. 426, 442 etc.) succèdent des construc-
tions interro-négatives («n'as-tu pas?»: vv. 455, 463,
467, 471). Elles ne sont pas interchangeables, et ce
n'est pas le souci de la «varietas» stylistique[55] qui
explique à lui seul ces changements. Varier le style,
c'est aussi varier les points de vue. Le moins que l'on
puisse dire, est que par ces choix, par d'autres également, l'*Hymne d'Henri II* n'est pas la grande célébration rituelle que Ronsard sait aussi écrire en l'honneur
des dieux. L'usage qui est fait de la répétition le montrera encore. A certains moments l'*Hymne* est sur le
point de se couler dans le moule liturgique, fréquent
chez Marulle ou dans les poèmes attribués à Orphée.

---

[55]   Voir sur cette question les analyses de T. Cave, *The Cor-
nucopian Text*, Oxford, Clarendon Press, 1979.

Les «pour toy» des vers 549, 551, 552, appartiennent à
ce style, et il y a ici parfaite corrélation entre l'idée et la
forme. Rien n'empêche en principe cette série des
«pour toy» d'être illimitée, comme dans le lyrisme
orphique. Mais justement, elle ne l'est pas, couvrant
tout juste six vers.

La longueur que Ronsard donne à son *Hymne*
prend ici tout son sens. On n'explique pas tout si l'on
dit que le roi mérite un poème d'une certaine ampleur:
l'Eternité et le Ciel aussi, qui doivent pourtant se con-
tenter, respectivement, de 142 et de 122 vers. Et on
hésite un peu à suggérer que l'Hymne sera d'autant
mieux récompensé qu'il sera plus long[56]... Il faut peut-
être dire que Ronsard crée ainsi un petit monde où il
règne à sa guise, où il s'offre les plaisirs de la variation,
où il se glisse enfin tout près de la personne royale. La
formule de relance: «Que diray plus de toi?» met
l'accent en fin de compte sur sa capacité de dire, et de
dire encore. Elle rappelle, discrètement, que nous
lisons un Hymne de Ronsard.

Et cet *Hymne*, contrairement à ce qu'il a écrit, à ce
qu'il feint de souhaiter, restera son bien propre, Si la
vocation de l'Hymne est d'être chanté[57], celui-ci n'en
est pas un; l'entreprise était déjà difficile avec certaines
grandes Odes[58]. Elle devient bien sûr impossible avec

---

[56]   Ronsard s'est expliqué sur la longueur de certaines pièces,
les *Elégies* en l'occurrence, dans une préface de l'édition de 85,
Lm., t. XVIII, p. 246. Il en rend responsables le goût et l'exigence
de ceux qui lui commandaient.

[57]   Voir à ce sujet la préface aux *Hymnes* de l'édition de 87,
Lm., t. XVIII, pp. 262-263.

[58]   L'*Ode à Michel de l'Hospital* fut pourtant mise en musique par Goudimel.

ces 776 alexandrins en rimes plates. Ronsard n'a même
pas favorisé la mémorisation de son poème: trop peu
de structures répétitives pour qu'il s'ancre dans la
mémoire. Le lecteur devra donc revenir au texte de
Ronsard, maître du jeu.

*

L'*Hymne d'Henri II* n'est pas un poème lourd et
raté. L'idée seule de monarchie suffisait à inspirer
Ronsard, mais il fait mieux que ses contemporains. Il
offre à son roi l'hymne de l'ordre et qui à cet égard
doit être comparé à celui de la Justice. L'ordre n'est
pas seulement la vocation, nationale et internationale,
de la monarchie française. Il doit aussi marquer
l'esthétique de l'Hymne, et l'aristotélicien Castelvetro
ne s'y est pas trompé qui portait aux nues l'*Hymne* de
Ronsard et détestait le langage amphigourique de
Caro. Si l'on peut lire dans ce poème autre chose que le
plaisir de l'ordre, ce n'est pas que Ronsard joue double
jeu. Il croit à la monarchie française, mais aussi à son
alliance avec la poésie. Tout l'effort du poète, dans la
tâche la plus officielle qui soit, consiste à rappeler
l'existence et les pouvoirs de la poésie. Et tout son art à
signifier, au cœur même de la topique la plus conven-
tionnelle, qu'il est le maître du discours poétique, qui
n'obéit, comme il le dit ailleurs, qu'à sa loi.

L'Hymne du Ciel

par
Isabelle PANTIN

Dans l'ensemble formé par les recueils de 1555 et 1556, *l'Hymne du Ciel* n'est pas isolé; il fait partie, avec l'*Hymne des Astres* et l'*Hymne de l'Eternité*, de la trilogie du monde supralunaire, appréhendant à sa source l'idée dominante du premier et entretenant avec le second des rapports complexes, faits de complémentarité et de contradiction. D'une façon plus générale, il s'apparente aux autres hymnes dits philosophiques ou scientifiques dont le projet, après l'éloge et la prière, est d'explorer l'univers et de rechercher ses secrets[1].

A cet égard, il est même exemplaire, non seulement parce qu'il réalise une partie du programme de l'*Hymne de la Philosophie*[2], mais surtout parce qu'il ne se laisse jamais divertir de son but pour s'évader vers le récit épique, la mythologie ou l'allégorie. Et ce sérieux finit par lui donner, paradoxalement, un caractère singulier. Cet hymne relativement court, très clai-

---

[1] Voir, notamment, le début de l'*Hymne de l'Eternité*: «Remply d'un feu divin qui m'a l'ame eschauffée, / Je veux mieux que jamais, suivant les pas d'Orphée, / Decouvrir les secretz de Nature et des Cieux...»

[2] *Hymne de la Philosophie*, vv. 55-66; voir aussi le début de l'*Hymne des Astres*.

rement construit et sans exubérance ornementale est
sans équivalent en effet. Il apparaît comme le plus lisible des hymnes, et aussi l'un des plus faciles à décrypter et à mettre en relation avec leurs sources.

Il est admis que Ronsard a intégré à l'*Hymne du
Ciel* l'entière substance du *Coelo* de Marulle[3] et qu'il a
réalisé cette opération d'une manière assez simple; les
vers de Marulle n'ont pas été répartis régulièrement
tout au long de son poème, ni parsemés au hasard, on
les retrouve essentiellement en deux endroits bien défi-
nis: le début de l'invocation au Ciel et la partie finale.
Cette constatation révèle que le modèle néo-latin n'a
pas joué un rôle important dans l'élaboration de la
structure de l'hymne puisqu'il ne lui a pas fourni ses
articulations principales et qu'il n'a pas servi à alimen-
ter continûment l'inspiration de Ronsard en lui offrant
successivement des motifs à développer. Effectivement, la configuration définitive de l'*Hymne du Ciel*,
avec sa dédicace initiale et son grand élément central
consacré à la description «scientifique», est réellement
originale. Mais cette conclusion globale peut être affi-
née grâce à une enquête plus précise, qui chercherait
par exemple à vérifier si Ronsard a exactement restitué
tous les éléments du *Coelo*, s'il s'est contenté de traduire des idées ou s'il a transposé les mots mêmes de
son modèle et (éventuellement et dans la mesure du
possible) le rythme et la construction logique des suites
de vers.

---

[3] Sur l'influence des *Hymni naturales* de Marulle (éd. princeps: Florence, 1497), voir G. Lafeuille, *Cinq hymnes de Ronsard*,
Genève, Droz, 1973, pp. 31-33, et H. Weber, *La création poétique
au XVIe siècle en France*, Paris, Nizet, 1955, pp. 483-487.

La comparaison des deux textes permet de relever quelques détails significatifs, et notamment certaines infidélités de la traduction de Ronsard; ainsi, il n'est pas indifférent que, dans la volonté d'imposer d'abord l'idée de la beauté du Ciel, il ait négligé le «felix» placé par Marulle au début de l'invocation, de même que le «pater» du vers 3 (le mot «père» n'apparaît qu'au vers 105 dans l'*Hymne du Ciel* et marque alors le terme d'une évolution). Et, on l'a plusieurs fois souligné, il a fait dévier le sens du *Coelo* en remplaçant par «Anangé» la «Natura potens» de Marulle[4]. Mais il peut être plus instructif de prendre du recul en étudiant le mouvement général des deux hymnes.

Celui de Marulle, rapide et concis, a une progression linéaire. Son déroulement tend à tracer comme un portrait «à plat» du Ciel, sans qu'aucun trait en soit vraiment privilégié; l'énumération de ses qualités (qui ne comporte guère de reprises) se poursuit sur un ton également fervent, la continuité du mouvement étant constamment soutenue par le retour régulier de «tu» et de «qui». Aussi naît l'impression qu'entre les deux impératifs, «audi» et «sospita», qui ouvrent et ferment le poème, l'écoulement des vers n'a apporté aucun changement véritable, ni dans les sentiments de l'orant, ni dans la réalité qu'il évoque.

La structure de l'*Hymne du Ciel* est visiblement plus complexe: nous étudierons plus loin l'artifice de mise en scène qui introduit le personnage du dédicataire dans le prologue et dans la prière finale, ainsi que

---

[4]   Par exemple, par I. Silver, dans *Ronsard's reflections on the Heavens and Time, Publications of the Modern Language Association of America*, t. 80 (sept. 1965), pp. 353 (repris dans Three R. Studies, 1978).

MARULLE, *Coelo* (éd. Perosa, p. 120)

1   Audi felix patria superum,
     Omnia ferens, omnia continens,
     Munde pater, sedes alta Jovis.
     Qui par nulli, similis uni,
5   In te totus, tuus es totus;
     Qui fine carens, terminus omnium,
     Longo terras circuis ambitu.
     Opibusque late pollens tuis,
     Sortis degis nescius aegrae;
10   Qui Naturae sancta potentis
     Ipsos vocas sub juga coelites.
     Qui totus teres undique, et integer
     Sua cunctis semina dividis.
     Tu prona, pater, saecula parturis
15   Indefessam terens orbitam,
     Tu perpetua cuncta catena
     Prima solers nectis ab aethra,
     Pater incertum rexne melior.
     O sanctissime deorum pater,
20   Pater Naturae, adsis precor, et,
     Utcunque mihi rite vocatus
     Tua dexter nos ope sospita.

RONSARD, *Hymne du Ciel*

vers
16 Qui prestes en ton sein à toutes choses lieu...
27 Trainant tout avec soy...
15 O Ciel net, pur, et beau, haute maison de Dieu...
84 Toy, qui n'a ton pareil, et ne sembles qu'à un...

88 Tu es tout dedans toy, de toutes choses tout...
87 Tu n'as en ta grandeur commencement, ne bout...
83 Et en son ordre à part limites un chacun...
95 D'un merveilleux circuit la Terre couronnant...

103 La Nature en ton sein ses ouvrages respend...(?)

76 Chez toy, franc de soucis, de peines, et d'esmoy...

101 Tu metz les Dieux au joug d'Anangé la fatalle...

63 Et bref, qu'un rond parfaict...

102 Tu depars à chacun sa semence natalle...

105 Toy comme fecond pere en abondance enfantes / Les siecles...

109 Frayant, sans nul repos, une orniere eternelle...

104 Tu es premier cheinon de la cheine qui pend...

112 Si je te dois nommer meilleur pere que Roy...

114 A qui de l'Univers la nature obtempere...

113 Sois sainct de quelque nom que tu voudras, ô Pere...

la fonction dramatique de l'adjonction de termes nouveaux (Dieu et la communauté humaine) qui modifient
profondément le schéma très simle proposé par Marulle. Il suffit pour l'instant de remarquer que le
poème avance par de longues périodes (d'ailleurs marquées par la disposition typographique), et que les
moyens syntaxiques mis en œuvre pour les organiser et
les animer sont d'une variété que Ronsard ne doit qu'à
lui-même. Il est inutile de chercher un rapport entre les
phrases brèves et claires de Marulle et celles de Ronsard qui peuvent se déployer sans essoufflement sur de
longues suites d'alexandrins, grâce à la richesse de leur
articulation logique et de leur rythme[5]. On comprend
donc que Ronsard peut devoir à Marulle des expressions ou des images, mais jamais la façon dont ces éléments s'enchaînent dans le cadre des phrases, et les
phrases dans celui d'unités périodiques plus vastes;
d'autant que dans le *Coelo* les morceaux du portrait
apparaissent juxtaposés, et jamais engendrés l'un par
l'autre, même s'ils sont donnés dans un certain ordre,
passant de l'évocation du ciel lui-même à celle de ses
effets.

Ronsard, surtout dans la première partie, a donc
utilisé très librement les vers de Marulle, comme le
montre le tableau joint; et si, dans la dernière, il en a
conservé plus fidèlement la disposition, son adaptation
n'est en rien passive. En effet, alors que les idées directrices (c'est-à-dire la souveraineté sur les dieux, la
fécondité, la production du temps et la concaténation
universelle) sont réparties régulièrement dans le texte
latin où elles se succèdent tranquillement, chacune

---

[5]   Voir, notamment les vv. 45-58, 60-70 et 87-100.

recevant à son tour son développement limité, Ronsard se sert d'une construction paratactique serrée (et renforcée par l'anaphore) pour les énoncer dès l'abord, en un bloc compact de cinq vers, comme si elles n'étaient que les aspects divers d'une même réalité:

> 101 Tu metz les Dieux au joug d'Anangé la fatalle,
> Tu depars à chacun sa semence natalle,
> La Nature en ton sein ses ouvrages respend,
> Tu es premier cheinon de la cheine qui pend:
> 105 Toy comme fecond pere en abondance enfantes
> Les siècle...

puis la phrase prend son essor, après le premier enjambement, dans un mouvement d'expansion caractéristique.

Or cette modification de l'économie du texte donne toute sa portée à la fameuse introduction d'«Anangé», puisqu'à cette idée première (qui devient ainsi comme l'idée-mère de tout le passage) Ronsard a étroitement assujetti les autres motifs que Marulle lui donnait disjoints. Le resserrement accroît notamment l'effet de correspondance et de synergie sémantique entre les vers 101 et 104; et parce que ce dernier vers s'appuie sur ceux qui le précèdent (il n'est qu'un élément de l'ensemble complexe qu'il forme avec eux), Ronsard a pu lui donner la force de l'ellipse et laisser en suspens ce que Marulle devait exposer explicitement pour donner une unité de sens complète: «Tu attaches, habile, toutes choses, d'une chaîne perpétuelle, au premier ciel.»

Ronsard a donc imposé une nouvelle logique au contenu du *Coelo*, ce qui implique, dans une certaine mesure, qu'il l'a interprété différemment. Et l'on voit qu'entrer par Marulle dans l'*Hymne du Ciel* (ce qui équivaut à choisir un point de vue extrêment étroit) est un moyen d'obtenir, sur la façon originale dont le poète a conçu l'organisation de sa matière, quelques indications qu'une étude plus globale vient confirmer.

*

L'*Hymne du Ciel* est le plus court qu'ait écrit Ronsard, et sans doute le plus dense; son énergie n'est jamais dérivée et toutes ses ressources concourent à la réalisation de son projet initial: la louange et la description du ciel. Or l'on met volontiers en relation cette qualité d'exceptionnelle concentration et la simplicité de son plan. Il s'adapte idéalement en effet au modèle tripartite dont Michel Dassonville, par exemple, a défini les éléments (proème, développement et vœu final[6]), d'autant que sa partie centrale est conçue comme une longue apostrophe adressée au même personnage, ce qui renforce sa cohésion. Mais ce schéma est trop peu contraignant pour avoir un réel pouvoir explicatif; il ne dit rien de l'équilibre des proportions et dès que le poème considéré est bâti sur une autre échelle que celle des petits hymnes marulliens il cesse de pouvoir rendre compte de sa construction. Le corps de l'*Hymne du Ciel* a beau être une description cohérente, sans digressions, sans brusques changements d'orientation et sans ornementation parasite, ses 97 vers n'ont pu être générés, ordonnés et soudés sans quelque artifice, et il importe de comprendre comment l'évocation du ciel se développe (ce qui implique évolu-

---

[6]   M. Dassonville, *Eléments pour une définition*, ci-dessus p. 1.

tion et variation) sans perdre son unité. Au vers 10, le poème a été présenté à Morel comme un objet qu'on imaginerait presque déposé dans sa main:

> ... pren'en gré ce Ciel que je te donne...[7],

un peu de la façon dont Ronsard offrira un œuf à une femme aimée («Je vous donne — en donnant un œuf — tout l'Univers»[8]); et effectivement il semble reproduire verbalement la figure ronde et compacte d'un petit globe, mais cette impression ne peut se vérifier sans une étude très fine de sa structure thématique.

Car il ne suffit pas de suivre le déroulement des idées pour constater que le poète «fait le tour» des caractéristiques et des propriétés du ciel, en réalisant, comme le montre Germaine Lafeuille[9], son portrait physique puis moral et même métaphysique. L'hymne n'est pas seulement un exposé suivi et logique qui décrit le mouvement du ciel, son moteur, sa matière, sa forme, ses effets et son mode d'action; et s'il est ostensiblement organisé selon un principe de linéarité (qui garantit sa grande lisibilité), un réseau de thèmes récurrents tend à resserrer sa trame et à lui donner une forme plus solide et plus spécifique, moins fuyante aussi, puisque ses éléments, au lieu de s'écouler au fil du discours y sont constamment ressaisis.

Ces thèmes (le mot étant pris dans un sens large)

---

[7]   La variante de 1587 (postérieure à la mort de Morel) qui transforme entièrement le prologue tout en conservant l'idée du don au v. 1: «Morel, à qui le Ciel de luy-mesme se donne...» donne au texte une autre signification. Sur le motif de la réduction du ciel aux dimensions d'un objet voir l'*Hymne de la Philosophie*, vv. 63-66.

[8]   Ed. Laumonier, t. XVII, pp. 334-335, v. 10.

[9]   *Op. cit.*, pp. 33-35.

sont de plusieurs sortes: il s'agit de motifs descriptifs,
d'ailleurs déjà présents chez Marulle (la beauté, la rondeur, la vitesse, la grandeur et la capacité du ciel), de
notions philosophiques (l'origine céleste de l'âme, la
souveraineté du ciel, l'éternité) ou de véritables personnages, acteurs ou témoins, tels que Dieu et la communauté humaine. Si l'on étudie leurs apparitions,
leurs retours et la façon dont ils s'associent ou se disso-
cient, on s'aperçoit qu'ils se disposent d'après un plan
concerté pour donner au texte une forme définie et
mettre en valeur certains moments du discours. Leur
ordre d'apparition n'est pas fortuit, et il ne semble pas
qu'ils soient réutilisés uniquement pour répondre aux
besoins de l'exposé continu.

L'exemple le plus évident est fourni par le thème de
l'origine céleste de l'âme: étroitement relié à l'éloge de
Morel, il est introduit dès le prologue où il joue un rôle
essentiel en établissant un rapport nécessaire entre la
personne du dédicataire et le cadeau qui lui est présenté. Dès le premier vers l'adverbe «divinement»
l'annonce encore allusivement et enlève tout caractère
de gratuité pompeuse au cortège des Vertus attribuées
à Morel; et il est clairement exposé à la fin du morceau
d'ouverture par l'intermédiaire d'un rappel de la théorie de la réminiscence:

> 10 ... pren'en gré ce Ciel que je te donne,
>   A toy digne de luy, comme l'ayant congnu
>   Longtemps avant que d'estre en la Terre venu,
> 13 Et qui le recongnois...

Ainsi s'impose l'idée d'un ciel à la mesure de l'esprit
humain, tandis que le poème apparaît sous l'aspect
d'un miroir offert au souvenir, comme s'il était à la
fois un objet que l'on peut donner et une réalité inté-
riorisée, la représentation mentale d'un archétype.

L'emprunt fait par Ronsard à la pensée platonicienne a parfois été jugé un peu déconcertant et trop isolé dans un contexte qui lui est étranger[10], ce qui serait caractéristique de la liberté avec laquelle le poète a l'habitude de traiter les différentes écoles philosophiques dont il cite inopinément certains dogmes, sans aucun esprit de suite. Mais ici (et cette remarque vaut pour l'ensemble de l'*Hymne du Ciel*), la référence à Platon a une importance particulière. Bien qu'il soit inutile de tenter de la réunir à d'autres comme on ferait des pièces d'un système cohérent, ou de voir en elle la preuve d'une sympathie personnelle de Ronsard pour le platonisme, elle a pour effet de renforcer sensiblement la valeur de ce qui est dit, en le rattachant, même fugacement, à un corps de doctrine dont l'ambition spirituelle et intellectuelle fondait le prestige. L'allusion à la réminiscence n'est donc pas un ornement érudit et elle est le moyen le plus rapide de définir les rapports entre l'âme et le ciel tout en prévenant le lecteur que l'hymne doit se dérouler dans un climat de gravité presque sacrée et que la description du ciel, bien qu'elle recrée une brillante vision, ne renvoie pas simplement à un objet matériel.

Le retour du motif de la pensée humaine pour évoquer l'extrême rapidité de la rotation céleste:

> 21 Seulement le penser de l'humaine sagesse,
>   Comme venant de toy egalle ta vitesse...

---

[10]   Voir, par exemple la critique du platonisme de l'*Hymne du Ciel* par G. Lafeuille (*op. cit.*, pp. 25-27).

[11]   Cet effet de changement de registre se produit également aux vv. 85-86 («Qu'à toy, qui es ton moule, et l'antique modelle / Sur qui Dieu patronna son Idée eternelle...») et contribue à faire oublier qu'ils sont philosophiquement absurdes (l'absurdité disparaît dans la variante de 1584 — voir la note 16).

répond donc à la nécessité interne de la logique de
l'œuvre encore plus qu'au souci, remarqué par Isidore
Silver, de jouer sur le contraste «entre l'incroyable
rapidité du tournoiement du ciel et une forme de mouvement plus facilement accessible à la compréhension
humaine»[12]. Cette nouvelle incursion dans la sphère du
platonisme (il y a dans ces vers un souvenir d'un célèbre passage des *Hermetica*[13]) signale pour la seconde
fois la parenté entre le ciel et l'homme, en précisant
davantage sa nature intellectuelle: la vitesse de la
sphère suprême surpasse celle de tous les mouvements
qu'on puisse observer (comme ceux des aigles et des
vents) et pourtant «l'humaine sagesse», de par sa
dignité originelle, est capable de l'«égaler», c'est-à-
dire de comprendre et d'inclure ce qui, à son tour, contient et emporte tous les êtres de l'univers. Un rapport
d'étroite solidarité est donc établi entre une réalité
inaccessible aux sens et à l'imagination, mais intelligi-
ble, et l'intelligence humaine seule capable de s'élever
dans l'ordre de la connaissance. Il faut noter que cette
idée, déjà affirmée au début du poème et dont l'importance pour sa construction doit se révéler progressivement, est introduite ici par le biais d'une comparaison,
c'est-à-dire comme un élément secondaire, l'attention

---

[12] I. Silver, art. cit., p. 350: «One easily overlocks the fact
that the images in which this is conveyed — the speed of eagles, of
the wind, of thought — are rather commonplace. Here the imagination depends less upon this conventional imagery of swift
motion than upon the direct description of heavenly movement,
and on the homely thrice-repeated contrast between the incredible
rapidity of the turning sky and a form of movement that is more
readily accessible to human comprehension.»

[13] X, 25 et XI, 19; *Asclepius*, VI. Voir aussi l'*Hymne de la
Philosophie*, vv. 27-28.

étant d'abord dirigée vers le spectacle vertigineux évoqué par la description. Et dans le cours du développement elle n'intervient plus désormais directement, si ce
n'est qu'elle affleure de manière voilée aux vers 65 et
68, avec la reprise de cette formule: «nous
monstrent», «pour nous monstrer». Le motif dominant du passage est alors l'éloge de la beauté du Ciel,
et sa tension est entretenue par une sorte de présentation dramatique fondée sur le rapport entre trois termes, le ciel, le Dieu créateur et la communauté
humaine, dont le dernier joue le rôle du médiateur,
puisque c'est pour lui que Dieu a déployé sa puissance
et son «artifice» et que grâce à lui le sens de la beauté
de la création peut être déchiffré. Il y a donc là, dans
une perspective plus chrétienne, un appel implicite des
affinités entre le ciel, le monde divin et la pensée
humaine, mais il est à peine indiqué et il faut presque
un travail d'exégèse pour tirer un sens aussi développé
d'un pronom personnel quand l'espace des vers est
surtout occupé par la représentation du «palais royal»
que s'est construit la majesté divine.

D'ailleurs il se produit une sorte de renversement
du motif quelques vers plus loin où il apparaît que le
rapprochement entre l'homme et Dieu, consacré par la
communauté de leur résidence:

71   Or' ce Dieu tout-puissant, tant il est bon, et doux,
       S'est faict le citoyen du Monde, comme nous...

ne rend que plus poignant le contraste sur lequel
s'achève le passage:

75   ... ains s'est logé chez toy,
       Chez toy, franc de soucis, de peines, et d'esmoy,
       Qui vont couvrant le front des terres habitables,
       Des terres, la maison des humains miserables.

Cette brève évocation de la *miseria hominis* (qui reçoit
un traitement plus ample dans l'*Hymne des Astres* et
surtout dans l'*Hymne de la Mort*) montre donc la face
négative des rapports entre l'homme et le ciel, dans
l'intention très apparente de magnifier par la comparaison la dignité de l'objet de l'hymne.

Le thème de l'origine céleste de l'âme, si fermement exposé dans le prologue, suit donc une voie presque souterraine tout au long de l'élément central du
poème. Quand toutes ses forces vives, les images et les
ressources de la prosodie et du rythme s'associent pour
seconder le projet descriptif essentiel, ce motif intellectuel, qui se prête mal à une interprétation visuelle,
n'intervient qu'à l'arrière-plan, pour donner, à certains moments du développement, un sens au tableau
qui se crée. Mais dans la prière finale il représente à
nouveau la voix dominante. Introduit par l'idée platonicienne de l'âme prisonnière du corps, il réalise la
jonction entre le début et la fin de l'hymne, pour que
celui-ci se ferme et acquière sa forme ronde, conformément à la promesse du vers 10:

118 Quant la Mort deslîra mon ame prisonniere,
     Et celle de Morel, hors de ce corps humain,
     Daigne les recevoir, bening, dedans ton sein
     Apres mille travaux, et vueille de ta grace
122 Chez toy les reloger en leur premiere place.

Cette reprise du thème n'est pas un artifice destiné à
donner une apparente fermeté de dessin au plan du
poème. En effet, au cours du déroulement de l'hymne
ont été indiquées les étapes essentielles d'une sorte de
voyage spirituel: l'âme, déchue, se tourne vers sa
demeure originelle, par la réminiscence; elle reconnaît
dans la splendeur visible de l'univers la marque de la
divinité; enfin, libérée par la mort, elle revient vers sa

source. L'histoire de ce trajet circulaire, où le ciel représente non seulement le terme premier et dernier mais le théâtre unique de toute l'action, donne une clef d'interprétation possible pour la totalité du texte, sans être contraignante; ce qui crée une impression d'unité «doctrinale» assez surprenante pour le lecteur habitué à l'indécision philosophique des longs poèmes de Ronsard où une multiplicité d'idées, éprouvées tour à tour puis remplacées selon les impulsions du discours, produit un ensemble d'une richesse stimulante mais dont parfois la cohérence apparaît mal. Dans l'*Hymne du Ciel*, la plupart des notions philosophiques mises en œuvre (elles sont d'ailleurs peu nombreuses) peuvent s'associer à celle dont nous venons de suivre l'évolution, et quand elles ne lui sont pas directement rattachées[14], elles ne la contredisent pas.

*

Mais la composition thématique n'a pas pour seule fonction de permettre à l'hymne de se refermer sur ses propres richesses, à l'instar de son modèle-objet, elle contribue aussi à lui donner son caractère solide, massif et ordonné tout à la fois.

Si l'on étudie, par exemple, le traitement des principaux motifs descriptifs, on voit se dégager certaines constantes.

Chacun de ces motifs constitue à son tour l'élément central d'un petit tableau, qui correspond généralement à une période stylistique, de telle façon que se

---

[14] C'est le cas, par exemple, de l'idée de la souveraineté du ciel sur l'univers, aux vv. 101 sqq.

succèdent le mouvement unanime (vv. 15-34), le mouvement varié et harmonisé (vv. 35-44), le feu et la lumière (vv. 45-58), la beauté (vv. 59-70), la grandeur (vv. 79-100) etc.; et ces morceaux de poésie essentiellement visuelle couvrent presque toute la surface de l'hymne jusqu'au moment où s'impose la figure du ciel maître du destin. Or, quel que soit l'intérêt de cette construction séquentielle qui donne au texte son rythme et assure la clarté de l'exposition, comme sa progression rapide, elle ne détermine qu'un cadre général.

Il apparaît en effet qu'avant de servir d'éléments directeurs aux différentes séquences les principaux thèmes grâce auxquels la description s'articule ont été souvent annoncés, et qu'ils reviennent ensuite. Ce procédé d'organisation implique que les tableaux successifs soient partiellement construits avec le concours de plusieurs de ces thèmes, alors temporairement secondaires, qui aident à l'épanouissement de celui qui occupe le premier plan. Et cette gestion particulière des matériaux est responsable de la sobriété de l'*Hymne du Ciel* qui ne comporte pas d'image «excentrique»[15], comme si le poème vivait de ses propres ressources, sans nul besoin de se tourner vers l'extérieur.

On peut choisir d'observer un groupe de motifs volontiers associés, tels que la beauté, la clôture, la grandeur et la rondeur.

---

[15]   La plupart des images, celle du «pied» (vv. 24-25), celle du feu de «l'estomach de l'homme» (vv. 57-58), celles du «palais» (v. 70) et de la «maison» (v. 75), et même celle des «jouvenceaux» tendent à évoquer un ciel à la mesure de l'homme, ce qui correspond à une idée fondamentale du poème.

La beauté du ciel est affirmée au tout début de l'invocation, dans le premier hémistiche du vers 15,

    O Ciel net, pur, et beau...,

dont la force est accrue par le contraste entre la brièveté du rythme (qui prélude à une expansion contrôlée) associée à la netteté presque sèche des timbres, et le caractère un peu redondant du sens des mots qui crée comme un jeu de reflet. Transposé dans l'ordre des sons, le thème est introduit dans l'évocation du mouvement varié des sphères:

    42 Tu fais une si douce et plaisante harmonie...

Mais il ne devient dominant qu'à partir du vers 59 où il donne son élan à une phrase longue et complexe qui doit entraîner dans son développement les notions de rondeur et de grandeur avant d'être conduite à celle du Dieu créateur:

    59 O qu'à bon droict les Grecz t'ont nommé d'un beau
                                                    [nom!
       Qui te contemplera ne trouvera sinon
       En toy qu'un ornement, et qu'une beauté pure,
       Qu'un compas bien reiglé, qu'une juste mesure,
       Et bref, qu'un rond parfaict, dont l'immense
                                                    [grandeur,
       Hauteur, largeur, bihays, travers, et profondeur
       Nous monstrent, en voyant un si bel edifice,
    66 Combien l'Esprit de Dieu est remply d'artifice...

Plus loin il reparaît dans la variante du vers 111 («Bref, te voyant si beau...»), et, d'une manière voilée, dans les adjectifs «varié, azuré» de la prière finale.

    D'une façon analogue le motif de la clôture est très tôt annoncé; il intervient dès le vers 16 («Qui prestes en ton sein à toutes choses lieu») et l'expression «ta large closture» le rappelle dans le passage qui pose l'immanence de Dieu au monde. Dans la séquence

suivante il est pleinement exprimé, d'abord par la force
du raisonnement :

> 79 Si celuy qui comprend doit emporter le prix
>   Et l'honneur, sur celuy qui plus bas est compris :
>   Tu dois avoir l'honneur sur ceste masse toute...

puis grâce à l'approfondissement de sa signification
quand l'idée de l'unicité du ciel lui est intégrée pour
être conduite elle-même aussitôt vers son achèvement,
dans son étonnante rencontre avec Dieu et l'éternité :

> 84 Toy, qui n'as ton pareil, et ne sembles qu'à un,
>   Qu'à toy, qui es ton moule, et l'antique modelle
>   Sur qui Dieu patronna son Idée eternelle.

Le motif s'allie ensuite avec ceux de la grandeur et de
la rondeur ; déjà réunis par l'expression «ta large
voute», au vers 82, tous trois échangent constamment
leurs valeurs dans l'évocation de l'emboîtement des
sphères (aux vers 94-100). Puis il rejoint celui de la
fécondité :

> 103 La Nature en ton sein ses ouvrages respend...

Et surtout il reçoit une interprétation nouvelle pour
s'accorder au ton de la prière finale :

> 118 Quand la Mort deslîra mon ame prisonniere,
>   Et celle de Morel, hors de ce corps humain,
>   Daigne les recevoir, bening, dedans ton sein...

Quand à l'idée de rondeur, elle parcourt le poème
entier, sous diverses formes, comme un puissant facteur d'unité. Tout simplement comprise dans le terme
de «boule» (v. 17), elle apparaît sous l'aspect du mouvement (vv. 32-34), s'associe à l'éloge de la beauté du
ciel et de ses proportions harmonieuses (v. 63), puis

aide à construire l'image d'un univers clos sur lui-même à la façon d'une encyclie, c'est-à-dire d'un emboîtement de sphères (vv. 94-100). Elle revient sous l'aspect du temps pour contribuer à imposer la vision de la génération éternelle du cycle du renouvellement des siècles (vv. 105-110)[16]. Enfin l'hymne s'achève par un retour à l'origine (nous l'avons vu), c'est-à-dire sur une courbe.

Sans vouloir tenter une étude exhaustive, il est utile de noter que les thèmes semblant les mieux isolés, les mieux enfermés dans un compartiment du discours se prêtent au jeu des alliances, et que ce faisant ils assument une double fonction: ils protègent le poème de la dispersion en établissant un lien entre ses parties, et d'autre part ils le font évoluer car, dans la mesure où leur définition devient plus complexe, ils enrichissent progressivement sa signification.

La vie du ciel, par exemple, est d'abord identifiée à son principe moteur (aux vv. 27-28 et 31-32), mais l'expression «L'Esprit de l'Eternel» (v. 29) apporte très tôt sa richesse ambiguë: elle met pour la première fois l'accent sur la notion d'éternité, tout en gardant l'aspect d'une périphrase biblique qui signifierait «l'esprit divin» ou «l'Esprit-Saint»[17]; puis les motifs du feu et

---

[16] Le rapport entre la sphère et l'éternité est exprimé dans la variante du vers 86: «De toy mesme tout rond comme chose eternelle.»

[17] L'ambiguïté de l'expression a dû être ressentie par Richelet qui cite deux types de textes pour l'éclairer: des textes antiques sur l'âme du monde et des commentaires des pères de l'Eglise sur cette phrase de la *Genèse*, «L'esprit de Dieu était porté sur les eaux», dans lesquels sont établis à la fois un rapport et une distinction entre le Saint-Esprit et l'âme du monde (Ronsard, *L'Hymne du Ciel*, comment. par Richelet, 1613, p. 14).

de la lumière sont introduits, à partir du vers 45, et l'évocation du principe vital du ciel et du monde sert de support à l'analogie entre le microcosme et le macrocosme:

> 55 Vivante elle [l'étincelle du feu céleste] reluist, comme
>   [faict le Soleil,
>   Temperant l'Univers d'un feu doux, et pareil
>   A celluy qui se tient dans l'estomach de l'homme...

Ainsi, par l'intermédiaire de ce thème de la vie, les trois personnages de l'hymne, Dieu, le ciel-monde et l'homme, ont été successivement présentés et mis en relation. Sous l'aspect d'un pouvoir infini de fécondité, la vitalité du ciel est de nouveau mise en valeur dans la phase finale de la description. Source du temps, le ciel y apparaît comme une source de rajeunissement:

> 107 Les moys, et les saisons, les heures et les jours,
>   Ainsi que jouvenceaux jeunissent de ton cours...,

ce qui révèle un rapport nécessaire entre le premier tableau (qui représente le mouvement spatial du ciel animé d'une énergie inlassable) et le dernier, centré sur les images de la chaîne du destin et du cycle des siècles.

De plus il est visible que même si cette dernière partie montre une face encore inconnue du ciel (car l'hymne a évolué et s'est renouvelé), l'apparition du maître du destin dans sa majesté royale a depuis longtemps été préparée, puisque s'est progressivement imposée la figure d'un ciel ravisseur et tyrannique, mais aussi législateur et donneur de vie,

> 27 Trainant tout avec soy, pour ne souffrir mourir
>   L'Univers en paresse à-faute de courir...,

un ciel qui impose sa «grand'violence» aux sphères

placées sous lui mais qui les guide selon les règles de l'harmonie. Ce ciel porte les marques de la souveraineté et de la divinité non seulement indirectement, comme «palais royal» (v. 70) et «maison de Dieu» (vv. 15 et 117), mais personnellement: il doit «avoir l'honneur sur cette masse toute» (v. 41) et telle est sa dignité sacrée qu'une affirmation erronée sur sa nature constitue un «péché» (v. 92). Réciproquement, nous l'avons vu, le passage sur le destin rassemble un certain nombre de motifs ayant déjà eu leur développement dans d'autres sections de l'hymne, tels que ceux de la fécondité et de la vie, de la clôture, du mouvement perpétuel et de la circularité.

L'invocation terminale, avec sa kyrielle d'adjectifs, semble enfin traduire la volonté de réunir en un tout serré les différents fils conducteurs qui ont parcouru la description. Le ciel sacralisé et maître du destin («aimantin») s'y montre avec les attributs royaux de la puissance et de la grâce [18], dans la beauté de sa lumière («azuré», «tout voyant») et de son mouvement harmonique et circulaire («varié», «tournoyant»).

*

L'efficacité du mode de composition de l'hymne est donc évidente: tout en donnant au poème l'aspect uni d'une petite sphère, il lui permet de faire du ciel, avec une grande économie de moyens, une description complexe, parfois dramatiquement animée, et dont

---

[18]   Malgré la pertinence de la note de Laumonier qui en signale des emplois banalisés, il semble que le contexte (avec les mots «bening», «daigne»), invite à donner mieux qu'une valeur neutre à l'expression «de ta grace» (v. 121).

l'évolution même est significative. Mais en contrepartie peut-être a-t-il gêné le développement d'un véritable discours scientifique. S'il faut en croire de nombreuses déclarations de Ronsard[19], l'*Hymne du Ciel* devrait être aussi le récit d'une enquête, et tout processus d'investigation s'accommode mal de continuels retours à l'origine.

Il est pourtant certain que le retour périodique des mêmes thèmes ne contrarie jamais la progression du texte (nous avons vu qu'il la soutient plutôt); aussi l'hymne rencontre les principaux problèmes philosophiques et scientifiques que soulèvent la nature et la fonction du ciel, et il les résout avec une rapidité que Richelet a été le premier a admirer[20]. Son parcours est donc jalonné par des «questions» d'allure indiscutablement scolaire (Comment s'effectue la rotation du ciel? Quelle est sa matière? Quelle est sa forme?...), et cette analogie avec les manuels de cosmologie contemporains autorise le lecteur à formuler certaines exigences. Il aimerait pouvoir décider, par exemple, si le ciel de Ronsard est aristotélicien ou ptoléméen, ou bien si le «feu vif et subtil» qui le compose s'apparente à quelque substance reconnue et classée par les physiciens du temps telle que la quintessence, ou l'ether[21].

A ce désir de compréhension rationnelle (que les

---

[19]   Cf. la note 1. Voir aussi l'*Hymne des Daimons*, vv. 51-52.

[20]   Ed. Laumonier, t. VIII, p. 141, note 6.

[21]   L'article déjà cité d'I. Silver utilise beaucoup l'*Hymne du Ciel* quand il essaie d'établir quelles étaient les idées de Ronsard en matière de cosmologie; pour lui «though it was no part of Ronsard's intention in the *Hymne du Ciel* to achieve a scientific synthesis of astronomical knowledge as such, he reveals a quite remarkable grasp of the world system that had dominated thought up to his time, and of the literature that had been devoted to it».

poètes de la génération de Du Bartas n'hésiteront pas à combler) l'*Hymne du Ciel* oppose une résistance indirecte mais constante. L'ordre des matières traitées, leur présentation, le refus d'employer une terminologie spécialisée lui sont autant de moyens de se dérober. C'est pourquoi il n'est même pas vraiment possible de le relier positivement à une conception définie du système du monde.

Son ignorance de l'héliocentrisme n'est pas un signe distinctif en effet, ni le résultat d'un choix, elle est historiquement normale[22]. Plus significative se révèle son incapacité à s'adapter à un modèle géocentrique déterminé. Car, malgré l'affirmation de Germaine Lafeuille[23], le ciel de Ronsard n'est pas ptoléméen: l'existence d'épicycles et d'excentriques semble exclue dans un texte tout occupé par l'éloge de la rondeur parfaite[24]. Il n'est pas non plus explicitement aristotélicien.

Dans le *De Caelo*, le ciel ne se met en mouvement qu'à certaines conditions; il faut que soient démon-

---

[22]   Bien que le *De revolutionibus* ait été publié en 1543, et que son existence ait été relativement connue, au moins par ouï-dire, dans les milieux lettrés, l'héliocentrisme paraissait alors être au mieux une hypothèse habilement paradoxale. De plus les non-spécialistes, comme l'était Ronsard, auraient été incapables d'apprécier les avantages mathématiques de cette théorie.

[23]   *Op. cit.*, pp. 19-20.

[24]   La cosmologie d'Aristote, qui se contentait d'un système de sphères concentriques, étant trop simple pour rendre compte des mouvements des astres tels qu'on les observait, Ptolémée (IIe s. ap. J.C.) l'avait entièrement transformé; il avait notamment imaginé les excentriques (sphères célestes dont le centre ne correspondait plus avec la terre) et fait porter les planètes par des épicycles, c'est-à-dire par de petits cercles animés d'une rotation circulaire et se déplaçant eux-mêmes sur un excentrique.

trées les propriétés de sa matière, son unicité, sa sphéricité, sa finitude spatiale pour qu'il tourne en vertu de sa propre nature; de plus, il a absolument besoin d'un centre immobile[25]. A l'opposé, la rotation vertigineuse du ciel est posée sans préalable par Ronsard, la rondeur de la «boule» et sa capacité à englober toute la réalité apparaissant comme des éléments associés à sa représentation et non comme ses conditions nécessaires. Et surtout, elle semble s'effectuer sans se référer à un centre (il n'est fait mention, au vers 18, que d'«essieux»); la terre n'est placée que bien plus tard au milieu du monde (v. 95), et sans qu'il soit dit qu'elle est immobile, comme si ce détail avait peu d'importance. Cet oubli donne la mesure de l'indifférence de Ronsard à l'égard des préoccupations des philosophes de la nature. C'est ainsi qu'il rencontre en de nombreux points l'enseignement du *De Caelo* (par exemple à propos de la finitude spatiale de l'univers ou de la contradiction entre le mouvement du premier mobile et ceux des sphères des planètes[26]) mais sans chercher à réaliser

---

[25]   *De Caelo*, II, 3, 286a: «... une partie du corps soumis au mouvement circulaire, à savoir, celle qui occupe le centre, doit nécessairement demeurer immobile... [Or, de par sa nature, le corps du ciel se meut circulairement en toutes ses parties.] Il est donc nécessaire que la terre existe, puisqu'elle est ce qui repose au centre.» (Trad. P. Moraux, Paris, Les Belles Lettres, 1965, pp. 61-62).

[26]   Au XVIe siècle, une grande partie de la cosmologie d'Aristote formait la matière de l'enseignement élémentaire de l'astronomie et se retrouvait dans tous les manuels de vulgarisation (l'étude du système de Ptolémée, qui nécessitait une solide formation mathématique, était plutôt réservée aux astronomes); il faut noter que si on le compare même aux plus sommaires de ces manuels, qui ne donnaient jamais qu'une description générale de l'univers sans entrer dans le détail de son mécanisme, l'*Hymne du Ciel* se révèle

un ensemble efficacement démonstratif. Il a transformé certains des principes de la physique d'Aristote
en motifs descriptifs (comme la rondeur ou la clôture)
qui sont loin, nous l'avons vu, d'être utilisés à la
manière des pièces d'un raisonnement. Parfois il semble jouer à associer des notions en elles-mêmes parfaitement correctes, pour en faire surgir la contradiction:

> 87 Tu n'as en ta grandeur commencement, ne bout...
> 89 Non contrainct, infiny, faict d'un finy espace,
> Qui sans estre borné toutes choses embrasse...

Il y a déjà dans le *De Caelo* de quoi formuler un tel
paradoxe, puisque le ciel y est dit fini (il emprisonne
une quantité d'espace déterminée) mais également
infini en ce sens qu'il n'est entouré par rien, pas même
par un lieu vide[27], et donc qu'il est non limité, «non
contrainct». En outre, les propriétés du cercle et de la
sphère en font des figures parfaites, auxquelles on ne
peut rien ajouter et à qui l'on ne peut assigner «commencement ni bout» comme aux segments d'une
droite[28]: tous les points de leur circonférence ou de leur
surface ont un statut identique et ne sauraient marquer
un début ou une fin. Le texte de Ronsard n'est donc
pas incohérent, il n'a pas glissé vers l'absurdité à cause
d'une «paraphrase inattentive» d'une phrase de Pline,
selon l'expression d'Isidore Silver[29]; mais il n'en trahit

étrangement imprécis et lacunaire: il ne nomme rien, ne pose aucun
point de repère.

[27] *De Caelo*, I, 9, 279a: «... il est clair qu'il n'y a ni lieu, ni
vide, ni temps hors du ciel» (éd. cit., p. 36).

[28] *De Caelo*, I, 2, 269a; II, 4, 286b.

[29] D'après Silver (art. cit., p. 347) le vers 89 est une paraphrase de: «... finitus et infinito similis...» (*Nat. Hist.*, II, 1):
«The omission of the force of *similis* from Ronsard's version has
resulted in an impossible opposition of terms...»

pas moins le refus de réduire le caractère incompatible des mots; au contraire, il le met en valeur de façon à donner du ciel une vision moins rationnelle mais plus frappante.

La cosmologie proposée par l'hymne ne saurait donc satisfaire un véritable philosophe de la nature. On a pu lui trouver quelque ressemblance avec le prologue lyrique du livre II de l'*Histoire naturelle* de Pline, mais il n'en a certainement aucune avec l'exposé didactique qui forme le corps de ce livre.

Ronsard n'essaie pas d'expliquer la nature et les propriétés du ciel en se référant clairement à des théories physiques déjà constituées, ce qui reviendrait, d'une certaine manière, à se tourner vers l'extérieur. L'hymne est composé selon sa logique propre qui l'empêche, notamment, de se plier aux règles traditionnelles du discours scientifique ou philosophique, et il n'utilise, pour construire son système du monde, que des matériaux qui lui soient parfaitement assimilables. A cet égard, son projet est inverse de celui des recueils de compilation, alors si populaires, comme les *Opinions* du pseudo-Plutarque[30], qui rassemblent toutes les thèses possibles sans chercher à en faire sortir une doctrine cohérente. A cette dispersion, due à l'excès de la documentation, l'*Hymne du Ciel* oppose la clarté et la fermeté de son organisation, mais sa réussite est obtenue au prix de l'exclusion sévère des ressources de l'érudition. Cette attitude de repli sur ses propres ri-

---

[30] L'authenticité du *De placitis philosophorum* n'était alors pas remise en cause: Amyot a traduit ce recueil avec les *Œuvres morales* de Plutarque ce qui a contribué à sa diffusion. Il présentait notamment l'avantage de faire connaître les diverses «opinions» des pré-socratiques en matière de cosmologie.

chesses fait que l'évocation du «feu vif et subtil» ne
donne pas lieu à une évasion vers la quintessence, mais
à une réflexion sur le microcosme (aux vv. 45-58)[31], ou
que l'harmonie des sphères n'est pas analysée en termes mathématiques ni portée par une interprétation
mystique vers les régions angéliques: elle est ramenée
(même si la comparaison est négative) à la mesure d'un
concert familier.

Ainsi décrit, le ciel, comme l'annonçait le prologue, se révèle entièrement compréhensible pour l'intelligence humaine, de la même façon qu'il entre en sa
totalité dans le cadre du poème. Et cette inclusion n'est
pas ressentie comme une limitation puisque la construction particulière de l'hymne tend à imposer l'idée
qu'il enferme à son tour toute la réalité dans sa courbe
parfaite, toute la réalité sans excepter Dieu.

Sans qu'il soit permis peut-être de parler d'imma-
nentisme, au sens strict, Dieu apparaît sans restriction
dans l'*Hymne du Ciel* comme le «citoyen du monde»
(v. 72), son «esprit» s'y confond avec le principe moteur et avec l'âme de l'univers (vv. 29-34), tant et si
bien que progressivement la création finit par s'identi-
fier à son créateur après lui avoir pris ses caractères

---

[31]   Le passage ajouté dans l'édition de 1587 à la suite du v.
100: «Tes murs sont de crystal et de glace espoissie / Des rayons du
Soleil fermement endurcie...» trahit un souci accru de précision
«scientifique», Il est significatif qu'il soit peut-être inspiré d'une
phrase du *De placitis* (cf. la note 30): «Empedocles [dit] qu'il [le
ciel] est solide, le ciel estant fait de l'air congelé par le feu, ne plus
ne moins que le crystal...» (Trad. Amyot, Plutarque, *Œuvres
morales*, t. II, 1er vol., Paris. Vascosan, 1574, f° 225 v°). Il a été de
toute façon rédigé à une époque où la poésie scientifique, sous
l'influence de la *Sepmaine* de Du Bartas (éd. princeps 1578), avait
pris une orientation bien plus résolument didactique et affichait ses
prétentions encyclopédiques.

divins, la perfection (vv. 33-34) et l'éternité (vv. 63, 109). Aussi, bien que l'*Hymne du Ciel*, écrit du point de vue du Premier Mobile, ait choisi une perspective apparemment complémentaire de celle de l'*Hymne de l'Eternité*, qui place l'observateur dans le Premier Moteur immobile, il est difficile d'admettre que les deux textes soient compatibles. Les «neuf temples voultez» que l'Eternité fait tourner sous elle ne peuvent être confondus avec le ciel absolument autonome du premier hymne qui ne renvoie à rien qui lui soit extérieur.

L'*Hymne du Ciel*, l'hymne sans divertissement, se présente donc comme un discours clos qui vise moins à explorer et à décrire scientifiquement l'univers qu'à recréer un petit système du monde complet et indépendant, immédiatement lisible pour l'intelligence humaine. Son modèle-objet s'y révèle progressivement dans sa complexité et sa majesté sacrée, sans que l'attention soit jamais détournée des thèmes principaux grâce auxquels la description s'organise et qui secondent le projet essentiel du poème: la mise en évidence des rapports entre Dieu, l'homme et le ciel.

Les *Daimons* ou de la fantasie

par
Hélène MOREAU

Pour Agnès

Comme si de couleurs les ondes on taignait
Ou si l'Air et le Vent de couleurs on peignait.

«Passé le pont, les fantômes vinrent à sa rencontre.» Comme dans l'univers fantastique du film de Murnau, il faut dans le poème de Ronsard franchir le pont pour marcher à la découverte des daimons. C'est «outre le Loir», c'est-à-dire loin des terres connues et déjà balisées des *Odes* et des *Amours*, que circulent le sombre cortège et «l'aboyante chasse».

Au centre des *Hymnes* de 1555 le poème est à la fois talisman et pont; il achemine vers les zones indécises. C'est à travers lui que se fait le passage de l'univers triomphal du début du recueil, où règnent le monarque et les Grands (et qui trouve son emblème dans le Paris vivant et bourdonnant comme une ruche de l'*Hymne à Henry II*), à l'espace sans nom où errent les ombres vaines de Loyse de Mailly et d'Artuse de Vernon, qui en constitue la clôture.

UN TEXTE MARQUÉ ET ÉNIGMATIQUE

Le texte n'abandonna jamais cette situation de centre, qui nous paraît être aussi frontière et passage, même alors que la conception de l'ensemble du recueil a changé: à partir de 1560 on retrouve les *Daimons* dans le premier livre des *Hymnes* à peu près à mi-chemin entre l'*Hymne de l'Eternité* et l'*Hymne du Ciel*; puis, dans les recueils de 1578, 1584, 1587, entre l'*Hymne de l'Eternité* et celui des *Astres* ou les *Estoiles*. Cette persistance mérite à coup sûr un examen; mais, avant de l'entreprendre, il faut aussi constater l'existence d'autres marques dont la convergence est pour le moins frappante: absence d'enfermement dans les limites dun genre précis (ni *hymne*, ni *temple*, ni *prière*, ni *épitaphe*, les *Daimons* ne s'inscrivent dans aucune des formes qui entrent dans la composition du recueil), situation ambiguë par rapport à l'hymne, dont ils respectent certaines lois (comme celles de la dédicace, de la relance, et surtout la démarche générale d'exégèse inspirée et de syncrétisme), tout en défiant les autres, puisqu'une exécration finale y remplace la prière rituelle[1], tandis qu'une narration à la première personne tient lieu de mythe, et surtout parce que le mouvement général n'est ni tout à fait celui de la célébration ni tout à fait celui du paradoxe.

Texte marqué parce que dangereux? C'est l'une des hypothèses de lecture du *Commentaire de l'Hymne*

---

[1] Présente dans tous les Hymnes et même dans les hymnes paradoxaux, par exemple à la fin de l'*Hymne de la Mort* (vv. 337-38):

«Je te salue heureuse et profitable mort
Des extremes douleurs medecin et confort.»

Daimons d'Albert-Marie Schmidt[2], qui souligne toutes les précautions nécessitées par l'orthodoxie, en un sujet aussi brûlant. Elle ne justifie pas, pourtant, la position centrale du poème: s'il est si dangereux, n'aurait-il pas été préférable de mieux le cacher dans le recueil, ou hors du recueil? Quant à l'idée d'un texte-charnière — rendue par l'image du pont —, si elle paraît vraisemblable pour les *Hymnes* de 1555, elle ne vaut évidemment plus par la suite, quand plusieurs remaniements ont totalement modifié l'ensemble du recueil.

On pourrait imaginer encore une de ces connivences, que «l'art caché» se plaît volontiers à développer, entre la place du poème et son principal objet: le texte central s'occupe précisément de la zone intermédiaire de l'Univers et de ses habitants. Hypothèse fragile pourtant et qui s'effondre si l'on constate qu'en 1555 l'*Hymne du Ciel* partage avec les *Daimons* cette position médiane.

Peut-être faudrait-il alors reconsidérer quel est l'objet véritable du poème. Tout change en effet si, à côté du daimon, on rend sa place à la fantasie qui lui est liée par la doctrine comme par l'ensemble des moyens que mobilise la représentation poétique. A peine le daimon est-il fermement installé dans la création, selon le dessein d'une Providence organisatrice, qu'aussitôt une analogie l'installe dans son élément d'origine face à la fantasie, qui devient son miroir et son double:

> Car ainsi que l'Air prend et reçoit à l'entour
> Toute forme et couleur cependant qu'il est jour

---

[2]   Edité à la fin de sa thèse, *La Poésie scientifique en France au XVIe siècle*, Paris, 1938.

> Puis les rebaille à ceux qui de nature peuvent
> En eux les recevoir et qui propres se treuvent:
> Tout ainsi les Daimons font leurs masqueures voir
> A notre fantasie apte à les recevoir
> Puis notre fantasie à l'esprit les rapporte
> De la mesme façon et de la mesme sorte
> Qu'elle les imagine, ou dormant ou veillant:
> Et lors une grand peur va nos cœurs assaillant[3].

Créature essentiellement aérienne et soumise par là, comme les Nues, à la lumière, à la mobilité et à des lois de transmission, le daimon est, si l'on peut dire, programmé pour sa rencontre avec la fantasie humaine. Leur rapport semble préétabli (puisque notre fantasie est «apte à les recevoir»), et les séquences vont montrer qu'il se fait sous le signe de l'*aemulatio*, analogie qui «ne laisse pas inertes les deux figures réfléchies qu'elle oppose»[4]. Au contraire: plus le daimon multiplie ses surprises, «masqueures» et métamorphoses, plus la fantasie est productrice, engendrant de son côté cauchemars, délires, extases, possessions, vains effrois, erreurs, enchantements.

Enfin, ce rapport n'est pas à sens unique, et on peut toujours imaginer son renversement. Méfaits et surprenantes merveilles célébrés par le poème sont-ils à mettre au seul compte des daimons? Ou bien doivent-ils partiellement ou totalement leur existence à la fantasie? Rien n'autorise ni n'interdit tout à fait cette dernière lecture. A travers les contradictions et les suggestions, la vérité demeure voilée et lointaine, selon les principes de l'esthétique ronsardienne.

------

[3]   Ronsard, édition Laumonier, tome VIII, les *Hymnes*. Les *Daimons*, pp. 121-122, vers 121-130.

[4]   D'après Michel Foucault, *Les Mots et les Choses*, Paris, 1966, chapitre II, p. 35.

Reconnue comme principe générateur du texte, à part égale avec le daimon, la fantasie semble devoir sans difficulté trouver sa place au centre de la «brave entreprise»[5] des *Hymnes*. Inspiré d'Apollon[6], le poète poursuit d'hymne en hymne une recherche de la connaissance. La Philosophie donne le programme de cette investigation. Et le système d'aimantation défini dans l'*Ode à Michel de l'Hospital* entraîne dans la découverte des mystères «la tourbe estonnée», où se côtoient lecteurs et dédicataires[7].

Or, dans sa rencontre avec le daimon, la fantasie représente d'abord la perception humaine face aux forces extérieures qui pèsent sur elle et l'infléchissent. Elle trouve sa place au centre d'une réflexion sur la connaissance commencée de bonne heure dans l'œuvre[8], et qui soutient l'investigation du recueil tout entier, voyage initiatique au pays de la connaissance. Cette présentation d'un couple, le daimon — la fantasie, est analogue à celle de la *Folastrie* VIII, *le Nuage ou l'Yvrongne*[9]. Dans les deux cas c'est d'une rencon-

---

[5]   Selon Du Bellay, qui les oppose à l'absence d'ambition des *Regrets*:
> «Mais bien d'un petit Chat, j'ai fait un petit hymne.»
> (Sonnet, LX, 10)

[6]   Début de l'*Hymne de l'Eternité*.

[7]   Notamment Lancelot Carle «de qui l'esprit recherche l'univers» et qui, poète lui-même, sait comment toucher le lecteur:
> «Mais qui pourrait compter de quelle poësie
> Tu retiens des oyans l'ardante fantasie.»
> (les *Daimons*, 31-32)

[8]   On en trouve des éléments, par exemple, dans le *Tombeau de Marguerite de Valois*. Voir en particulier les vers 410-444.

[9]   *Œuvres complètes de Ronsard*, édition citée, tome V, p. 47.

tre entre l'Univers et l'imaginaire qu'il s'agit. Dans ces
conditions le système de marques sert à souligner le
caractère exceptionnel du texte. Sa place centrale indique son importance, puisque c'est par le biais de la
fantasie que s'est constitué tout le savoir humain.
L'association du daimon, emblème de l'étrange, des
étonnantes merveilles du monde non encore répertoriées par la science, et de la fantasie qui les perçoit et
les répercute devient une sorte d'image mythique de la
connaissance.

Mettre l'accent sur la notion de fantaisie conduit à
proposer pour les *Daimons* une nouvelle lecture,
excluant la perspective la plus couramment adoptée
par les critiques qui, parce qu'ils donnent la priorité au
discours didactique, sont contraints de constater les
«erreurs», les ruptures, et avouent leur déception.

Ainsi peut-on rappeler rapidement les positions
d'A.M. Schmidt. Celui-ci voit dans les *Daimons* la réalisation des exigences du syncrétisme ficinien: le texte
est donc chargé d'une «érudition prodigieuse bien que
désordonnée et peu commode»[10], engendrant chez le
lecteur «un sentiment assez pénible de cauchemar confus».

Sur la nature et le rôle de la fantaisie dans la relation avec les manifestations démoniques, deux doctrines contradictoires se dégagent du commentaire de
Schmidt:

1. Une sorte de *morale provisoire* qui se définit en
   écho de celle de Psellos Ficin: «la fantasie n'est
   qu'un médium propre à avertir les daimons des

---

[10] A.M. Schmidt, *Commentaire de l'Hymne des Daimons*,
édition citée, p. 79.

feintes qu'ils doivent élire pour terrifier les âmes faibles»[11], l'ensemble tendant à confirmer l'idée d'une réalité démonique.

2. Une tendance à *faire prévaloir l'imagination*[12], qui se développe à travers le poème lui-même, mais aussi par le jeu des variantes. Si bien que, dans la version de 84, le revirement serait sur ce point complet par rapport au texte initial: «A la fin de sa vie Ronsard se range de plus en plus au parti de Pomponnazi et de Wier qui nient, avec réticences d'ailleurs, la réalité de maint prestige démoniaque.»[13]

Ou encore, à propos des vers 249-250[14], à la fin de l'épisode des Kobbolts, Schmidt note: «Ronsard aurait encore une fois tendance à accréditer que les manifestations occultes ne sont que les chimères d'une imagination délirante.»[15]

Cette analyse si précise et si rigoureuse se heurte donc bien souvent à des contradictions et à des instabilités qui sont relevées comme des échecs. La lecture patiente et passionnée de Schmidt comporte en conséquence un certain nombre de rejets. Le critique parle alors «d'érudition divagante», de «discours saccadé plutôt que continu», manifeste du scepticisme: «à notre sens il serait fort embarrassé si on le sommait de

---

[11]   *O.c.*, p. 28.
[12]   Repérable dans les commentaires des vers 226 (p. 46), 249-250 (p. 50), et des variantes des vers 393 (p. 82), 395 (p. 82), etc.
[13]   *O.c.*, p. 82.
[14]   «Toutefois au matin on ne voit rien cassé
        Ny meuble qui ne soit à sa place agencé.»
[15]   *O.c.*, p. 50.

produire les livres qu'il allègue», et de l'humour:
«Ronsard sans s'embarrasser de contredire à la physique aristotélicienne contamine sans scrupule deux sortes d'esprits élémentaires: les salamandres et les
ondins.»[16]

Il serait vain, surtout après le travail de Germaine
Lafeuille[17], de tenter de répondre dans le détail au
réquisitoire qui s'esquisse. Ce qui importe, c'est qu'un
aussi grand nombre d'éléments dissonnent; surtout à
l'oreille d'un critique aussi avisé. Le caractère déconcertant du texte, ses irrégularités, qu'elles trouvent
place dans la *doctrina*, comme celles que souligne
Schmidt, ou dans la composition d'ensemble, comme
celles que cite Jean Céard[18], n'ont pu manquer de frap-
per et de dérouter les lecteurs les plus avertis.

Pour aller jusqu'au bout de ces objections, et en
adoptant une position plus résolument iconoclaste, on
pourrait souligner quelques «contrariétés» autrement
plus frappantes que celles qui marquent les propos des
théologiens quand ils dissertent de l'origine des daimons ou du sexe des anges. Il y a en effet contradiction

---

[16] *O.c.*, successivement, pp. 53, 6, 36, 55.

[17] *Cinq Hymnes de Ronsard*, Genève, Droz, 1971, cf.
notamment sur la fantasie, pp. 142-149.

[18] *La Nature et les Prodiges, l'insolite en France au XVIᵉ siècle*, Genève, Droz, 1977. Jean Céard relève les anomalies constitu-
tives du poème. Il note, par exemple, (p. 205) après l'installation
des daimons dans l'air lors de la Création: «Ce premier récit ne
nous prépare pas au foisonnement qu'il va nous être donné de contempler» et p. 207, à propos des vers 157-164: «Pour qui lit de suite
les *Daimons* ces vers apparaissent très inattendus. C'est par un violent mouvement que Ronsard revient au commencement de son
Hymne. *D'un trait de plume* il efface la mobile et menaçante diversité des daimons pour redire qu'ils ont une place assignée dans
l'économie du monde.»

manifeste entre les vers 77-82 (qui expliquent que les daimons ont été justement proportionnés et pour ainsi dire programmés pour se tenir — ni trop haut ni trop bas! — dans le lieu de la création qui leur est réservé, c'est-à-dire «l'air dessoubz la lune espars», espace sur lequel pèsent toutes sortes de malédictions et de contraintes[19]) et les développements qui suivent le vers 231: ceux-ci nous présentent les daimons sur la terre, autour de nos maisons, sur les eaux, enfouis dans les profondeurs ou bien parcourant les carrefours et les bois. Contradictoires encore, tous les développements tenus sur la nature par essence muable des daimons (aux vers 91-92 par exemple) et ce qui est dit des daimons des profondeurs:

Et ne changent jamais de la forme qu'ils tiennent
Car point d'affections de changer ne leur viennent.

(vers 299-300)

ou des daimons des eaux (vers 267). Une ultime contradiction scelle la fin du poème qui envoie «loin de la Chrestienté, dans le pays des Turcz» ces «paniques terreurs». Et pourtant celles-ci comptent dans leur troupe bon nombre de messagers divins, de prophètes et même de sauveteurs (vers 209-222, 293-296).

Grande est donc l'incertitude du lecteur, quelque peu bousculé et qui légitimement s'interroge sur les daimons: sont-ils sots, sont-ils savants? sont-ils bons, sont-ils méchants? Sont-ils là-haut bien installés auprès des nues ou ont-ils déjà envahi tout l'univers?...

---

[19] Comme l'indique, par exemple, l'*Epitaphe d'André Blondet*, Œuvres complètes de Ronsard, édition citée, tome X, pp. 308-313.

Toutes questions pour lesquelles on ne saurait trouver de réponse qui relève de la raison claire. C'est pourquoi un détour par la notion de *phantasia* semble à présent s'imposer. Comme les formes démoniques qui lui sont associées, elle est ambiguë, fuyante, propre à surprendre et à décevoir.

*

PHANTASIA ET FANTASIE

L'action de la fantasie face au daimon passe par deux temps; c'est ce qui apparaît une fois qu'on a admis qu'il existe entre eux une analogie capable d'engendrer une sorte de connivence. Elle reçoit d'abord l'impression extérieur née de la «masqueure» du daimon, la transmet ensuite, dans toute sa force, à l'esprit.

De ce rapport naissent des réactions physiologiques si violentes[20] qu'elles manifestent clairement la toute-puissance de la fantasie. Quant à «l'esprit», on ne sait trop ce qu'il fait de son pouvoir de discernement. Une fois encore, Ronsard suit ici de loin Psellos, mais il semble se référer plus largement à une théorie de la connaissance dont les *membra disjecta* apparaissent dans les *Odes* comme dans les *Hymnes*. Selon cette théorie, la fantasie reçoit comme une plaque sensible les impressions des objets réels ou imaginaires. Il revient ensuite à l'esprit, seul capable de porter un

---

[20] Figurées par les vers 130-142 et que nous appellerions psychosomatiques.

jugement sur le réel et d'opérer un tri. Le rôle attribué
à la φαντασία est à peu près le même dans l'analyse
stoïcienne[21] et dans la théorie épicurienne des simulacres développées par Lucrèce. Le livre IV du *De rerum
Natura* semble même pouvoir être légitimement considéré comme une des sources, rarement signalée, de la
démonologie de Ronsard.

Comme dans les *Daimons*, l'origine des visions est
fondamentalement matérielle, puisque les simulacres
qui les engendrent ne peuvent être que des images déta-
chées de la surface des objets ou des êtres.

> Sunt igitur jam formarum vestigia certa
> quae volgo volitant suptili praedita filo,
> nec singillatim possunt secreta videri[22].

Ces corps, suprêmement légers, impalpables, d'une
extrême mobilité, très rapides, peuvent se glisser partout :

> et quasi permanare per aeris intervallum[23].

Ils évoquent irrésistiblement les corps légers des daimons qui volent par les airs, de même que d'autres
images, qui, elles, sont engendrées spontanément dans
l'atmosphère et provoquent une réaction immédiate,
une interprétation spontanée da la *phantasia* :

> ... nam saepe Gigantum
> ora volare videntur et umbram ducere late,
> interdum magni montes avolsaque saxa
> montibus anteire et solem succedere praeter,
> inde alios trahere atque inducere belua nimbos[24].

---

[21]   Par exemple celle de Chrysippe présentée par J.P.
Dumont dans *le Scepticisme et le Phénomène*, Paris, 1972, pp. 117-
121.

[22]   Lucrèce, *De Rerum Natura*, livre V, 88-90.

[23]   *Ibid.*, 198.

[24]   *Ibid.*, 136-140; cf. aussi les vers 732-735, qui semblent à

Ici, comme dans la *folastrie* VIII et les *Daimons*, spectacles étranges et formes monstrueuses s'épanouissent librement sans que le jugement de l'esprit vienne contrôler leur élan.

Le domaine de la *phantasia* trouve ainsi sa place dans une zone intermédiaire entre le monde qui engendre les impressions et l'esprit qui les évalue et les hiérarchise. Cette zone sombre, également éloignée de la lumière du soleil et de celle de la conscience, est le lieu de rencontre des sensations, souvenirs, illusions, impressions reçues des objets ou forgées à partir des objets.

La *phantasia* a donc partie liée avec les témoignages des sens en même temps qu'elle les dépasse de très loin, comme l'exprime dans son traité *De Imaginatione* Jean-François Pic de la Mirandole:

> Cum sensu coit quia et particularia quemadmodum ille et corporea et praesentia percipit, praestat illi quia nullo etiam movente prodit imagines. Consentit illi quia sensibilibus speciebus pro objectis utitur, eum vero praecellit quoniam eas, quae a sensu direlictae sunt, ipso etiam cessante et sequestrat invicem pro arbitrio et copulat, quod fieri a sensu nullo pacto potest[25].

C'est essentiellement cette faculté de conserver, faire alterner et lier entre elles les visions que met en œuvre l'écriture des *Daimons*.

*

l'origine des visions nées des images représentées sur ce modèle dans plusieurs textes. De même que les développements sur les conditions physiques nécessaires pour produire le reflet paraissent étroitement liées aux *Daimons*: vers 121-124, 109-113.

[25] *De Imaginatione*, ch. III.

FANTAISIE ET REPRÉSENTATION POÉTIQUE

Parmi les emplois du terme *fantasie* dans les poèmes de Ronsard, il faut retenir principalement trois sens. Dans le domaine amoureux la fantasie s'oppose à la raison; elle se fait puissance trompeuse en parant l'objet aimé de tous les prestiges de l'imaginaire. Elle est *erreur* dans la crise des *Discours*: par elle et par le monstre Opinion qu'elle engendre une illusion collective et meurtrière se développe. Elle forme enfin avec la poésie, pour la rime et pour le sens, une association sur laquelle il paraît utile de s'arrêter:

> Je devins escollier et mis ma fantasie
> Au folastre mestier de notre poésie.
>
> ... Il me haussa le cœur, haussa la fantasie
> M'inspirant dedans l'âme un don de Poésie.
>
> ... Tu te mocques, cafart, de quoy ma poësie
> Ne suit l'art miserable, ains va par fantasie...[26]

Dans les deux premières citations la fantasie est liée à l'individualité du poète qui choisit de se lancer dans l'aventure poétique, élève sa capacité d'invention et d'inspiration. Il n'en est pas de même dans la troisième où, par opposition à l'art misérable du prédicant (la prose, «le sermon su par cœur»), la notion de fantasie semble devenir une catégorie esthétique. Animé par la fureur, le poète véritable va «par fantasie»: son allure libre, sa «brusque vertu» ne sont pas des preuves d'égarement ou d'incohérence, mais bien des secrets du métier:

> Les poètes gaillards ont artifice à part
> Ils ont un art caché qui ne semble pas art

---

[26] Œuvres complètes de Ronsard, éd. Laumonier, successivement tome X, p. 307, vers 335-336, tome XII, p. 46, vers 8-9, tome XI, vers 847-848 (p. 159).

Aux versificateurs d'autant qu'il se promeine
D'une libre contrainte, où la Muse le meine[27].

La fantasie devient ainsi une loi de l'écriture poétique.
Les excellents poètes vont donc «par fantasie» et c'est
sans doute ce qui apporte à leur chant on ne sait quoi
d'elliptique, de heurté, de déroutant.

Tenir compte dans la lecture des *Daimons* du para-
mètre de la fantasie, c'est leur rendre justice et c'est
peut-être du même coup les soustraire à un certain
nombre de griefs. Si la notion de *phantasia* implique
l'ambiguïté, la catégorie esthétique de l'œuvre de fantaisie comporte le brouillage et le désordre. Aussi le
poème consacré aux *Daimons* diffère-t-il profondément de la présentation qui en est faite, par exemple,
dans l'*Hymne de la Philosophie*[28]: dans ces allées bien
tracées tout entre à merveille, sans contradiction, et
avec un enchaînement pratiquement sans défaillance.

Par contraste, force est de reconnaître les obscurités du poème central, telles qu'elles ont été décrites
plus haut d'après les questions posées par les critiques,
mais aussi en se plaçant sur le plan de la simple compréhension littérale du texte.

Si le discours des théologiens présente des contrariétés, les obscurités ne manquent pas dans le poème et
notamment dans les classifications qu'il opère. Il est
impossible de distinguer clairement les uns des autres
les groupes de daimons élémentaires: où se situe la
frontière qui sépare le domaine des démons aériens de
celui des «terrains»[29]? L'apparition des daimons des

---

[27] *Ibid.*, tome XI, p. 160, vers 873-876.
[28] *Ibid.*, tome VIII, p. 87, vers 32-64.
[29] Peut-être entre les vers 230 et 231. En tout cas aux vers
241-242 elle est passée.

eaux (vers 261), si elle se manifeste un peu plus clairement, demeure discrète, une loi générale semblant attirer le texte vers le charme du secret plutôt que vers le
didactisme.

Au brouillage contribue aussi la loi d'alternance:
«les uns», «les autres», qui scande et soutient le développement principal. Et d'ailleurs on ne sait pas toujours (si nombreuses sont les catégories qui miroitent
de tous côtés!) qui sont ces autres: «bons démons»?
théologiens d'une autre école? créatures d'un nouvel
élément? Et si un examen attentif permet finalement
de résoudre ces énigmes en miniature, elles n'en sous-
tendent pas moins l'ensemble du mouvement.

Un jeu de superpositions de formes mobiles et instables soutient le corps du poème, constituant ce qu'on
pourrait appeler le catalogue bigarré des daimons. Les
séquences suscitent par leur entrelacement de savants
contrastes. C'est ainsi que les scènes de vie quotidienne
(avec le décor familier du lit et des draps) sont travail-
lées de l'intérieur et bouleversées par les cauchemars,
qui font entrer les thèmes de l'aventure (fantômes,
naufrages, ours, lions) dans ce cadre paisible. De
même, les scènes-vignettes de l'Histoire ancienne
représentant Tarquin, Hannibal, servent de contrepoint à des épisodes d'épouvante aux résonances apo-
calyptiques (vers 225-230). Aux scènes lugubres, traditionnellement associées aux histoires de fantômes et de
diableries (vers 231-250), succède la gracieuse évocation des kobbolts à l'ouvrage dans la maison endor-
mie.

Scandée par l'alternance, la composition procède
par accumulations, la métamorphose permettant de
passer sans justification d'un univers dans un autre.
Comme dans la *Folastrie* VIII, l'espace est une matrice

puissante qui produit des formes indéfiniment diversi-
fiées. Dans les deux poèmes les nues servent de réser-
voir ou d'archétype: leur matière polymorphe et mal-
léable est l'instrument par excellence des visions; les
formes finies, animales ou humaines, y succèdent aux
formes tronquées, hybrides ou hypertrophiées; un bes-
tiaire infernal s'y dessine, aussitôt dissipé par le vent.
Dans les *Daimons* cependant, par la prolifération des
métamorphoses, la souplesse et la flexibilité des nues
contamine l'ensemble de l'univers; partout joue la loi
de la transformation, marquée par les principes d'analogie. Aussi le daimon porte-t-il les marques de la ressemblance: versatile et fuyant, fait d'air comme les
nues et de feu comme l'empyrée d'où il a été précipité,
il lui arrive de s'alourdir au point d'oublier sa nature
aérienne et muable quand il s'installe dans les lieux
bas[30]; quand il devient sirène ses yeux verts et beaux

      Contre imitans l'azur de leurs propres ruisseaux

attestent par le reflet leur parenté avec le monde aqua-
tique.

    La métamorphose semble ici introduire une notion
nouvelle; non seulement elle scande par ses séquences
un ensemble où éclate la diversité, mais encore elle
étend partout son empire. La multiplicité des formes
prises par les daimons au milieu des éléments ouvre sur
la variété du monde même, son caractère essentiellement muable[31]. La fresque soigneusement comparti-
mentée qui représente au début la Création divine est

---

[30]   Les *Daimons*, 297-300.
[31]   Le *Discours à Chauveau*, éd. Laumonier, tome XV, pp.
152-163, donne en 1569 les fondements philosophiques d'un point
de vue déjà actif dans les *Daimons*.

bientôt brouillée par le jeu d'arabesques que tracent les formes démoniques:

> Ores en un tonneau grossement s'eslargissent
> Or'en un peloton rondement s'etressissent
> Ores en un chévron les voiriez allonger
> Or mouvoir les pieds et ores ne bouger[32].

Le côté ludique qui apparaît ici est présent dans les *Daimons* comme dans les *Folastries*. Il vient s'associer au travail de la fantasie, non que la fantasie, qui est aussi maladie, invention mobide, fièvre[33], implique forcément l'humour, mais elle entraîne au moins une mise à distance devant les erreurs, les mouvements désordonnés ou les délires qu'elle engendre. Cela apparaît clairement à la fin de la *Folastrie* VIII avec le réveil de «cet yvrongne Thenot» qui semble tout remettre en place. Cela apparaît aussi dans les *Daimons* par des commentaires[34], des effets parodiques, le mouvement endiablé qui préside au déroulement de l'ensemble, les énumérations tendant vers la fatrasie[35] et les développements d'activités contradictoires[36]. Aux scènes étranges de danses de daimons sylvestres, la nuit

> Dedans un carrefour ou près d'une eau qui bruit,

scènes sacrées semblables à la danse des Muses au

---

[32]   Les *Daimons*, 97-99.

[33]   Comme le montre excellemment l'article de Roland Antonioli, *Aspects du monde occulte chez Ronsard*, in *Lumières de la Pléiade*, Paris, 1966, pp. 195-230. Sur la fantasie, voir en particulier, pp. 217-224.

[34]   Les *Daimons*, 164, 171. Voir également les vers 363-366, qui mettent à distance le jeune amoureux qui rencontre le diable.

[35]   *Ibid.*, 195-198, 239-240, 245-246, 253-256, 261-264...

[36]   *Ibid.*, 280-283.

début de l'*Hymne de l'Automne*, succèdent des épisodes relevant de l'imagerie des grotesques:

> Et entrent dans les porcs, dans les chiens, dans les
> [loups
> Et les font sauteller sur l'herbe comme foulz[37]

ou de leur ornementation: les formes bestiales, tronquées, obsédantes défilent comme un cauchemar dans
la *Folastrie* VIII aussi bien que dans les *Daimons*[38].

Ces rapprochements pourraient s'élargir à l'ensemble du recueil des *Folastries*. La Folastrie est marquée
par «l'extravagance»[39]. Elle correspond à un principe
de dérive de l'imagination qu'on laisse aller aussi loin
que le permettent les limites d'un genre mineur. Des
effets de refrains et de répétitions, arrivent à créer une
sorte de «litanie bouffonne» qui lui confère son principal mode d'articulation. Elle est donc marquée par le
piétinement et l'entrelacement de thèmes familiers
engendrant le burlesque, et de thèmes liés au déploie-
ment de l'imagination qui la tirent vers le fantastique.
Son développement est soutenu par la succession des
symétries incompatibles, des relances qui aboutissent,
comme surtout dans la *Folastrie* VIII, au triomphe
d'un chaos libérateur. Ce triomphe s'accompagne
d'humour, d'irrévérence et de surcharge.

Aucun de ces traits ne paraît étranger à la représentation poétique qui préside aux *Daimons*. On a pu y
déceler la présence de deux démarches concurrentes: le

---

[37]   *Ibid.*, 317-318.
[38]   *Ibid.*, notamment 99-108.
[39]   Comme les *Daimons* le sont d'emblée. C'est ce que confirme la variante des vers 51-53:

> En ta faveur mon Carle il est temps que j'envoye
> Ma Muse extravaguer par une estroitte voye.

didactisme qui s'accompagne du désir d'exhaustivité, en même temps que le jeu de contestation, de diversification et de pièges, qui se mêle au discours rationnel et en souligne les insuffisances. C'est seulement dans une perspective de folastrie et d'humour que s'entend l'exorcisme final: comment en effet cantonner dans un espace — fût-il aussi traditionnellement ludique que «le païs des Turcz» chez Ronsard — les forces dont on nous a montré l'omniprésence et qui trouvent une alliée dans l'imagination humaine?

Au modèle de la Folastrie, toute portée du souffle de la divagation, on ajoutera celui de la «Vision» et de la «Fantaisie» conçue comme genre. Ce sont ces notions qui paraissent commander le développement de deux poèmes d'inspiration voisine, puisque marqués tous deux par la fureur amoureuse, *Fantaisie à sa dame*[40] et la *Chanson* «*Je ne veulx plus que chanter de tristesse*»[41] dans la *Nouvelle Continuation des Amours*. Dans les deux cas la succession des visions donne au texte son axe central. Métamorphoses amoureuses classiques dans la *Fantaisie à sa dame*, qui se terminent par un réveil, comme dans la *Folastrie* VIII. Faux dénouement pourtant, puisque l'essentiel est dans le mouvement de vision par lequel tout l'univers est érotisé. Métamorphoses plus subtiles et seulement suggérées dans la *Chanson*, puisqu'une rêverie légère découvre dans les spectacles de la nature des éléments du corps bien-aimé, qui devient peu à peu chimère. Le diagnostic final[42] met au jour le travail de la fantaisie,

---

[40] Ronsard, Œuvres complètes, éd. citée, tome I, p. 35.
[41] *Ibid.*, tome VII, p. 277.
[42]   Amour vrayement est une maladie

«belle misère», dans laquelle s'installe finalement le poète-amoureux:

> Voilà comment pour estre fantastique
> En cent façons ses beaultez j'apperçoy,
> Et m'esjouys d'estre melancolique
> Pour recevoir tant de formes en moy[43].

Brouillage suscitant l'obscurité, l'incohérence et l'interrogation, visions alternées, métamorphoses, distanciation enfin par rapport au chaos que ces moyens tendent à engendrer, apparaissent comme les signes distinctifs du texte de fantaisie. Tous ces traits caractérisent les *Daimons* et tendent à en faire un œuvre à part à l'intérieur des *Hymnes*. Sa position de centre peut être aussi considérée comme une forme paradoxale de l'isolement. Au centre le poème rassemble ces manifestations de l'insolite reçues et interprétées par la fantasie. De ce maelstrom les autres pièces du recueil ne recevront que de faibles vagues.

*

FANTAISIE ET FANTASTIQUE

> Pere, où me traines-tu, que veux-tu plus de moy?
> Et, Pere, n'ai-je pas assez chanté de toi?
> Evöé je forcene, ah je sens ma poitrine
> Pleine plus que davant de ta fureur divine[44].

> Les medecins la savent bien juger
> L'appelant mal, fureur de fantasie...»
>
> (*Chanson*, tome VII, p. 280, vers 73-75)

[43]   *Ibid.*, 69-72.
[45]   L'*Hinne de Baccus*, Ronsard, Œuvres complètes, éd. citée, tome VI, p. 185, vers 179-183.

Si Bacchus est la divinité des états seconds, ivresse, visions, fièvres, forcènement, il requiert pour sa célébration le forcènement et la fureur, comme le prouve assez l'hymne qui lui est consacré. En revanche, l'élan lyrique reste discret et rare dans les *Daimons*, peut-être à cause de la fragmentation des présences démoniques éparses à l'infini à travers la création, peut-être aussi à cause de leur ambiguïté. L'objet n'en reste pas moins le même que celui que poursuit une fureur plus «altiloque», puisqu'il est la traduction et la célébration des forces occultes de l'univers. Plutôt qu'à les exalter, le travail de la fantasie tend à les faire deviner. Elle maintient par là le système d'ambiguïté, d'alternance et de superposition qui est le sien.

La *Fantaisie à sa dame* usait d'un traitement simple par rapport aux rêves de l'amant. Le réveil les ramenait purement et simplement à ce qu'ils étaient: divagations, chimères intimes. Le passage de l'imagination et de ses caprices animait le texte sans ébranler les certitudes du lecteur. A coup sûr, l'amoureux, en proie à sa fureur, divaguait. L'extravagance de ses visions l'enfermait dans un monde imaginaire.

Le travail de la fantasie dans les *Daimons* paraît plus complexe, plus propre à maintenir cette *indécision* qui, comme l'a montré Todorov, est la pierre de touche du fantastique. La position de départ exclut pourtant le doute puisqu'elle est en principe didactique: il s'agit de célébrer — et par là d'éclairer, fût-ce indirectement — ce qui échappe au grand jour et à la raison: non seulement les daimons et leurs feintes, mais les zones d'ombres auxquelles ils sont attachés: fièvres, cauchemars, terreurs nocturnes, apparitions, disparitions mystérieuses, possessions, toute une frange de

mystère, en somme, qui fait l'au-delà de nos jours. Par
le biais du syncrétisme, d'autres ambitions apparaissent et notamment celle de rendre compte des secrets,
miracles, aventures prodigieuses et effrayantes de tous
les temps: augures, présages, sauvetages miraculeux,
noyades criminelles, pluies de sang, sabbat, pratiques
apotropaïques. «Tout ce qui se fait en l'air de monstrueux.» De merveilleux aussi. L'explication par les
daimons est souveraine: elle s'en prend même à la puissance des dieux antiques, puisqu'ils prennent place
parmi les daimons, comme Neptune, Leucothoë ou
Minerve[45].

Ces intentions semblent exclure le montage que
requiert le texte fantastique. Si l'on reprend les catégories de Todorov, on arriverait ainsi tout au plus dans la
zone de l'étrange, celle précisément où l'on sort du
fantastique:

> Si le lecteur décide que les lois de la réalité demeurent
> intactes et permettent d'expliquer les phénomènes
> décrits, nous disons que l'œuvre relève d'un autre
> genre: l'étrange[46].

Il semble pourtant que Ronsard ait multiplié les éléments propres à faire vaciller la stabilité et le confort
d'une situation didactique, pour faire glisser le poème
dans le doute, l'incertitude, l'hésitation. «'J'en vins
presque à croire': voilà la formule qui résume l'esprit
du fantastique.»[47] Elle ne paraîtrait pas déplacée dans

---

[45]   Conformément, d'ailleurs, à la tradition patristique.
[46]   Tzvetan Todorov, *Introduction à la littérature fantastique*, Paris, 1970, chapitre III, p. 46.
[47]   *Ibid.*, p. 35.

plusieurs épisodes qui mettent en scène monstruosités ou merveilles. L'espace où sont présentés les daimons se confond en effet avec l'espace de la fantasie où s'entremêlent indistinctement sensations, souvenirs, songes, reflets, visions. L'univers sublunaire où ils évoluent est le haut lieu de la «masqueure». Tout y contribue à produire des effets de brouillage; leurs feintes sont savamment élaborées[48], souvent parfaitement efficaces[49]. Les éléments mêmes participent à leur camouflage[50], si bien que l'univers dans lequel évoluent les hommes, le lecteur et le poète, dans la mesure où il est le héros d'un récit démonique, est devenu un vaste piège où s'égare la raison.

Dans ces conditions, les problèmes soulevés au début de ce travail à propos de données contradictoires sur la nature des daimons, leur lieu d'habitation, leur sottise ou leur méchanceté, les alliances incompatibles dont ils sont l'instrument[51] ne sauraient plus se poser de la même façon, puisque le domaine des visions et des feintes échappe par nature à l'enquête rationnelle.

Si l'on accepte ce point de vue, on sera fondé à penser que les variantes tendent à renforcer un climat d'incertitude et de doute qu'il importe d'installer dans le poème, plutôt qu'elles n'expriment nécessairement, comme le suggère A.M. Schmidt, une évolution manifeste de l'auteur vers le rationalisme padouan. Par exemple, les «simplettes bergères», devenues sorcières, ont dans le texte de 1555 des pouvoirs magiques:

---

[48]   Les *Daimons*, 107-108.
[49]   *Ibid.*, 119-142.
[50]   *Ibid.*, 333-337, 289-294, 269-270.
[51]   Le feu sur l'eau, *ibid.*, 289-292.

> Elles font de grands cas, elles arrestent les nues
> Et les rivières sont par elles retenues,

que leur conteste la variante de 84-87:

> Elles *cuident* pousser et retenir les nues.

Cette correction, empreinte de scepticisme sans
doute[52], paraît surtout intéressante en ce qu'elle renforce un courant d'incertitude qui est de mieux en
mieux ménagé à travers les épisodes démoniques.
Autour du sembler, du «cuider» s'installe l'interrogation centrale du texte. Comme dans la *Folastrie* VIII,
où rien ne permet de décider si les formes que «voit»
l'ivrogne naissent dans les nuages ou dans son imagination surchauffée par les vapeurs du banquet, une
ambiguïté fondamentale portant sur le réel est entretenue dans les *Daimons*.

«Je Vy, *ce me semblait*, une aboyante chasse»,
«vous *diriez* que des fers ils trainent par la rue», «ils
font *aux yeux humains* deux soleils présenter» ... Les
spectacles diaboliques ne sont livrés qu'avec des réser-
ves; le calme et la paix que révèle le grand jour remet
en question les tumultes nocturnes:

> Toutefois au matin on ne voit rien caché
> Ny meuble qui ne soit en sa place agencé.

La fête orgiaque dont on a entendu les clameurs
n'était-elle qu'une hallucination? La maison même,
lieu de la sécurité, devient un des centres de la peur.
Non seulement parce que des démons et lutins l'enva-
hissent, comme les cauchemars s'emparent du lit, mais

---

[52]   Mais, si importants que soient les prestiges de la magie
chez Ronsard, devait-on accepter comme un dogme la version de
1555?

encore parce qu'ils prennent la forme des objets les plus familiers: le tonneau, le peloton, le chevron passent eux-mêmes la frontière de l'ombre.

L'épisode de Haute Chasse s'installe, lui aussi, dans l'ambiguïté. Surchargé de spectacles effrayants, il réalise une concentration de tous les traits traditionnellement reconnus comme diaboliques, en même temps qu'il en atténue l'effet par la surcharge et par l'écart qui s'établit entre le jeune amoureux et le cortège infernal. L'épisode du fer nu coupant l'air, s'ils constitue une pratique apotropaïque courante, n'en ressemble pas moins à une parodie, celle du combat d'Enée contre les ombres par exemple. C'est donc «d'une douteuse voix» que se disent les récits démoniques. Comme la parole oraculaire, la parole poétique laisse derrière elle l'incertitude. Hanté par les ombres qu'il dévoile dans le lointain, le poème les maintient dans une lueur intermittente.

*

AELEZ DÉMONS

C'est dans l'air que se trouve l'accord du daimon et de la fantasie. Le daimon y prend son origine et la matière même de son corps. L'air est le lieu par excellence où s'exerce son action. C'est aussi dans la zone sublunaire, où l'air est épais et orageux, qu'apparaît avec «l'exercite des Nues» la fantasie. Comme chez Lucrèce les étranges dispositions des nuages, bouleversées par le vent, mettent en branle l'imagination humaine, qui y découvre d'innombrables chimères, sans cesse détruites, sans cesse recommencées. Le même mouvement commande la mobilité des daimons, intense dans l'air, transportant ensuite, dans les autres éléments, la légèreté aérienne.

L'air devient ainsi l'élément fondamental du texte. C'est à lui que renvoient les comparaisons soulignant le rapport de *convenientia* qui relie le daimon au lieu qu'il habite[53]. «Chose légère» comme le poëte et parfois, comme lui, médiateurs entre les hommes et la divinité, les daimons savent aussi user de leur essence aérienne à la manière d'un pouvoir magique: «chassés aux enfers», ils ont pu, grâce à elle, s'en échapper. Leur souplesse, leur transparence les rendent invulnérables comme le vent; comme l'air, comme le nuage, comme le vent, ils ne peuvent s'installer dans les formes, qu'ils habitent seulement pour un séjour éphémère, si imperceptible que l'imagination a peine à le représenter:

> Comme si de couleurs les Ondes on taignait
> Ou si l'Air et le vent de couleurs on paignait.

C'est pourquoi il importe de le rendre à la divinité qui est leur double clair, Iris, comme eux habitante des airs, comme eux instable et mobile, Iris «honneur de l'air»[55], la déesse à l'arc bigarré, dont le jeu des comparaisons nous montre qu'elle est, elle aussi, installée à la frontière de l'insaisissable.

*

---

[53] Les *Daimons*, 109-113, 121-124, 149-150.
[54] Les *Daimons*, 176.
[55] Ronsard, Œuvres complètes, tome XVI, 2, La *Franciade*, Livre II, p. 99, vers 107.

LES *PASSEURS INFAILLIBLES*

Pour finir, il est nécessaire d'interroger ces figures divines qui président au poème. «Souffles vitaux», adaptation des corps impalpables des nues ou des daimons, qui, comme le montre Guy Demerson[56], manifestent une mythologie vivante et qui fournissent à la nature «un langage, un ensemble cohérent de signes et d'équivalences». Satyres et Pans «à la face vermeille», Naïades, Sirènes, Centaures et Cyclopes sont des formes par lesquelles les daimons élémentaires semblent trouver leur expression naturelle, sous le patronage de Circé et de Protée, inscrits dans le texte, comme il est normal pour des divinités de la métamorphose.

Mais c'est sur un épisode de l'*Odyssée*[57] qu'il paraît important de s'arrêter maintenant. L'épisode de la tempête à la fin du Chant IV, convoqué ici par les présences d'Ulysse, Minerve, Neptune et Leucothoé. Moment décisif, puisque, grâce à l'écharpe d'Ino-Leucothoé, Ulysse va enfin parvenir chez les Phéaciens.

Sur l'importance de cette étape la lecture de la critique contemporaine[58] rejoint les leçons de Dorat. En effet les Phéaciens ne se contentent pas d'accueillir, de

---

[56] Guy Demerson, *La mythologie classique dans l'œuvre lyrique de la Pléiade*, Genève, 1972, Chapitre VI, *Religion et lyrisme mythologique*, p. 433.

[57] La présence de références à l'*Odyssée* ne saurait surprendre. Elle illustre cet effort d'assortiment entre le poème de type hymnique et son dédicataire, Lancelot Carle, traducteur de l'*Odyssée*, que célèbrent les vers 34-40.

[58] P. Vidal-Naquet, *Le Chasseur noir*, Paris, 1981, pp. 60 sqq.; voir aussi Charles Segal, *The Phaeacians and the Symbolism of «Odysseus» Return*, Arion, 1, 4, 1962, pp. 17-63.

réconforter Ulysse et d'entendre la narration de ses aventures; «passeurs infaillibles»[59], ils finiront par le ramener à Ithaque. Auparavant toutefois, ils assurent un autre passage que le pays d'Alkinoos et ses habitants sont seuls propres à assurer. Comme le montre Pierre Vidal-Naquet en effet, la Phéacie est essentiellement lieu de passage, puisqu'elle est située à mi-chemin entre le monde surnaturel, dont elle porte les marques[60], et le monde des hommes. Elle constitue donc l'étape indispensable, celle qui permet aux héros de franchir la frontière qui sépare le monde des récits, où sévissent les monstres infernaux, du monde humain où il lui importe tant de revenir.

Les éléments du récit mythique évoqué nous ramènent donc au seuil d'une zone intermédiaire, qui est aussi celle du poème, lieu de l'entrelacement des chimères et de la recherche du sens des secrets. Les *Daimons* en font miroiter tous les mirages. Ils lancent aussi un pont, pour passer.

---

[59] ποπποὶ ἀπήμονες, *Od.*, VIII, 566.

[60] Le Jardin d'Alkinoos est un jardin intemporel qui ne connaît pas les saisons; la vigne y donne à la fois des fleurs, des raisins verts, des raisins mûrs: il appartient à l'Age d'or. Les chiens qui gardent le palais, forgés par Héphaistos, sont immortels. Les dieux viennent partager les repas des Phéaciens.

Le sens religieux
de l'*Hercule Chrestien*[1]

par
Claude FAISANT

De tous les Hymnes de Ronsard, l'*Hercule Chres-tien* est sans doute celui qui déconcerte le plus les commentateurs[2]. Certes, il s'est avéré que le parallèle, apparemment singulier, entre Hercule et Jésus qu'il met en œuvre, se réfère à un type d'exégèse tradition-nel et parfaitement orthodoxe: l'exégèse typologique, dont le but était précisément de réinterpréter symboli-quement la mythologie antique dans le sens d'une pré-figuration de l'Evangile[3]. Mais l'application systéma-

---

[1] Toutes les références à l'œuvre de Ronsard renvoient à l'éd. Laumonier, *O.C.*, STFM, Didier-Nizet, 1914-1975. L'*Her-cule chrestien* est au t. VIII (*Les Hymnes*), pp. 206-223.

[2] Voir la revue de la critique présentée par M. R. Jung, *Her-cule dans la littérature française du XVIe siècle*, Droz, 1966, p. 119, n. 68, et notre article, «L'*Hercule chrestien* de Ronsard: essai d'interprétation», *Annales de la Fac. des Lettres de Nice*, n° 2, 1967, pp. 61-85. Cf. aussi R.E. Hallmark, «Ronsard et la légende d'Hercule», in *Lumières de la Pléiade*, Vrin, 1966, pp. 255-270; F. Joukovsky, *Poésie et Mythologie*, Nizet, 1969, pp. 123-174; G. Demerson, *La Mythologie classique dans l'œuvre lyrique de la «Pléiade»*, Droz, 1972, pp. 397-404; M. Dassonville, *Ronsard. Etude historique et littéraire*, Droz, 1976, III, pp. 131-132.

[3] Voir l'ouvrage essentiel de M. Simon, *Hercule et le chris-tianisme*, Paris et Strasbourg, 1955.

tique et vétilleuse qu'en tire Ronsard, l'allégorisme
quasi byzantin auquel il semble se complaire, et qui
aboutit dans le détail à des rapprochements pour le
moins équivoques (comme celui de la massue et de la
Croix, ou de l'adultère de Jupiter avec le Mystère de
l'Incarnation), laissent peser un doute sur l'authenticité du sentiment religieux qui inspire le poète. Ne
s'agirait-il de sa part — comme on l'a dit[4] — que d'un
premier essai, malheureux, de renouvellement poétique? On peut, en fait, s'étonner qu'une théorie exégétique qui impliquait en soi une vision mystique de
l'Histoire n'ait été pour le grand poète lyrique et épique de l'Ode *A Michel de l'Hospital* que le prétexte à
un exercice de rhétorique ou à une sorte de jeu «scolas-
tique» ou scolaire d'analogies[5]. Quoi qu'on dise, il
subsiste, au-delà de toutes les analyses, une part de
mystère qui pèse sur le dessein même de cet hymne.
C'est ce mystère que nous nous proposons d'éclaircir à
partir d'une nouvelle lecture du texte.

*

UN VERS CHRÉTIEN

Au vrai, le fameux parallèle ne constitue que la
seconde partie, la plus brève, de l'hymne (139 vers sur
296). Le poème débute par une vaste *méditation religieuse*[6], qu'on ne saurait tenir ni pour un simple «pré-

---

    [4] Cf. G. Demerson, *op. cit.*, pp. 398 et 403, et M. Dasson-
ville, *loc. cit.*

    [5] Cf. G. Demerson, *op. cit.*, p. 403.

    [6] Le terme peut aussi bien définir le genre que le contenu de
l'hymne.

lude», ni pour une sorte d'art poétique de la poésie religieuse. Certes, le poète commence par y affirmer avec force sa résolution de consacrer désormais sa Lyre à la seule louange de Dieu. Mais cet engagement est une profession de foi purement religieuse, pleine de ferveur, et qui se présente d'ailleurs comme une conversion: Ronsard abjure la poésie paganisante, non par désir de changer de genre, mais pour un pur motif de conscience:

> Le payen sonne une chanson payenne,
> Et le chrestien une chanson chrestienne
> Le vers payen est digne des payens
> Mais le chrestien est digne des chrestiens.

(vv. 7-10)

Entonner un vers chrétien, c'est, pour Ronsard conformer sa parole à son état de chrétien baptisé[7]. Et c'est bien ainsi que son ami Denisot interprète le sens de cet hymne, dans le sonnet liminaire où il félicite l'ancien poète pindarique et pétrarquisant de s'être «Faict le Harpeur de Dieu»[8]. Peu importe que ce serment soit resté sans lendemain, ou qu'il corresponde à une orientation commune à plusieurs poètes contemporains[9].

Il y a plus. Cette conversion n'est point un effet de la seule volonté de Ronsard: c'est une grâce du Seigneur,

---

[7] Libre à la critique biographique d'ironiser — comme le font P. Laumonier (éd. cit., p. 208, n. 4) et A. Müller (*La Poésie religieuse catholique de Marot à Malherbe*, Foulon, 1950, p. 161) — sur cette «promesse du poète».

[8] Ed. cit., p. 206, vv. 5-6.

[9] Voir sur cette orientation M. Raymond, *L'Influence de Ronsard*, Droz, 1965, I, pp. 114 et 335-338; G. Demerson, *op. cit.*, chap. VI; et notre art. cit., p. 63.

> Car c'est le Dieu qui m'a donné l'esprit
> Pour celebrer son nom par mon esprit.   (vv. 13-14)

A l'«enthousiasme» apollinien de naguère succède maintenant un état d'«inspiration» proprement religieuse, qui définit la mission du poète des *Hymnes*: celle d'un «médiateur» entre le monde des hommes et l'Univers du surnaturel[10]. Le dernier vers le redira: ce «chant», que le poète dédie au Cardinal de Chastillon lui-même, c'est un «chant que Dieu dessus / sa / Lyre joüe». Aussi, l'hésitation qui semble alors paralyser un instant le poète, au moment d'aborder le sujet même de cet hymne, n'est-il plus simple jeu rhétorique comme dans les *Odes*, puisqu'elle traduit la conscience d'une réelle impuissance verbale devant la grandeur ineffable de Dieu[11].

Le thème de l'hymne qui débute alors et qui emplira toute la première moitié du poème est un lieu commun de l'apologétique chrétienne: c'est l'exaltation de la bonté infinie de Dieu face à l'ingratitude de la créature. Ce thème — qui pourrait être celui d'un Cantique directement adressé à Dieu —, Ronsard va en orchestrer les mouvements avec un mélange de rigueur logique et de ferveur lyrique, qui caractérise parfaitement sa conception de l'Hymne. Le développement est, de fait, fortement charpenté, avec des articulations d'une netteté voulue[12]. On y distingue clairement deux grands mouvements, correspondant aux deux preuves fondamentales de la bonté de Dieu:

---

[10]   Voir M. Dassonville, *op. cit.*, pp. 130 et 135-138.

[11]   Vers 19-26.

[12]   Cf. v. 49 (*Premièrement...*), v. 59 (*Mais...*), v. 69 (*Puis...*), v. 85 (*Puis...*), v. 145 (*Mais...*).

d'une part, la finalité de la Création, tout entière tournée au service de l'homme; de l'autre, les constantes annonces par lesquelles Dieu a pris soin d'entretenir en l'homme l'Espérance de la Rédemption[13]. Le premier mouvement, qui exploite sur le mode énumératif le *topos* des merveilles du monde et de l'harmonie anthropocentrique du Cosmos, traverse une vingtaine de vers, d'un seul élan, constamment relancé par l'anaphore significative du «Pour nous»: c'est un élan lyrique d'action de grâces en forme de cantate. Nous touchons ici à l'essence même du lyrisme sacré, qui est l'âme de l'Hymne, et où s'exprime la foi vivante du poète. — Le second mouvement, beaucoup plus vaste, est aussi plus dialectique. Ronsard y fait à plusieurs reprises appel à la Raison de son lecteur[14]. Attitude parfaitement orthodoxe, car cette Raison, elle-même déjà éclairée par la Foi, apporte en retour à celle-ci un soutien et une garantie qui la préserve d'un fidéisme aveugle. Aussi, l'argumentation, sans rien perdre de sa rigueur, prend-elle bientôt un tour passionné, oratoire, qui relaye le lyrisme du mouvement précédent. Ici, Ronsard retrace à grands traits l'histoire du temps des Prophéties. Il y discerne deux étapes essentielles: celle des Prophéties de l'Ancien Testament à l'adresse des Juifs (vv. 49-68), et celle des Prophéties sibyllines adressées aux Gentils (vv. 69-144). Dans les deux cas les avances de Dieu se sont heurtées à la même incompréhension de la part des hommes. Le peuple juif, peuple élu qui avait plus de raison encore que les nations païennes de se convertir, ne montra qu'un cœur «en-

---

[13]   Vv. 29-46 et 47-120.
[14]   Vv. 89 et surtout 145-150.

durci», et massacra les hérauts de Dieu. De leur côté, les Gentils à qui les Sibylles prédisaient pourtant avec une précision troublante la venue du Messie, méconnurent le sens de ces oracles[15]. Tout comme les Juifs, d'ailleurs, ils prirent à la lettre ces prédictions, sans en pénétrer le sens spirituel, et tombèrent ainsi dans l'idolâtrie:

> Mais, ô Seigneur, les Gentilz vicieux
> Qui n'avoient point ta foy devant les yeux
> Ont converty les parolles predittes
> (Que pour toy seul la Sybille avoit dittes)
> A leurs faux Dieux, contre toute raison,
> Attribuant maintenant à Jason
> Et maintenant à un Hercule estrange
> Ce qui estoit de propre à ta loüenge.   (vv. 85-92)

Ainsi s'ébauche une étonnante «théorie» de la Mythologie, qui, s'appuyant constamment sur l'Ecriture, tend à réduire le panthéon gréco-latin à un monde de chimères. Du Veau d'or à Phœbus, d'Ammon à Pallas et à Jupiter, toutes les divinités païennes — y compris les dieux métamorphosés en astres[16] — ne sont que le fruit d'une immense illusion collective, d'une sorte de *quiproquo* tragi-comique sur le sens des Prophéties. Pour la première fois, Ronsard dénonce la Mythologie comme Idolâtrie.

C'est ici que prend place l'exemple d'Hercule. Mais précisément ce n'est qu'un exemple parmi d'autres possibles: le fameux parallèle entre Hercule et le Christ, logiquement subordonné à l'éloge de la divine Providence, qui constitue le sujet majeur de l'hymne, n'est qu'une sorte de «morceau de bravoure» final.

---

[15]   Sur les Sibylles, voir notre art. cit., pp. 81-82.
[16]   Vv. 121-144.

EXÉGÈSE TYPOLOGIQUE

Il est parfaitement clair que Ronsard va à contre-courant de toute la tradition exégétique, et que, s'il utilise ici la méthode de l'allégorisme typologique, c'est dans un sens diamétralement opposé au principe de celle-ci.

On sait en effet que ce type d'exégèse correspond, dans l'esprit de la théologie chrétienne, à une volonté de «récupération», et même de réhabilitation de la Mythologie[17]. Contrairement aux tout premiers chrétiens — qui ne traitaient les dieux païens que comme de vaines idoles ou des démons redoutables —, les apologistes du moyen âge s'étaient appliqués à prendre au sérieux les mythes antiques, pour y déceler soit l'ébauche d'une «philosophie morale» pré-chrétienne, soit même un fonds de prémonitions plus ou moins obscures de l'Evangile[18]. Ainsi considérée, la Mythologie n'était plus un tissu d'affabulations mensongères, mais une véritable théologie allégorique et prophétique (la *prisca theologia*), d'un statut tout à fait comparable à celui de la Bible juive par rapport au Nouveau Testament: à sa manière, la Mythologie pouvait être tenue pour un Livre sacré, puisque c'est à Dieu même qu'était censée remonter l'origine des secrètes prémonitions dont elle était dépositaire.

Ronsard, en dévalorisant la Mythologie, réduite au

---

[17] Sur cette question, voir principalement l'ouvrage de M. Simon, *op. cit.*, ainsi que celui de P. Renucci, *L'Aventure de l'humanisme européen au moyen âge*, Les Belles-Lettres, 1953.

[18] On donne le nom d'*interprétation moralisante* au premier type d'exégèse et l'on réserve à la seconde celui d'*interprétation typologique*.

rang d'Idolâtrie, rompt avec la tradition qui était communément reçue de son temps. La signification de son fameux parallèle entre Hercule et Jésus est en effet fort claire: loin de quêter à travers le mythe herculéen les indices d'une mystérieuse prémonition spirituelle du Christ, il dénonce au contraire en lui les marques d'une contrefaçon grossière: Hercule n'est pas la préfiguration de Jésus, mais un Sosie fabriqué de toutes pièces par les idolâtres sur la foi de prédictions mal entendues. Le Mythe n'est pas message de Vérité, mais caricature mensongère. Denisot avait, là encore, parfaitement compris le sens du parallèle, puisqu'il louait Ronsard «d'avoir si bien sonné»

Sous un Hercule feint Jesuchrist veritable[19].

La Mythologie dans son ensemble n'est donc que «fiction» et imposture: elle ne recèle point l'histoire d'une Révélation anticipée, mais d'une Révélation manquée, c'est-à-dire d'une vaste mystification collective, imputable à la crédulité et au matérialisme des Païens.

Ainsi s'éclaire du même coup le sens des quelque dix-sept analogies particulières entre le mythe herculéen et l'Histoire christique répertoriées par Ronsard: il ne s'agit nullement là d'assimilations, mais bien d'*oppositions*. Dans chaque cas, la Vérité est opposée victorieusement au mensonge. A chaque fois, il n'est question que de dévoiler une supercherie, de démas-

---

[19]   Ed. cit., p. 206, v. 4. — C'est également le sens qu'il faut donner au fameux rapprochement établi par Guillaume Budé dans son *De Asse* (1515) entre la massue et la Croix, et dont Ronsard s'est probablement souvenu (cf. éd. cit., p. 223, n. 1): «*Ipse* Christus *verus* fuit Hercules», écrit Budé, qui insiste lui aussi sur l'*opposition* entre la fiction et la Vérité.

quer un «détournement»[20] scandaleux de sens. Toute cette seconde partie de l'hymne n'est rien d'autre qu'une entreprise systématique de démystification. Ronsard le dit expressément: les Gentils et les Juifs ont «dérobé» au Christ ce qui faisait son «honneur précieux» (c'est-à-dire la gloire de la Rédemption), «Pour le donner à je ne say quels Dieux»[21]. Aussi le poète en appelle-t-il légitimement à la Raison humaine: elle seule peut faire justice d'un aussi monstrueux aveuglement, et *restituer* enfin à Jésus ce qui lui revient de droit:

> Mais où est l'œil, tant soit-il aveuglé,
> Où est l'esprit, tant soit-il dereglé,
> S'il veut un peu mes parolles comprendre,
> Que *par raison* je ne luy face entendre
> Que la plus-part des choses qu'on escrit
> D'Hercule, *est deue* à un seul Jesuschrist?
>
> (vv. 145-150)

Comment s'étonner dès lors des disparates évidents d'un tel parallèle, puisque celui-ci n'a précisément d'autre dessein que de faire éclater la disproportion scandaleuse entre les simulacres grotesques de la Fable et des données de la pure Vérité. C'est sur un ton d'ironie indignée que Ronsard arrache un à un les oripeaux de la légende et les masques divers du faux dieu: cet adultère grossier qu'on a pris pour l'Immaculée Conception, ces monstres animalisés que l'imagination populaire a substitués à l'esprit de Satan, ces délivrances romanesques (comme celles d'Hésioné et de Prométhée) dans lesquelles s'est matérialisée l'Espérance

---

[20]   Cf. v. 87: les Gentils ont «*converty les parolles predittes*» à *leurs faux dieux.*

[21]   Vv. 139-142. Cf. aussi l'emploi du verbe «frauder» au v. 96.

d'une libération spirituelle du Péché, ou encore cette
burlesque histoire de divorce (Hercule répudiant Déja-
nire pour Yole) à laquelle s'est trouvé réduit le symbole
de la Nouvelle Alliance[22]. Entre les termes opposés de
ces fausses analogies, il y a tout l'abîme qui sépare
l'ordre charnel de l'ordre spirituel. Les mots mêmes
qui introduisent chacune des antithèses (le *Hé* de feinte
surprise), l'emploi du tour interrogatif et d'expressions
à valeur dépréciative («Qu'est-ce... que / sinon...»)
soulignent assez l'intention ironique. Mais, à travers
cette suite de diptyques, où la typographie italique distingue nettement la Vérité de l'Erreur, la reprise anaphorique des mêmes structures stylistiques trahit l'ardeur d'une foi triomphante: la dénonciation de l'imposture mythologique n'est, au vrai, que l'envers
d'une glorification lyrique de Jésus-Christ. Cet éloquent parallèle est bien, fondamentalement, un hymne
à Dieu[23].

L'originalité de la position spirituelle de Ronsard
dans l'*Hercule chrestien* est assez troublante. Cette
condamnation ironique et hautaine de la Mythologie,
qui, par delà les apologistes de la Renaissance et du
moyen âge, semble rejoindre l'intransigeance des premiers chrétiens, a de quoi surprendre dans la bouche
du poète des *Odes*: elle apparaît en contradiction fla-
grante non seulement avec ses goûts profonds, mais
avec sa conception la plus constante de la Mythologie
en tant que «théologie allégorique». Pour Ronsard, on
le sait, la Mythologie est un langage figuré, inventé par

---

[22]   Vv. 151-158, 159-182, 183-194, 213-218.
[23]   Sur le ton de l'Hymne, voir les remarquables analyses de
M. Dassonville, *op. cit.*, pp. 153-154.

les «premiers poètes» en vue de transmettre au peuple un enseignement spirituel par nature ésotérique. Langage apparemment polythéiste, mais qui ne fait que traduire par la multiplicité des divinités la diversité des attributs d'un Dieu unique, et dont ces «poètes divins», inspirés, connaissaient eux-mêmes l'essentielle Unité[24]. Cette conception, assez proche au fond de celle de Dante, reconnaît donc bien à la Mythologie païenne un fondement religieux, foncièrement chrétien, et nullement idolâtrique.

En vérité, la contradiction n'est pas aussi évidente qu'il y paraît, et la pensée de Ronsard est sans doute beaucoup plus complexe dans ses profondeurs. On observera d'abord que l'*Hercule chrestien* ne nie point — bien au contraire — l'existence d'une Pré-révélation divine aux origines de la Mythologie: il en attribue précisément l'initiative aux Prophètes juifs et aux Sibylles (également inspirés par Dieu), et bien qu'il ne mentionne pas ici les «premiers poètes», il n'en exclut certainement pas l'intervention, puisque ceux-ci sont par ailleurs constamment associés aux Sibylles et autres «Devins» anciens dans la sphère des Prophètes messianiques. Et il est vrai que la nature même du propos de l'hymne n'appelait point ici cette précision. Ce sont, en fait, les hommes, et les hommes seuls qui, aveuglés par leur matérialisme, ont falsifié le sens du message divin et précipité la Mythologie dans l'idolâtrie. Cette

---

[24] Cf. *Hymne de la Justice*, *O.C.*, VIII, p. 69, vv. 473-476; *Abbregé de l'Art Poëtique*, *O.C.*, XIV, p. 6: et la préface posthume de la *Franciade*, *O.C.*, XVI, p. 345. Voir aussi, sur le rôle des poètes, l'Ode *A M. de l'Hospital*, notamment. vv. 545-590, *O.C.*, III, pp. 149-151. Cf. aussi G. Gadoffre, *Ronsard par lui-même*, Le Seuil, 1960, pp. 103-105; et notre art. cit., pp. 74-76.

chute dans l'idolâtrie n'a donc été qu'un avatar purement humain dans l'histoire générale de la Pré-révélation. Or, l'idée même d'un tel avatar n'est pas une
invention propre à l'*Hercule chrestien*: elle correspond
aussi à une conception générale et constante de Ronsard. Dans l'Ode *A Michel de l'Hospital* notamment,
qui éclaire de façon si précise l'Histoire de la Poésie,
l'avatar idolâtrique correspond très exactement à la
venue de la «seconde génération» — celle des «Poëtes
humains» —, qui en effet altéra les mythes, et les
dégrada en récits fabuleux ou en chimères astrologi-
ques[25]. On le voit: l'exégèse ronsardienne révèle un
système de pensée à la fois plus complexe et plus cohérent qu'on ne le soupçonnerait.

La Mythologie est, au fond, pour Ronsard un langage essentiellement ambigu, dans la mesure où il
porte à la fois la marque du Verbe de Dieu et de la
parole humaine. En passant de Dieu à l'homme, le
Message s'altère nécessairement, mais même dans ses
formes les plus dégradées il en subsiste encore l'empreinte: il reste vrai que le mythe d'Hercule, jusque
dans ses épisodes les plus burlesques et les plus chargés
d'idolâtrie, conserve encore le signe des prédictions
sibyllines: la caricature évoque nécessairement le portrait, et l'un renvoie indéfiniment à l'autre.

Si la Mythologie est ainsi toujours susceptible de se
prêter à une double lecture, on peut en définitive se
demander pour quelles raisons Ronsard, dans l'*Hercule chrestien*, a opté pour une lecture négative, en
insistant de façon aussi exclusive sur l'aspect idolâtrique. Sans doute ce parti-pris répond-il à une crise de

---

[25] *Op. cit.*, vv. 569-590, *O.C.*, III, pp. 150-151.

conscience dans la vie spirituelle du poète; et il n'y a aucune raison de ne pas prendre au sérieux les déclarations liminaires de l'hymne. Quoi qu'il en soit, pour un esprit profondément religieux et sensible aux suggestions mystérieuses du Mythe, l'idolâtrie comme telle constitue une sorte d'énigme. Dante déjà s'étonnait d'une pareille aberration[26]. Ronsard se borne, dans son hymne, à décrire l'idolâtrie comme une sorte de mystification collective, due à l'aveuglement charnel ou au matérialisme instinctif des hommes. Mais il n'est pas douteux que son exégèse, pour originale qu'elle soit, s'inspire de multiples sources. Sans revenir sur le détail de celles-ci, il n'est pas indifférent de définir le type de tradition dans lequel s'enracine la méditation religieuse de Ronsard. Si son intransigeance polémique à l'encontre de l'idolâtrie peut, comme on l'a vu, faire songer à celle des premiers chrétiens de l'Antiquité, elle rappelle en réalité de façon beaucoup plus précise la position théologique de Justin Martyr et de Tertullien, dont on sait d'ailleurs qu'il connaissait parfaitement les œuvres. Or, ces deux auteurs donnent la clef de l'énigme: les fausses ressemblances qui rapprochent les mythes païens de l'histoire évangélique ou de la théologie ecclésiastique ne sont pas dues à la fantaisie des païens; elle sont l'œuvre des *Démons* eux-mêmes, qui, connaissant par avance les données de la Révélation, en imposèrent aux hommes une version parodique, soit pour égarer les esprits simples, soit pour discréditer l'Evangile aux yeux des esprits forts[27]. Ronsard ne fait assurément aucune allusion à cette «théo-

---

[26]   Cf. P. Renucci, *op. cit.*

[27]   Cf. M. Simon, *op. cit.*, pp. 38-39, et notre art. cit., p. 83.

rie». Mais l'importance qu'il accorde, dans l'analyse du processus idolâtrique, à l'idée de «détournement», de contrefaçon et de «fraude» est pour le moins troublante. Surtout, le rôle prêté aux démons dans cette théorie s'accorderait parfaitement à la démonologie ronsardienne: les «Démons», constamment identifiés aux Muses par Ronsard, ne seraient-ils pas les instigateurs tout désignés de l'«avatar idolâtrique», dont les «Poëtes humains», sous l'effet de leur inspiration maligne, ont assumé la responsabilité? Mauvais Démons, dont l'œuvre serait symétriquement opposée à celle des «bons Démons», des Muses angéliques, inspiratrices des «premiers Poëtes»[28].

Ce n'est sans doute pas trop prêter à la pensée religieuse de Ronsard, que de lui accorder des arrière-plans dont la profondeur et la cohérence systématique ne cessent — tout comme chez Dante — de nous étonner.

*

L'*Hercule chrestien*, si l'on en pénètre le sens profond, n'apparaît nullement comme une construction artificielle et bizarre d'un poète épris d'innovation à tout prix. Il est le témoignage d'une pensée religieuse vivante, et probablement en crise, mais dont le parti pris apologétique est parfaitement lucide et cohérent. Son dessein majeur est de chanter la louange de Dieu en opposant les bienfaits de sa Providence à l'ingratitude misérable des hommes: c'est un Cantique d'action de grâces. Il n'y a donc aucune rupture entre la

---

[28] Cf. A.M. Schmidt, *La Poésie scientifique en France au XVIe siècle*, Albin-Michel, 1938, pp. 76-78.

première et la seconde partie du poème. Car c'est bien l'une des preuves suprêmes de la Bonté infinie de Dieu que sa volonté permanente d'éclairer l'homme, dès avant la Rédemption, sur l'Espérance du salut: l'idolâtrie, dont témoignent les perversions manifestement diaboliques du mythe d'Hercule, donne la mesure de cette Miséricorde bouleversante. Du même coup, il est clair que l'*Hercule chrestien* réalise déjà pleinement l'idée que Ronsard se fait du genre. Son lyrisme, tour à tour fervent et indigné, n'exclut pas les exigences d'une dialectique impatiente et volontiers polémique: les arcanes de l'exégèse allégorique, loin d'en ralentir l'élan, semblent au contraire en renouveler secrètement l'ardeur. L'un des traits les plus surprenants du génie ronsardien dans les *Hymnes* est sans doute la faculté d'unir dans un même acte poétique l'esprit de «Curiosité» au lyrisme de la Foi.

Guide bibliographique

par
Jean CÉARD

I. ÉDITIONS

L'édition de travail est le t. VIII des *O.C.* de Ronsard de l'éd. Laumonier, continuée par I. Silver et R. Lebègue, S.T.F.M., qui donne le texte original des *Hymnes* de Ronsard (premier livre: 1555; deuxième livre: 1556).

Si l'on utilise un tirage ancien, il convient qu'il ne soit pas antérieur à 1963, diverses corrections importantes (dans le texte et dans les notes) ayant été effectuées à cette date.

On tiendra grand compte de l'Appendice de R. Lebègue au t. VIII (éd. 1973), appendice reproduit et largement complété ensuite, et qu'on peut trouver, dans son dernier état, au t. XIX des *O.C.*, pp. 95-117.

Même ainsi complétée, l'éd. Laumonier ne fournit pas tous les éclaircissements désirables. La refonte du t. II du *Ronsard* de la Pléiade ne paraîtra qu'en 1986; l'actuelle éd. est sans valeur.

— On aura profit à consulter aussi

• Ronsard, *Hymnes*, avec une introd. et des notes par Albert Py, Genève, Droz, TLF 251, 1978. On y trouve «non seulement les *Hymnes* publiés par Ronsard chez Wechel en 1555 et le *Second Livre des Hymnes* paru l'année suivante chez le même éditeur, mais, depuis l'*Hymne de France*, antérieur à 1550, jusqu'à l'*Hymne de Monsieur sainct Roch* recueilli dans les *Œuvres* de 1587, l'ensemble de la production hymnique du poète vendômois, soit au total trente et une pièces» (p. 9). L'annotation des pièces y est extrêmement succincte; l'intérêt de cette éd. réside dans cette décision de réunir, dans l'ordre chronologique, toute la «production hymnique» de Ronsard, et dans une introduction très neuve et où abondent les analyses pénétrantes. Une «bibliographie succincte» aux pp. 499-500.

II. HISTOIRE DU TEXTE

L'éd. Lm permet, par ses notes critiques, de disposer de l'ensemble des données relatives à l'histoire du texte. Mais il n'existe pas d'étude d'ensemble sur le sujet.

En attendant, on peut utiliser les tableaux commodes dressés par

* Germaine Lafeuille, *Cinq Hymnes de Ronsard*, Genève, Droz, THR CXXVIII, 1973, appendice, pp. 209-211. (Le tableau de la p. 211 dresse la table des matières des recueils des *H.* dans les éd. de 1555 et 1556 et, en regard, dans les éd. collectives de 1560, 1567, 1578, 1584 et 1587, ce qui permet de voir dans quel ordre Ronsard a, successivement, rangé ses Hymnes, renseignements qui, dans l'éd. Lm, sont dispersés.)

III. ÉTAT DES ÉTUDES

On ne dispose pas d'une bibliographie totalement à jour des travaux sur Ronsard. Sont à signaler trois «états présents» parus dans *Œuvres et Critiques*, VI, 2 (hiver 1981-82), «Le poète et ses lecteurs: le cas Ronsard» (Ed. Jean-Michel Place, 12, rue Pierre-et-Marie-Curie, 75005-Paris), cahier préparé par Y. Bellenger:

* Claude Faisant, «Etat présent des études sur Ronsard en France depuis 1970», pp. 17-30 (état qui va jusqu'au début de 1980 et déborde la France);

* Raymond Ortali, «Etat présent des études sur Ronsard (publiées et non publiées) aux Etats-Unis depuis 1970», pp. 31-37 (état qui va jusqu'à 1978, avec un post-scriptum de 1981);

* Dudley Wilson, «Science et allégorie chez Ronsard. Etat présent des études sur sa poésie scientifique, pp. 47-52.

S'intéressant aux problèmes de «réception», cette revue prolonge quelques travaux qu'il est toujours utile de consulter:

* Marcel Raymond, *L'Influence de Ronsard*, Genève, Droz, réimp. 1965 (première éd., Champion, 1927), chap. XXVI et XXVII.

* R.A. Katz, *Ronsard's French Critics*, Genève, Droz, 1966.

* Claude Faisant, *Mort et Résurrection de la Pléiade (1585-1828)*, Paris, 1984.

Il y a, cependant, toujours profit à recourir aux commentaires anciens des *H.*:

- de l'*H. de la Philosophie* par Pantaléon Thevenin (1582);

- de l'*H. de l'Eternité* (1611), de l'*Hymne du Ciel* (1613), de l'*Hercule Chrestien* (1617), des *Daimons* (1618), par Nicolas Richelet (ces quatre commentaires sont réunis dans les éd. collectives de 1623 et de 1630);

- de presque toute la section des *H.*, mais brièvement, par Jean Besly, dans l'éd. collective de 1604.

Une étude de ces commentaires, utiles à la fois pour l'intelligence du texte et pour l'histoire de sa réception, est en cours par les soins d'une équipe du CNRS (dir. G. Mathieu-Castellani). En attendant, quelques aperçus sont proposés par Jean Céard, «Les transformations du genre du commentaire à la Renaissance», in *L'Automne de la Renaissance*, Paris, Vrin, 1981, pp. 101-115.

IV. ÉTUDES D'ENSEMBLE

Le regret, formulé par Claude Faisant dans *Œuvres et Critiques*, p. 21, qu'il n'y ait pas eu, entre 1970 et 1980, une étude d'ensemble des *H.*, demeure en 1984; et, avec lui, sa question: «Le 'grand' Ronsard intimiderait-il la critique?»

Deux sortes de travaux facilitent pourtant l'accès des *H.*:

41. De brèves études générales, très denses, très suggestives, et qui, par là, peuvent être considérées comme d'excellentes introductions:

- Gilbert Gadoffre, *Ronsard par lui-même*, Seuil, Ecr. de touj. n° 50 (1960);

- Albert Py, *Ronsard*, Desclée de Brouwer, les Ecr. dev. Dieu (1972);

- I. McFarlane, «Aspects of R's poetic vision», in *Ronsard The Poet*, éd. Terence Cave, London, Methuen and Co, 1973, pp. 13-78 (nombreuses références aux *H.*).

42. De plus vastes études spécialement consacrées aux *H.*:

- A.-M. Schmidt, *La Poésie scientifique en France au XVIe s.*, Paris, Albin Michel (1938), chap. II (pp. 71-108). L'ouvrage a été réédité à Lausanne, éd. Rencontre, 1970, mais avec une nouvelle pagination.

- Henri Weber, *La Création poétique au XVIe s. en France*,

Paris, Nizet, 1956, chap. VII (sur Ronsard, pp. 478-522); voir aussi chap. I., pp. 33-56.

- Guy Demerson, *La Mythologie classique dans l'œuvre lyrique de la Pléiade*, Genève, Droz, 1972, chap. VI (sur Ronsard, pp. 397-453).

- Germaine Lafeuille, *Cinq Hymnes de Ronsard* (voir *supra*). L'ouvrage étudie les *H. du Ciel, de l'Eternité, de la Philosophie, de la Justice* et *les Daimons*. Malgré sa date d'édition, cette étude remonte aux années 1950-52 et ne tient pas compte des travaux parus depuis; cependant la bibliographie et les notes ont été mises à jour.

- Luzius Keller, *Palingène, Ronsard, Du Bartas. Trois études sur la poésie cosmologique de la Renaissance*, Bern, 1974.

- Michel Dassonville, *Ronsard. Etude historique et littéraire*. T. III, *Prince des Poètes ou Poète des Princes (1550-1556)*, Genève, Droz, «Hist. des Idées et Crit. litt.», n° 155, 1976, chap. IV (pp. 117-162).

- Jean Céard, *La Nature et les Prodiges. L'insolite au XVIe s. en France*, Genève, Droz, 1977, chap. VIII («Ronsard à l'écoute des signes»), pp. 192-226.

V. ASPECTS DES *HYMNES*

51. *Le «genre» de l'hymne*
Ce problème a beaucoup embarrassé la critique.

511. Sur les antécédents — on ne dira pas: les sources —, quelques études sont particulièrement utiles:

a) sur l'hymnique grec: l'article «Hymnos» de R. Wünsch dans Pauly-Wissova, IX, 140-183; et A.J. Festugière, *La Révélation d'Hermès Trismégiste*, Paris, rééd., t. II, 1981, pp. 313 sq. (avec bibliographie, p. 313, n. 3), à propos de l'*Hymne à Zeus* de Cléanthe.

b) sur l'hymnique chrétienne:

- Ulysse Chevalier, *Poésie liturgique traditionnelle de l'Eglise en Occident*, Tournay, 1895;

- Ulysse Chevalier, *Poésie liturgique du Moyen Age: Rythme et histoire, hymnaires italiens*, Paris, 1893.

On trouvera un utile et clair résumé dans

- Henry Spitzmuller, *Poésie latine Chrétienne du Moyen Age*, Paris, Desclée de Brouwer, 1971, pp. 1766-1769 et aussi pp.

CIII-CVIII (sur l'hymnodie chrétienne grecque et latine; heureuse insistance sur les sources grecques antiques et hébraïques
de la poésie cultuelle chrétienne).

D'intéressants prolongements (concernant les *Hymni gallicani*)
dans

* Henri Bremond, *Histoire litt. du sentiment religieux*, t. X,
  notamment au chap. III.

Pour ce qui regarde la Renaissance, il faut rappeler le nouvel
Hymnaire commandé par Léon X à Zacharia Ferreri et achevé
d'imprimer à Rome, en 1525, et les hymnes chrétiennes originales
de Politien, de Vida, d'Alammani, ainsi que les *Hymnorum libri
sex* (1537) de Salmon Macrin.

c) S'y ajoutent naturellement les hymnes humanistes, et notamment les *Hymni naturales* de Marulle, source importante de
Ronsard. Ils sont accessibles dans *Michaelis Marulli Carmina*,
éd. Alessandro Perosa, Turici (= Zurich), Thesaurus Mundi,
(1951).

Sur Marulle même, l'étude la plus copieuse est celle de
* P.L. Ciceri, «Michele Marullo e i suoi *Hymni naturales*», in
Giornale Storico della lett. ital., LXIV (1914), pp. 289-357.

A signaler d'intéressantes pages, sur Marulle, de J.C. Scaliger,
Poetices libri septem, Lyon, 1561, pp. 297-303.
Sur Marulle et Ronsard, une précise étude de détail d'H.
Weber, *Création* (voir *supra*), pp. 483-493.

d) Une place particulière est à faire à l'*Hymne d'Hermès*, qui
achève le *Pimandre* (*Corpus Hermeticum*, I, 31-32), «eulogie»
traduite par Ficin, imitée ou adaptée par Laurent de Médicis et
par Gelli (textes dans G. Lafeuille, *op. cit.*, pp. 212-215). Mais
ce n'est pas proprement une source de Ronsard: plutôt l'indice
d'un intérêt de la Renaissance, qui a atteint Ronsard.

512.   Ces antécédents (qui parfois sont des sources), il est intéressant de savoir comment, au temps de Ronsard, on les lit et les
comprend. Un texte fondamental (mis en lumière par Guy Demerson, *op. cit.*, pp. 406 sq. et mentionné cursivement par A. Py dans
son éd. des *Hymnes* de Ronsard, p. 42) est
* Natale Conti, *Mythol.*, I, 15, «De hymnis antiquorum».

513.   Ces rappels poussent à accueillir avec prudence les analyses de Laumonier dans l'Introd. du t. VIII. Pour lui, on le sait, les
H. de 1555-56 rassemblent deux sortes de pièces, de genèses très
différentes:

— les unes sont de caractère épique. Ce sont «les hymnes encomiastiques du premier livre (*Henry II*, *Justice*, *Temple des
Chastillons*), et les hymnes épiniciens du second livre (*Calaïs et
Zethes*, *Pollux et Castor*), qui sont de petites épopées», «des
essais et comme des préludes de la *Franciade*»;

— les autres sont issus du genre du blason, amplifié, élevé à une
dignité qui justifie l'expression d'hymne-blason. Ces pièces, qui
«chantent les grands phénomènes de la Nature», constituent un
élargissement du genre.

De là, un classement;

— hymnes encomiastiques et épiniciens;

— hymnes physiques et hymnes philosophiques.

Cette analyse se retrouve, sans les arguments de genèse qui
cherchent à la justifier, dans le livre classique de

• Henri Chamard, *Histoire de la Pléiade*, t. II, chap. XVI qui distingue des hymnes héroïques, glorifications qui, des Odes pindariques, retiennent les seuls éléments épiques, et des hymnes
didactiques. Chamard multiplie, du reste, les sous-classes, sans
pourtant rendre compte de l'ordre retenu par Ronsard. On
apercevra les limites de tant d'efforts, en consultant, dans le
Dictionnaire des Lettres françaises du XVIᵉ s., p. 386, l'article
où, voulant définir d'une formule le genre de l'hymne, Chamard propose de le considérer comme un «genre indéterminé»
qui traite de «sujets variés».

514.   Le problème a été complètement repris par M. Dassonville, dans un article qui fait date: «Eléments pour une définition
de l'hymne ronsardien», in *BHR*, XXIV (1962), pp. 58-76. Il
observe:

— que les pièces sont rangées selon l'ordre hiérarchique des dédicataires;

— que Ronsard souligne la *convenance* de la pièce au personnage
à qui elle est dédiée;

— que, par conséquent, l'hymne est d'abord un présent, par
lequel le poète remplit la fonction indispensable de célébration;

— qu'à ce même dessein répond un autre développement obligé de
l'hymne: le «vœu final, salut, louange, conjuration ou prière
propitiatoire»;

— que le développement central est lui-même fortement subordonné au thème présenté dans la dédicace.

Cette analyse est reprise et très heureusement nuancée par Albert Py, dans l'introd. de son éd. des *H*. On se reportera aussi aux analyses perspicaces de G. Demerson, *op. cit.*, sur le rôle du mythe, qui n'est pas «d'orner un exposé didactique, mais de contribuer à l'ostentation lyrique» (p. 406), et sur la définition de l'hymne, qui «n'est pas exposé, mais acte lyrique, quasi-liturgique» (p. 422).

Ces remarques peuvent aider à distinguer l'hymne, d'une part, de l'ode, et, d'autre, part, de l'épopée. On retiendra, à ce sujet, les réflexions de M. Dassonville (*Ronsard, op. cit.*, pp. 151-145), qui souligne notamment l'influence de Callimaque.

Les recueils de 1555 et 1556 comportent aussi des pièces qui ne ressortissent pas directement au genre de l'hymne: deux épîtres, deux épitaphes, une élégie, le *Temple du Connestable et des Chastillons*, et la *Prière à la Fortune*. Sur le genre du Temple, voir les remarques de G. Demerson, *op. cit.*, pp. 413-414, de M. Dassonville (*Ronsard*, p. 133 et n. 28), d'A. Py (Introd. pp. 39-40), de F. Joukovsky, *La Gloire dans la poésie fr. et néo-lat. du XVIᵉ s.*, Genève, Droz, 1969, pp. 517-542 (sur le *Temple du Connestable...*, pp. 538-539).

52. *Une poésie ésotérique?*

C'est la thèse d'A.M. Schmidt: *La Poésie scientifique...*, p. 47, le disait prudemment; il explicite sa pensée dans «Haute science et poésie fr. au XVIᵉ s.», in *Les Cahiers d'Hermès*, I (1947), pp. 13-49 (voir pp. 22-32: «La gnose de Ronsard»). Cet art. a été republié dans A.M. Schmidt, *Etudes sur le XVIᵉ s.*, Paris, Albin Michel, 1967, pp. 125-172.

Sur l'importance de cette tradition à la Renaissance, on peut notamment citer, parmi les travaux du Wartburg Institute,

- D.P. Walker, *Spiritual and Demonic Magic from Ficino to Campanella*, Londres, 1958 (rééd. 1969 et 1975).

- Frances Yates, *Giordano Bruno and the Hermetic Tradition*, Londres et Chicago, 1964.

Cette interprétation est largement rejetée par

- Henri Weber, «Y a-t-il une poésie hermétique au XVIᵉ s. en France?», in *CAIEF*, n° 15, 1963, pp. 41-58.

- Roland Antonioli, «Aspects du monde occulte chez Ronsard», in *Lumières de la Pléiade*, Paris, Vrin, 1966, pp. 195-230 (qui s'appuie sur les *Dialogues* de Guy de Bruès — éd. Panos A. Morphos, Baltimore, John Hopkins Press, 1953, — soulignant la nécessité d'une connaissance laborieuse et graduelle).

Ce débat a deux axes principaux:

521. Orphée, l'orphisme et Ronsard.

Signalons notamment:

- F. Joukovsky, *Orphée et ses Disciples dans la poésie fr. et néo-lat. du XVIᵉ s.*, Genève, Droz, 1970.

- D.P. Walker, «Orpheus the Theologian and the Renaissance Platonists», in *Journ. of the Wartburg and Court. Inst.*, XVI (1953), pp. 100-120.

- D.P. Walker, «Le chant orphique de Marsile Ficin», in *Musique et Poésie au XVIᵉ s.*, Paris, CNRS, 1954, pp. 17-34 (des remarques sur Ronsard).

- Edgard Wind, *Pagan Mysteries in the Ren.*, 2ᵉ éd., Londres, 1968.

- E. Kuschner, «Le Personnage d'Orphée chez Ronsard», in *Lumières de la Pléiade, op. cit.*, pp. 271-302.

- Dudley Wilson, «R's Orphism in the *Hymns* — The Eloquent Lie», in *Histoire et Littérature*, Paris, PUF, 1977, pp. 237-246 (l'Orphée de Ronsard s'inspire des *Argonautiques* d'Apollonios bien plus que des poèmes orphiques).

522. L'allégorie (et plus généralement la fable).
Voir *supra* l'état présent dressé par D. Wilson.
Signalons, outre les thèses de H. Weber et de G. Demerson,

- Y. Bellenger, «L'allégorie dans les poèmes de style élevé de Ronsard», in *CAIEF*, n° 28, 1976, pp. 65-80 (discussion: pp. 352-355).

- B.M.J. Crawford, *Mythologie et création poétique dans les Hymnes (1555-56) de Ronsard* (thèse de Stanford Univ., 1973, 304 p.). Voir *Dissert. Abstr.*, XXXIV (1973-74), 1274 A.

- Apostolos P. Kouidis, *The function of Mythology in* Les Hymnes *of Ronsard* (thèse de l'Univ. of Iowa, 1972, 187 p.). Voir *Dissert. Abstr.*, XXXIII (1972-73), 3589 A.

Ce problème excédant largement les *H.*, on citera encore:

- F. Joukovsky, *Poésie et Mythologie. Quelques mythes de l'inspiration chez les poètes de la Ren.*, Paris, Nizet, 1969.

- I. Silver, *The Intellectual Evolution of R. II, R's General Theory of Poetry*, St. Louis, Washington Univ., 1973, chap. XI.

- T. Cave, «R's Mythological Universe», in *Ronsard The Poet*, *op. cit.*, pp. 159-208.

L'interprétation que l'on forme de l'allégorie et de sa fonction dans les *Hymnes* de Ronsard commande les jugements que l'on porte sur sa «poésie scientifique». On pourra trouver comme l'envers de la thèse de Schmidt dans les travaux de Dudley Wilson. Outre les deux articles cités, mentionnons, de cet auteur,

- *French Renaissance Scientific Poetry*, Londres, Athlone Press, 1974 (anthol.).
- *Ronsard, Poet of Nature*, Manchester Univ. Press, 1961.

Sur l'idée même de «poésie scientifique», on pourra encore consulter

- James Dauphiné, *Du Bartas, poète scientifique*, Paris, Les Belles Lettres, 1983.

53. *Ronsard et la philosophie*

Cette question est très complexe et recouvre partiellement la précédente. On s'arrêtera ici à deux aspects:

531. Ronsard et les courants philosophiques de son temps.

L'essentiel des travaux sur ce sujet touche au platonisme, au néo-platonisme, au ficinisme.

- R.V. Merrill and R.J. Clements, *Platonism in French Ren. Poetry*, New York U.P., 1957.
- H. Hornik, «More on R's Philosophy. The Hymns and Neoplatonism», in *BHR*, XXVII (1965), pp. 435-453.
- I. Silver, «R's early philosophy», in *Studies in Philology*, XLV (1948), pp. 119-133.
- A. Stegmann, «L'inspiration platonicienne dans les *H*. de Ronsard», in *Rev. des Sc. Hum.*, fasc. 122-123 (1966), pp. 193-210.
- G. Gadoffre, «Ronsard et le thème solaire», in *Le Soleil à la Ren., science et mythes*, Bruxelles-Paris, 1965, pp. 501-518.

Sur Ronsard et l'aristotélisme, l'art. de J. von Stackelberg, in *BHR*, XXV (1963), pp. 349-361, ne traite que de la doctrine du vraisemblable.

Une place particulière doit être faite ici aux *Hermetica* (trad. lat. de Ficin en 1463; éd. de Turnèbe en 1554; trad. fr. par Gabriel du Préau — voir M. Simonin, éd. Boaistuau, *Bref Discours* — dès 1549). H. Hornik souligne l'importance des *Hermetica* dans les commentaires de Richelet, et G. Gadoffre estime que le poète les a lus.

532.   Y a-t-il une philosophie de Ronsard?

C'est la thèse de

- H. Busson, «Sur la philosophie de Ronsard», in *Rev. des Cours et Conf.*, I (1929-30), pp. 32-48 et 172-185.
- H. Busson, *Le Rationalisme dans la litt. fr. de la Ren.*, nouvelle éd., Paris, Vrin, 1957, pp. 362-392.

Toutefois les thèses où Busson décèle l'influence de la pensée padouane ont souvent de vénérables sources antiques, qu'on peut déceler notamment à l'aide du grand livre d'A.J. Festugière, *op. cit.*

On mentionnera ici l'étude modeste en apparence, mais très suggestive de

- F. Joukovsky, «Quelques termes du vocabulaire philosophique dans les *H.* de Ronsard», in *Histoire et Littérature, op. cit.*, pp. 247-263. Outre un précieux lexique, cet article souligne l'éclectisme de ce vocabulaire, souvent platonicien et fortement marqué par le christianisme.

Cette influence du christianisme a été particulièrement étudiée par

- Mark Whitney, *Critical Reactions and the Christian Element in the Poetry of P. de Ronsard*, Univ. of North Carol. Pr., 1971 (sur les *Hymnes de la Philosophie, du Ciel* et *de la Mort* et sur *les Daimons*).

- Joyce M. Hanks, *Ronsard and the Biblical Tradition*, Tübingen, Gunter Narr, et Paris, J.M. Place, 1982 (C.R. de L. Terreaux, in *BHR*, XLVI (1984), pp. 525-527, et de J. Pineaux, in *RHLF*, LXXXIV (1984), pp. 588-589).

54.   *La «philosophie poétique» de Ronsard*

Divers thèmes, parfois très compréhensifs, sont étudiés par

- I. Silver, «R's Reflections on Cosmogony and Nature», in *PMLA*, LXXIX 61964), pp. 219-233 (art. repris dans *Three Ronsard Studies*, Genève, Droz, 1978, pp. 11-50). (Cet art faisant quelque place à Lucrèce, rappelons S. Fraisse, *L'Influence de Lucrèce en Fr. au XVIe s.*, Paris, Nizet, 1962. Sur Ronsard, chap. IV et V).

Divers critiques mettent fortement l'accent sur les contraires, comme l'a proposé:

- Dudley Wilson, «Contraries in sixteenth century scientific writing in France», in *Essays presented to C.M. Girdlestone*, Un. of Durham, 1960, pp. 351-368.

De ce point de vue, relevons notamment

— la thématique de la guerre et de la paix:

- William A. Moseley, *War and Peace in the Works of Ronsard* (thèse de Wisconsin Univ., 1974, 313 p.). Voir *Dissert. Abstr.*, XXXV (1974-75), 4538 A.

- William Calin, «R's cosmic Warfare. An interpretation of his *H.* and *Discours*», in *Symposium*, XXVII (1974), pp. 101-118.

- F. Joukovsky, «La guerre des Dieux et des Géants chez les poètes fr. du XVIe s. (1500-1585)», in *BHR*, XXIX (1967), pp. 55-92.

— la thématique du temps et de l'éternité, du mouvement et de l'immobilité:

- Dudley Wilson, «The Forces of Flux and Stability in Sixteeth Century Thought and Lit. in Fr.», in *Durham Univ. Journ.*, XLVIII (1955), pp. 13-20.

- I. SIlver, «R's Reflections on the Heaven and Time», in *PMLA*, XXX (1965), pp. 344-364 (art. repris dans *Three Ronsard Studies, op. cit,.* pp. 51-107).

- Malcolm Quainton, «R's philosophical and cosmological concept of time», in *French Studies*, XXIII (1969), pp. 1-22.

— cette idée générale de la thématique des contraires guide le livre de

- Malcolm Quainton, *R's Ordered Chaos. Visions of Flux and Stability in the poetry of P. de Ronsard*, Manchester Un. Pr., 1980.

55. *Signification des* Hymnes *de 1555-56*

En l'absence d'un travail d'ensemble, on pourra consulter particulièrement

— sur le recueil de 1555, les travaux de G. Demerson, qui insiste sur ce qu'il nomme le lyrisme d'investigation (p. 421), de D. Ménager (*Ronsard, le Roi, le Poète et les hommes*, Genève, Droz, 1979, notamment toute la seconde section, dont le chap. II insiste sur les «contradictions» des recueils de 1555-56), de Jean Céard;

— sur le recueil de 1556, outre les travaux précédents, l'article de

• P.J. Ford, «Ronsard et l'emploi de l'allégorie dans le second livre des *H*.», in *BHR*, XLIII (1981), pp. 89-106.

56. *Monographies*

Divers Hymnes des recueils de 1555-56 ont fait l'objet de travaux propres.

561. *Hymne de la Justice*

• J. Frappier, «L'inspiration biblique et théologique de Ronsard dans l'*Hymne de la Justice*», in *Mélanges Chamard*, Paris, Nizet, 1951 (art. repris dans *Histoire, Mythes et Symboles*, Genève, Droz, «Publ. rom. et fr.», CXXVII, 1976).

• Sur cet art., voir les remarques de G. Lafeuille, *op. cit.*, chap. IV, et de D. Ménager, *op. cit.*, pp. 70-75 et 77-81.

Il convient de consulter aussi:

• Elizabeth Armstrong, *Ronsard and the Age of Gold*, Cambridge, 1968;

• Guy Demerson, «Le mythe des âges et la conception de l'ordre dans le lyrisme de la Pléiade», in *Humanism in France...*, éd. A.H.T. Levi, Manchester Univ. Pr., 1970.

Sur le «procès de Paradis», une note bibliographique de Germaine Lafeuille, *op. cit.*, p. 104.

Signalons enfin

• W. Calin, «Ronsard and the Myth of Justice. A typological interpretation of 'Hymne de la Justice'», in *Degré Second 1* (July 1977), pp. 1-11.

562. *Hymne de la Philosophie*

Outre G. Lafeuille, *op. cit.*, chap. III, et J. Céard, *op. cit.*, pp. 200-203, on se reportera, sur le thème essentiel du «vol de l'âme», à A.J. Festugière, *op. cit.*, t. II, chap. XIII à XVI, et notamment pp. 442-443 (sur le «Songe de Scipion»), avec note bibliographique, p. 442, n. °; le *De mundo*, dont s'est inspiré Ronsard, est étudié au chap. XV. — Voir aussi Victor E. Graham, «Fables of flight in R's poetry», in *Ren. Studies in honor of I. Silver, Kentucky Rom. Quarteley*, XXI, suppl. N. 2, 1974, pp. 39-46.

563. *Prière à la Fortune*

- M. Quainton, «Some classical references, sources and identities in R's *Prière à la Fortune*», in *French Studies*, XXI (1967), pp. 293-301.

- Guy Demerson, *Mythologie, op. cit.*, pp. 434-437.

Sur le thème de la Fortune, en général, chez Ronsard, voir

- M. Quainton, *R's Ordered Chaos, op. cit.*, chap. III.

- Marini Guazzugli, *R. et la Fortuna. Metamorfosi di un'immagine simbolica*, Florence, Le Monnier, 1980, 56 p. (C.R. in *Studi Francesi*, XXVI (1982), pp. 329-330).

564. *Les Daimons*

- A.M. Schmidt, éd. Ronsard, *Hymne des Daimons* (sic). Ed. crit. et comm., Paris, Albin Michel, (1939). Le même auteur présente, de ce texte, une interprétation sensiblement différente dans «Haute science...», art. cité, pp. 23-27.

- Voir aussi G. Lafeuille, *op. cit.*, chap. V; Guy Demerson, *op. cit.*, pp. 430-433; J. Céard, *op. cit.*, pp. 204-210; et R. Antonioli, art. cité, pp. 197-201, 210-211 et *passim*.

La bibliographie complémentaire nécessaire pour éclairer ce texte étant inépuisable, on pourra s'informer notamment sur la démonologie de la fin de l'époque hellénistique et de l'Empire, dans l'éd. procurée par Jean Beaujeu des *Opuscules philosophiques* d'Apulée, coll. des Belles-Lettres, 1973, pp. 183-201.

565. *Hymne du Ciel*

- G. Lafeuille, *op. cit.*, chap. I.

- Hélène Tuzet, *Le Cosmos et l'Imagination*, Paris, Corti, 1965 (qui voit dans le Commentaire du *Songe de Scipion* par Macrobe la source directe de cet Hymne).

566. *Hymne des Astres*

- Guy Demerson, *op. cit.*, pp. 423-426; J. Céard, *op. cit.*, pp. 210-212.

- P. Moreau, «Ronsard et la danse des astres», in *Mélanges Lebègue*, Paris, Nizet, 1969, pp. 75-82.

Il est utile, pour éclairer l'ensemble du problème de l'astrologie et notamment la question de l'astrologie chrétienne, de consulter

- Pierre Duhem, *Le Système du Monde*, Paris, Hermann, 1958, t. VIII, chap. XIII.

567. *Hymne de la Mort*

Outre les deux art. de Krappe et de Neri signalés par Lm, VIII, p. 164, n. 1, on peut signaler, du même A.H. Krappe, «The Classical Sources of P. de R's *Hymne de la Mort*», in *Balor with the evil Eye. Studies in Celtic and French Literatures*, Columbia, 1927, pp. 202-214.

- Guy Demerson, *op. cit.*, 437-441; Jean Céard, *op. cit.*, 203-204; D. Ménager, *op. cit.*, 85-88 et *passim*; M. Quainton, *R's Ordered Chaos*, chap. V à VII, et notamment pp. 132-136 et *passim*.

- Marc Bensimon, «Ronsard et la mort», *Modern Lang. Rev.*, LVII (1962), pp. 183-194.

- Tilde Sankovitch, «Ronsard and the new iconography of Death», in *French Lit. and Arts*, ed. by Philip Crant, Univ. of South Carolina, 1978, pp. 9-21.

568. *Hymne de l'Or*

- J. Frappier, «Tradition et actualité dans l'*Hymne de l'Or* de P. de Ronsard», in *Literary History and Literary Criticism*, (Actes du IXe Congr. de l'Intern. Fed. for Modern Lang. and Lit.), New York, U.P., 1965, pp. 126-149 (art. repris dans *Histoire, Mythes et Symboles*, *op. cit.*, pp. 126-149).

- B. Weinberg, «L'*Hymne de l'Or* de Ronsard: une interprétation», in *Saggi e Ricerche di let. fr.*, vol. V, Turin, Bottega d'Erasmo, 1965, pp. 9-40.

- J.-Cl. Margolin, «L'*Hymne de l'Or* de Ronsard et son ambiguïté», in *BHR*, XXVIII (1966), pp. 71-93.

- Maurice Verdier, «A propos d'une controverse sur l'*Hymne de l'Or* de Ronsard», in *BHR*, XXXV (1973), pp. 7-18.

- Guy Demerson, *op. cit.*, pp. 408-412; D. Ménager, *op. cit.*, IIe sect., chap. III; M. Dassonville, *Ronsard*, *op. cit.*, p. 158, n. 44.

569. *Hercule Chrestien*

Les nombreux travaux qu'il faudrait mentionner sont indiqués par M. R. Jung, *Hercule dans la litt. fr. du XVIe s.*, Genève, Droz, 1966 (sur l'Hymne de Ronsard, voir les pp. 117-123).
On y ajoutera

- Ronald E. Hallmark, «Ronsard et la légende d'Hercule», in *Lumière de la Pléiade*, *op. cit.*, pp. 255-270.

  Guy Demerson, *op. cit.*, pp. 397-303; F. Joukovsky, *Poésie et Mythologie...*, *op. cit.*, pp. 123-174.

570. *Hymne de l'Eternité*

- Voir Quainton, *R's Ordered Chaos*, pp. 99-104; Ford, art. cité, qui montre notamment ce que cet Hymne doit au poème orphique des *Diathêkai*, poème bien connu à la Renaissance, et que Ronsard semble contaminer avec celui de Marulle.

571. *Calaïs et Zethes, Pollux et Castor.*

- Voir Guy Demerson, *op. cit.*, pp. 446-453; Ford, art. cité.

58. *Rhétorique, Poétique, Métrique*

581. *Rhétorique*

Outre l'ouvrage de Guy Demerson, *op. cit.*, pp. 408-412, on consultera

- Alex. L. Gordon, *Ronsard et la Rhétorique*, Genève, Droz, 1970 (voir notamment II, Partie, chap. I et V).

582. *Poétique*

- Alice Klengel, *Pierre de Ronsards Hymnendichtung*, Leipzig, 1931, IX + 193 p.
- Karen A.S. Rake, *The Poetics of the French «Hymne» from 1555 to 1600. Ronsard and his Legacy* (thèse Indiana Univ., 1980, 398 p.). Voir *Dissert. Abstr.*, XLV (1980-81), 276 A-277 A.

583. *Métrique*

Outre l'Introd. d'Albert Py (pp. 10-13 et *passim*), voir

- Y. Bellenger, «Ronsard et le décasyllabe», in *BHR*, XLIV (1982), pp. 493-520.
- G. Raibaud, «Sur les rimes des premiers hymnes de Ronsard», in *Rev. Universit.*, LII (1944), pp. 97-105.
- L. Terreaux, «Ronsard correcteur de ses alexandrins dans les *Hymnes* de 1555-56. Le problème de la césure et de l'enjambement», in *CAIEF*, n° 22, 1970, pp. 83-98.

Table des matières

Imprimé en Suisse